JN437184

자존감에서 나의 성공과 행복의 길을 열다!

신원주

휴먼인큐베이터 진단

도서출판 두남

서 문

취나물, 다래순, 고사리, 단풍취, 어수리, 참나물, 쑥부쟁이, 두릅, 엄나무 순 등 봄 산과 들에는 파릇하게 올라온 각종 나물을 볼 수가 있고 캐내어 오늘 저녁 맛있는 반찬으로 무쳐 올라온다. 바다에서는 전복과 해삼, 멍게를 밀물과 썰물이 교차하는 갯벌에서는 개불과 산 낙지를 캐내어 도시 생활에 힘들어 있는 지친 몸을 싱싱한 해산물로 어루만져 깨울 수가 있다. 깊은 산속에서는 '심 봤다!'라고 소리치며 오래 묵은 귀한 산삼을 캐내기도 한다. 들 가에서 흔히 찾아볼 수 있는 이름 없는 들풀에서 수천만 원을 넘어서는 산삼과 진주를 품은 귀한 조개까지 각각 나름대로 쓸모 있는 가치를 보여주고 있다.

그렇다면 우리 사람들은 어떤가? 나름대로 성공과 행복을 위하여 하루하루를 열심히 살아가고 있다. 물질적인 성공이란 프레임에 갇혀서 금수저 흙수저를 논하고 사람의 존재가치에 대해서는 돈이라는 잣대를 통하여 저울질하고 인정하려고 한다.

정신적이든 물질적이든 나름의 성공과 행복의 기준을 세우고 살아가려면 필수적으로 알아야 하는 것이 있다. 나를 얼마나 깊이 충분히 잘 아는 것인가? 이다. 나를 충분히 잘 알수록 나의 가치와 어리석음을 분별하고 판단할 수 있다.

소크라테스로부터 생겨난 명언인 '너 자신을 알라!'가 자신이 알고 있는 것이 아닌 자신이 모르고 있는 것이 많다는 것을 알아라! 는 뜻임을 새삼 떠올리지 않아도 나의 어리석음의 범위와 한계를 안다는 것은 내가 무엇을 잘하고 못하는지를 깨닫는 것이다. 그래야만 세상을 살아가면서 경륜과 지혜를 가진 어른으로부터 각 분야의 전문가와 급기야는 어린아이들에까지 수많은 지식을 받아들여 삶의 아름다운 지혜를 하나씩 얻을 수 있다. 살아가면서 저지르는 수많은 실수와 어리석음의 경험을 통하여 소중하고 귀한 지혜로 탈바꿈 또는 새로 얻는 것이 바로 진정한 행복이 아닐까 생각한다.

휴먼인큐베이터 프로그램은 세상을 사는 사람 모두가 자신이 어떤 과거와 현재, 미래를 살아갈 준비가 되었는지(진단) 자신이 좋아하고 잘하는 일을 통하여 자신의 현재 가치를 확인하고(해석) 앞으로 자신과 타인을 위하여 세상에 쓸모 있는 사람이 될 수 있도록 노력해서(솔루션) 자신만의 색깔을 통하여 세상에 소중하고 귀한 보석으로 대접받을 수 있도록 함께하는 프로그램이라고 생각하고 주장해본다.

내가 휴먼인큐베이터 프로그램을 만난 것은 다른 사람의 인생의 전환점을 마련해 주려는 것도 사실이지만, 결국은 나 자신이 성숙한 인간으로서의 성장을 위한 밑거름이 되었다고 생각한다. 사람이 성공하고 행복하려면 무엇을 어떻게 해야 할까? 많은 사람이 고민하는 공통적인 문제를 나도 어릴 적부터 무엇인지 실체는 알 수 없지만, 그것을 찾아야겠다고 생각하고 고민한 것 같다. 성장하고 살아가면서 부모님을 비롯한 주위의 사람들과 경제, 사회 환경의 영향을 받으면서 내가 하고 싶었던 것을 하지 못하고 생계를 위하여 주위의 시선 때문에 원하지 않고 즐겁지 않았던 직업을 찾아서 수십 년간 묵묵하게 일을 하였다.

90년대 초반, 당시 성공을 위한 필독서인 캔 블랜차드의 '성공의 원리'라는 책을 접하면서 자기계발의 숙명적인 목적을 정하게 되었고, 나에 대해서 잘 알고 있다고 자부하고 있었는데 실제로는 나에 대해서 너무나 모르고 있다는 사실을 깨닫게 해준 석학 너새니얼 브랜든 박사의 자존감 이론을 바탕으로, 하워드 가드너 박사의 다중지능이론을 접하면서 내가 좋아하고 잘하는 것이 무엇인지 알게 되었고 그동안 많은 일을 접하면서 남들이 선호하는 직업이 왜 나에게는 큰 스트레스를 주었는지, 한 번도 해보지 않았던 일인데 한두 번 해보니까 다른 사람들보다 더 좋은 성과를 거둘 수 있었는지 등을 알게 되었다. 이후 직업적으로 사적으로 수많은 사람을 만나면서 겪게 되는 갈등과 스트레스를 통하여 인간관계의 중요성을 깨닫고 인간관계의 시작인 가족 간의 관계를 연구하고 행복을 위한 처방을 알려주는 버지니아 사티어 박사의 '가족관계 치료, 행복론'과 정신 치료를 위한 의사소통 석학인 에릭 번 박사의 교류분석(TA) 이론을 만나게 되었다.

여러 석학이 만들어 놓은 훌륭한 진단 틀을 융합한다면 나 자신의 내 · 외면의 모습을 제대로 볼 수 있지 않을까 하는 생각의 결론에 이르고 직업을 통해서 만난 1만여 명의 사람들에게 진단하고 상담하면서 진단결과의 신뢰성과 해석을 처음에는 50% 그다음에는 60%, 70%, 85% 가까이 진단결과를 업그레이드하여 현재도 연구 중이고 사람은 살아있는 유기체이기 때문에 이 연구는 사람이 살아있는 한 계속 연구를 할 것이다.

개인적으로는 나에게 잘 맞지 않았던 기술 계열의 직무를 과감히 포기하고 강점지능인 기본 지능(자기성찰, 인간 친화, 언어지능)과 논리수학 지능, 신체 운동 지능을 활용하여 마케팅과 CS 강사, CS 컨설턴트 등 교육 관련 직무를 선택하게 되었고 이후 나름의 성과를 내고 즐겁게 업무를 수행할 수 있었던 것 같다.

2000년대 초반 CS 강사로 활동하던 시절 당시 회사의 연수원은 대전과 원주에 있었고 매년 전국의 고객 접점부서인 영업창구의 직원, 기술 부서인 전화 및 인터넷 설치기사, 기업을 방문 하고 상품을 판매하는 마케팅 직원들을 대상으로 단계별 CS 교육 프로그램을 진행하여 직원들의 고객만족도 향상을 위하여 노력하였다.

어떤 직원은 CS 교육을 받지 않아도 항상 고객만족도 조사에서 '매우 만족'의 피드백을 받아 친절사원으로 추천되는가 하면, 어떤 직원은 목숨을 걸 정도의 엄청난 노력에도 불구하고 고객만족도 조사에서는 '매우 불만'이라는 컴플레인을 유발하는 소위 "진상 직원"으로 낙인찍히는 결과가 나왔다.

당연히 직원의 교육을 담당하는 강사와 컨설턴트로서 "매우 불만"의 결과가 나오는 직원들의 서비스 마인드와 업무지식 그리고 고객 응대 태도 등에 대해서 분석하고 대안을 찾는 데 온 신경을 쏟을 수밖에 없었다. CS강사, 컨설턴트들은 교육 전, 후와 별도의 워크샵을 통해서 그 문제를 해결하기 위하여 지금은 쉽게 접할 수 있는 성격 행동 유형 진단인 MBTI, 에니어그램, DISC, NLP 등 각종 자질 진단 틀을 활용하여 직원의 내, 외면적인 모습을 탐색하는데 많은 노력을 기울였다. 그 결과 직원의 자질과 역량에 대한 여러 모습을 발견하게 되고 "매우 불만"을 유발하는 원인도 찾게 되었다. 물론 이에 따른 문제해결을 위한 여러 가지 솔루션도 준비하여 제공함으로써 스트레스와 압박감을 받던 직원은 물론 회사의 고객만족도 이미지 제고가 되었고 제일 좋은 점은 고객이 만족으로 전환되었다는 것이다.

이후 대구 모 대학에서 5년간 의사소통 강사로 '커뮤니케이션' 강의를 하면서 만난 대학생들에게 별도의 동아리를 만들어 휴먼인큐베이터 진단(나이테 SMART 종합 자질 진단)을 통해서 자신에게 적합한 취업 진로를 제시하고 멘토링 활동을 지원하였으며, 이것이 인연이 되어 2018년부터 3년간 한국장학재단 차세대 리더육성 멘토로 활동을 하였다.

2011년 개인 신상 문제로 희망퇴직을 한 후 청소년에 대한 진로교육은 경남의 모 특성화고 산업체 우수강사로 부임하면서 시작되었는데, 당시 취업 진로에는 너무나 열악한 면소재지의 생활 및 학생들의 낮은 자질 등의 열악한 환경으로 극복하고 대기업과 중소기업에 취업하도록 기여를 한 보상으로 경남교육청 관내 특성화고 학생 중 공기업, 대기업 지원 학생들을 위한 공기업, 대기업 취업 면접관으로 위촉받아서 모의 면접 및 면접 컨설팅을 진행하였고, 2014년부터는 외국계 경영 컨설팅업체의 전직지원 컨설턴트로 2019년까지 국내, 외 다수 기업의 임원부터 현장 생산직원까지 전직지원(생애개발, 재취업, 창업) 교육 및 상담을 진행하였는데 중요한 것은 모든 교육과 상담의 전 단계에는 휴먼인큐베이터 진단을 필수적으로 실시하였다.

사람들이 자신의 가치를 찾아서 해당 분야에서 성취감을 느끼고 행복하게 잘 살기 위해서 도움을 주려고 찾아낸 것이 바로 휴먼인큐베이터 프로그램이다. 솔직히 말하면 이미 석학들이 평생을 바쳐 연구한 이론을 서로 연결하여 이 십여 년간 현장에서 진단하고 상담하고 검증하면서 확인한 결과이다.

그동안 휴먼인큐베이터 프로그램이 만들어지기까지 진단지와 상담을 통하여 솔직하게 자신을 개방하고, 강점과 약점을 개선하기 위하여 솔루션 개발에 응해주신 초등학생부터 시니어에 이르기까지 수많은 진단자에게 감사를 전한다. 또한, 휴먼인큐베이터 연구를 위하여 가정에 소홀히 했음에도 불구하고 굳건한 믿음과 지지를 해준 아내 정미경과 큰딸 정원이 둘째 딸 소정이에게 고마움을 전한다. 마지막으로 휴먼인큐베이터 프로그램 개발을 할 수 있도록 영성 지능을 일깨워주신 하나님께 모든 감사와 영광을 돌린다.

저자 신원주

추천서

박준철(IDEXX 근무 중)

저는 2009년 영남대학교 3학년 재학 중 영남대학교 여대생 커리어개발센터에서 진행되는 커뮤니케이션(10시간) 강좌에 참가하였습니다. 이때 KT에서 CS 컨설턴트로 근무하시던 신원주 과장(현 대림교육연구소 소장)님을 처음 만나게 되었습니다. 당시 저는 취업 준비를 위해 다양한 시도를 하던 중 조직 내 의사소통이 중요하다고 생각해서 과정에 참석하게 되었고 학교에서 이론으로만 배우던 커뮤니케이션이 아닌 사회 현장에서 실제 활용되는 커뮤니케이션 스킬에 대해서 많은 것을 배우게 되었습니다.

과정 중간에 공기업, 대기업 입사를 희망하는 학생들에게 지원하는 이유를 물었는데 뚜렷하게 답변하는 학생들이 없었습니다. 이에 신원주 소장님은 자신이 개발한 휴먼인큐베이터(前 나이테 SMART 종합자질진단) 진단을 하시고 개인별로 피드백을 해주셨습니다. 사실 저는 기계공학과를 전공하고 있었지만 노력한 만큼 결과도 좋지 않고 취업 준비에 몹시 힘들어하던 시점이라 진단결과에 큰 기대를 안고 있었습니다. 진단결과와 해석은 저에게 엄청난 충격이자 하나의 희망이었습니다.

결론적으로 저의 직무자질은 이공계가 아닌 영업 및 마케팅에 적합하게 나왔습니다. 하지만 대학 진학은 아버지의 권유로 기계공학과를 선택한 것이고, 그로 인하여 아버지와의 갈등도 심해진 상태였습니다. 이로 인하여 대인관계에도 문제가 생기고 여러 가지 가 복합적으로 힘든 상황이었습니다.

신원주 소장님의 강력한 권유로 반신반의하면서 한미약품 영업 직무에 입사 지원하였는데 한번에 합격을 하였습니다. 생각 외로 신입사원 연수부터 거래처인 대형약국에 대한 고객 관리도 좋았고, 만족스러운 직장생활을 하게 되었습니다.

물론 커뮤니케이션 과정 이후 "세유인"이라는 동아리를 만들어 지속적인 취업컨설팅과 멘토 링을 받았습니다. 하지만 도전은 멈추지 않았습니다. 제가 가치를 두고 해보고 싶은 일이 생겨서 지인들의 만류에도 불구하고 회사를 그만뒀습니다.

이후 보험회사 근무도 1년간 경험하고, 또 다른 도전으로 외국계 제약회사에 경력직 사원으로 입사를 해서 같은 업종의 직원 및 주변의 직장인들보다 워라벨을 즐기면서 생활하고 있습니다.

만일 그때 신원주 소장님과 휴먼인큐베이터 진단을 만나지 못했다면 지금쯤 전혀 직무와 맞지 않은 일을 하면서 불평 불만하며 힘든 생활을 하고 있지 않았을까 하는 생각을 하면 끔찍합니다. 다시 한번 휴먼인큐베이터 진단을 통하여 인생의 전환점을 만들어주신 멘토 신원주 소장님께 감사드리며 저의 과거 경험처럼 명확한 인생 목표가 없는 많은 분이 휴먼인큐베이터 진단을 통하여 긍정적인 삶을 살아가셨으면 좋겠다는 바람입니다.

추천서

박배근(경북대학교 경영학부)

안녕하세요, 저는 한국장학재단에서 주관하는 대학생 차세대 리더 육성프로그램에서 신원주 멘토님의 멘티로 활동 중인 경북대학교 경영학부 박배근이라고 합니다. 지난번, 멘토님께서 저의 휴먼인큐베이터(전 나이테 SMART 종합자질진단) 진단결과를 바탕으로 상담해 주신 것에 대한 후기를 진솔하게 써보고자 합니다. 우선 결론부터 말씀드리면 그동안 혼자 고민하며 갈등하고 있었던 부분들이 많이 해소되고 앞으로 취업에 있어서 어떠한 방향으로 준비해 나가야 할지 정리가 될 수 있었던, 속이 아주 뻥 뚫리는 시간이었습니다. 제가 여태 내적으로 늘 크게 갈등을 겪고 있던 주된 요인들로는 우선 저의 대학입시 결과, 교사가 꿈이었던 저는 사범대학에 합격했지만 동시에 합격한 경영학부에 대신 진학하여 사범대학에 가지 않은 것에 대한 약간의 미련을 가졌던 것 같습니다. 경영학부를 나와 기업에 취업하는 것보다 교사의 길을 걷는 것이 저의 적성에 더 맞았을지도 모르겠다는 후회와 차후 기업에서의 생활이 저에게 잘 맞을지에 대한 확신이 없었기 때문입니다. 그뿐만 아니라 다른 고민으로는 제가 취업하고자 하는 방향과 그 공부가 과연 저에게 맞는 것인지에 대한 것이었습니다. 저는 여태 제 적성과 역량은 억지로 무시한 채 막연히 주위에 들리는 이야기로 기업에 가려면 회계, 금융, 재무 분야가 중요하다고 하여 이에 대해 조금 억지로 준비를 해나가고 있었습니다. 그러다 보니 자연스레 동기부여도 크게 일어나지 않았고 눈에 띄는 성과 또한 없었습니다. 따라서 시간이 갈수록 제 적성 및 역량과의 괴리가 크게 느껴져 애초에 방향 설정이 잘못된 것이 아니었나 하며 방황하는 시간을 보내고 있었습니다. 그러던 때에 멘토님의 나이테 진단을 받아보게 되었는데 그 결과 중 특히 직무자질(다중지능) 결과를 통한 상담 이 이러한 제 고민을 한 방에 해결해주는 열쇠가 되었습니다. 제 다중지능 진단결과에 의하면 저의 강점으로는 언어, 자기성찰, 인간 친화 지능이 “매우 높음”으로 나왔습니다. 이러한 제 강점들을 최대한 발휘하고 대내외적으로 긍정적인 영향을 주면서 일할 수 있는 직무는 제가 준비하던 회계, 금융, 재무 쪽이 아닌 인사, 경영관리 혹은 마케팅 분야가 더 바람직한 방향이었던 것입니다.

저도 내심 평소에 회계, 재무보다는 인사, 관리, 영업, 마케팅 등을 담당하는 일을 맡으면 참 재미있고 저에게도 잘 맞을 것 같다는 생각을 하고 있던 터라 그 결과가 참 신기하고 제 속을 뻥 뚫어주는 것만 같았습니다. 또한, 제 직무자질진단결과 굳이 사범대가 아니라 경영학부도 충분히 제 강점을 발휘할 수 있으니 굳이 미련을 두지 않아도 된다고 자신 있게 말씀해 주셔서 위로도 되면서 복잡했던 생각 또 한 정리가 되는 기분이었습니다. 그 뿐만 아니라 제가 희망하는 기업에 미리 인적 네트워크를 형성해 놓는 것에 대한 중요성, 그 방법에 대한 팁 등 세밀한 부분까지 신경 써주셔서 제 계획 수립에도 너무나 큰 도움이 되었습니다. 무엇보다 지금 당장 저에게 더 필요한 요건, 이를테면 어학성적이면 어학성적, 인턴 경험이면 인턴 경험 등 그 그림과 순서들을 명확하게 그릴 수 있게 만들어준 소중한 상담 내용이었습니다. 이 외에도 자존감과 대인관계에 대한 진단도 상담해 주셨는데 그중에서도 저는 대인관계에 대한, 상담 내용이 참 기억에 남았습니다. 제 대인관계 관련 항목 점수들은 대체로 높은 점수가 나왔지만, 그중에서도 비교적 조금 낮게 나온 '본능(나 자신이 느끼는 감정)'이라는 항목이 있었는데 이를 통해 멘토님은 저에게 내적으로 인간관계에 대해 갈등을 겪는 요소가 있을 것이라고 말씀해 주셨습니다. 마침 참 신기하게도 그 평가를 진행하던 당시 저 스스로가 모든 이에게 잘 보이고 싶어 노력하지만, 제 뜻대로 길게 이어지지 않는, 어찌 보면 부질없을 수 있는 인간관계에 대해 회의감이 들던 때라 내적으로 갈등을 겪고 있었기에 그것이 결과에 반영된 것 같아 참 신기했습니다. 이에 대해서도 멘토님은 결코 모든 사람에게 만족을 줄 수 없고 타인에게 피해만 주지 않는다면 그것만으로 잘하고 있는 것이라며 인생의 선배로서 진솔하고 좋은 이야기들을 많이 해주셨습니다.

결과적으로 제 취업 준비의 방향, 더 멀리 보면 제 인생의 방향까지 재설정의 계기가 된 휴먼인큐베이터 진단결과를 바탕으로 친절히 상담해 주신 신원주 멘토님께 다시 한번 진심으로 감사드린다는 말씀 전해드리며 이만 후기를 끝내겠습니다. 읽어주셔서 감사합니다.

추천서

최민철(직장인)

제가 휴먼인큐베이터 진단을 만난 시기는 경남 양산에서 사회복무요원으로 병역의무를 마치기 5개월 전쯤이었습니다. 10년 동안 공부하고 일하며 살아왔던 터키를 떠나 돌아와서 한국에서 과연 무슨 일을 하며 살 수 있을까에 대한 고민이 많은 상태였습니다. 한국에 돌아와 서 사회복무요원을 마치는 날까지 저는 당연히 대학원 박사과정도 다닐 수 없었고, 겸직은 물론 자기계발을 위한 봉사활동조차 할 수 없었습니다. 주위에서 제가 잘 살았다고 하면 다행이라고 안도의 한숨을 쉬고, 못 살았다고 하면 절망의 늪에 빠지는 등 제 마음은 갈대처럼 늘 흔들리고 갈등했습니다. 그동안 적성검사, 직업선호도 검사, MBTI, DISC 등은 물론 우울증과 불안장애라는 진단을 받고 병원과 심리상담센터도 오가며 치료를 받아봤지만, 사회복무를 마치는 시기까지 그렇다 할 해결책을 찾지는 못했었습니다.

우연히 SNS에서 소장님께서 직접 휴먼인큐베이터 진단을 소개해주셔서 호기심에 들어가서 검사를 받아봤더니 다른 진단에 비해 훨씬 간편하면서도 결과는 체계적으로 분석이 되는 것에 감탄했습니다. 그리고 상담을 받으면서 제 삶을 과거부터 지금까지 제가 어떻게 살았으며 특히 나름대로 최선을 다해 잘 살아온 것이 맞는지 대해서도 제대로 짚어볼 수 있는 계기가 되었습니다. 무엇보다도 휴먼인큐베이터 진단은 제가 이 세상에서 충분히 쓸모 있고 가치 있는 존재임을 자각하게 해주었고, 제가 나아가야 할 길을 명확하게 제시해 주었습니다. 그 덕분에 저는 현재 동기부여 전문상담사이자 코치의 길로 나아가기 위해 박사과 정을 열심히 다니면서 이곳 대림교육연구소에서 자존감 향상 트레이닝과 상담사로서의 길을 끊임없이 걸어가고 있습니다.

자존감 10점 미만에서 지금의 이 자리에 오기까지 저는 철저하고 체계적으로 솔루션 지원과 상담사 교육을 받아 인간 삶의 3요소를 제대로 실현해나가고 있습니다. 그런 의미에서 이 기회를 통해 소장님께 깊은 감사를 드리고 싶습니다. 이곳과 만나기 전에 저는 30대의 나이의 초중반까지 제가 꾸는 꿈과 가고 싶은 길에 대한 열망은 가지고 있으나 그것이 저에게 맞는지에 대한 확신을 갖지 못했습니다. 대림교육연구소의 3단계 휴먼인큐베이터 진단과 솔루션은 제가 가진 꿈과 희망에 대한 확신을 심어주었고 어떻게 나아가야 할지에 대해 신뢰성 있는 로드맵을 제시해 주었습니다. 사회복무요원 시절 심리 상담, 동기부여 전문가가 되고 싶다고 막연하게만 갈망했었을 뿐 많은 갈등과 혼란 속에서 어찌할

바를 모르고 있었습니다. 다행히 사회복무가 얼마 남지 않은 그 시기에 기적과 같이 소장님의 관리와 훈련을 통해 자존감 향상과 함께 홍익인간 하는 진로상담사와 라이프 코치의 길로 부단하게 나아가고 있습니다.

이 책을 읽는 여러분들께서는 한 줄기 빛을 얻으신 것과 진배없다고 감히 말씀드릴 수 있습니다. 휴먼인큐베이터 진단은 인생 나침반입니다. 이 책은 곧 훌륭한 상담사로 거듭나기 위한 지도라고 할 수 있습니다. 그리고 여러분은 본 책으로 공부하시게 될 휴먼인큐베이터 프로그램의 상담사 과정이 살아있는 유기체라는 사실을 깨달으시게 됩니다.

스스로 아픔을 딛고 일어나 홍익인간 하는 상담사의 길로 인도해 주신 소장님께 진심으로 감사드리며, 무한한 솔루션과 가능성으로 복음을 제시하는 상담사의 길로 들어서신 여러분을 두 팔 벌려 환영합니다.

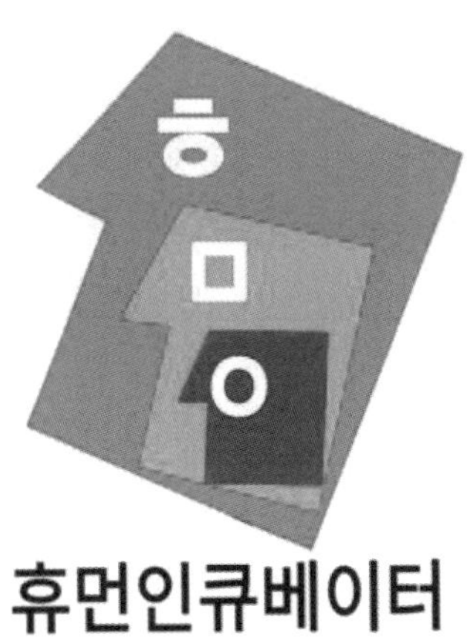

추천서

최인숙(휴먼인큐베이터 상담사)

휴먼인큐베이터 프로그램을 공부하면서, 군인은 전장에 나아가 승리하기 위해 무기를 점검하고 총검술 훈련을 통해 날마다 자신을 단련시킨다.

사람도 삶의 전선에서 인간관계를 원활하게 하고 자신의 가치를 드높이고 의미 있는 삶을 살기 위해 끊임없이 자신을 빛나는 보석처럼 갈고 닦아야 한다. 그렇기 위해 알아야 할 것은 바로 자기 자신이 어떠한 사람인가를 철저하고 충분한 자기 이해를 통해 자신을 알아야 한다.

그것을 진단하고 이해하는 것이 바로 "휴먼인큐베이터" 프로그램이라고 자신 있게 말할 수 있다. 휴먼인큐베이터 상담사 공부를 통해 나의 삶이 변화된 과정을 지금부터 간략히 서술하고자 한다.

지극히 소심하고 내성적이며 불안한 자존감을 가진 나르시시즘(자기애) 성향을 가지고 있었고 매사에 내 생각이 전부인 것처럼 생각의 틀에서 힘들었던 시간을 살아온 자신을 발견하게 된다(자존감 인성 진단).

자신의 불안한 자존감을 찾는 공부를 하는 과정에서 온전한 자존감으로 전환되고 8가지 다중지능 중 애착 형성이 불안했던(인간 친화 지능) 유아기 때의 상처를 보듬고 수용하게 되었고 자신의 진로 적성이 '교육 상담'의 자질도 있어 인생의 전환점(직업, 삶의 인식 전환 계기)이 되어 가족의 삶에 선한 영향력을 끼치고 나의 삶이 변화하니 가족의 삶도 변화하는 계기가 되었다. (직무자질)

자신을 개방하는데 지극히 소극적이며 자신의 얘기를 묻어두고 좀처럼 하지 않고 살았던 지난날의 상처를 스스럼없이 꺼내어 얘기하고 소통하며 마음의 트라우마가 치료된 것이 지금 생각해 보니 너무나 자연스럽고 신기한 경험들이고 나의 삶 전체가 휴먼인큐베이터로 인해 변화된 것을 생각하면 이 진단프로그램은 거의 완벽에 가까운 사람들의 내면의 치료제 역할을 하는 것이 분명하다.

이러한 나 자신의 실체적 경험을 통해 살아 움직이는 유기체적 프로그램임을 확신하니 이 진단프로그램이 널리 알려져 자기 자신을 이해하고 내면의 상처를 치유하며 행복하고 풍요로운 삶을 사는데 유익한 프로그램이 되기를 소망하며 이 글을 마친다.

진단후기

조*희(CS, 기업교육 강사)

휴먼인큐베이터(전 나이테SMART) 강사과정을 수료한 조**입니다.

강사 동기의 추천으로 무턱대고 듣게 된 휴먼인큐베이터 강의 때문에 사전에 어떠한 것인지 자세히 알지도 못한 채 첫 강의에 들어가게 된 그 날이 생각납니다.

우리의 삶을 나무의 나이테에 빗대어 인성, 자질, 대인관계까지 분석한 진단 툴 에 한번 놀라고 그 진단 툴을 통하여 앞으로 나아갈 방향을 제시할 수 있음에 두 번 놀랐습니다.

또한, 수업 동안 자존감에 대하여 정확한 의미와 개념을 잡을 수 있었으며, 저와 제 주변 사람들을 한 번 더 돌아볼 기회가 되어서 너무 좋았습니다.

점점 사람의 자리를 기계가 대체하고 학생들과 취준생들 모두 자신이 진정 원하는 것이 무엇인지, 잘하는 것이 무엇인지 몰라 방황하는 요즘 시대에 꼭 필요한 것이 휴먼인큐베이터 진단이 아닌가 생각합니다.

이번 과정을 통해 많은 것을 배웠고 심화 과정까지 꼭 들을 수 있다면 영광이라는 생각이 들었습니다. 혹시나 망설이고 계시는 분들이 있다면 망설이지 마시고 선택하시길 바랍니다.

다시 한번 강의 기간 신경 써주시고 열정적인 강의를 해주신 소장님께 감사드리며 부족한 글 마무리하도록 하겠습니다. 감사합니다.

진단후기

이*우(간호학원 원장)

"누군가 당신을 잘 알고 당신의 인생 목표와 나아갈 방향을 조언해 준다면 당신은 그것을 믿고 따라갈 것인가요?"

"믿지 못한다면 현재 나를 평가하고 나를 신뢰할 수 있는 성격 진단과 성향을 파악하여 옳은 길을 안내해 준다면 당신은 이것을 신뢰할 수 있을까요?"

안녕하세요. 휴먼인큐베이터(전 나이테SMART) 강사과정을 수료한 이*우입니다. 혹시나? 가 아닌 역시나! "휴먼인큐베이터 진단"입니다.

저는 학교폭력 예방협의회라는 사회 모임에서 우연히 "휴먼인큐베이터 진단"을 알게 되어서 바로 회원 가입 후 인성 진단 평가를 받아보았습니다. 왜냐면 대략적인 설명에서 제가 운영을 하는 ㅇㅇ간호학원, 유학원, 취업 지원센터에서 수많은 학생 및 일반인과 미팅을 하고 대화식으로 또는 간단한 평가지를 통한 성격과 성향을 평가받아 취업과 진로를 안내해 주고 있습니다.

학생, 일반인 한 분 한 분 아주 편하고 돈 많이 받는 직업이 아니라 오래 즐기면서 그리고 내 취향에 맞는 일을 즐기면서 돈을 벌 수 있는 일을 소개해주고, 학업을 어떻게 할 것인지를 조언해 주어 그 사람이 정말 원하는 것과 노력한 결과에 만족하는 삶을 살 수 있다면 저 역시 얼마나 보람된 일일까요?

항상 이런 생각에 간략하게나마 보다 전문적이고 체계적인 믿을 수 있는 진단 평가 프로그램을 항상 필요하다는 생각을 떨칠 수 없었던 때에 우연히 혜성과도 같은 "휴먼인큐베이터 진단"과의 만남이 저에게 아주 흥미롭고 이상적인 수많은 궁금증을 갖게끔 하였습니다.

저의 예상은 혹시나? 가 아닌 역시나! "휴먼인큐베이터 진단"이었습니다. 과정을 수료한 지금 너무나 기대되는 상담사 과정이 절실하고 더욱더 궁금해지는 "휴먼인큐베이터 진단"입니다. 강의 첫날 무엇일까? 내가 진정 원하는 것일까? 내심 기대 반 설렘 반으로 시작된 첫날이 지나 강의 2 일차 3 일차 저의 지인과 학생들의 진단 평가를 해주시는데 대면도 없는 학생과 지인의 단순 진단결과만 보고서 소장님의 신들린 역술가같이 평가 진단을 해주시는데 소름이 돋을 정도로 이 프로그램의 진실과 신뢰를 짧은 시간에 확~!!! 받았습니다.

진정 원하고 믿을 수 없다면 직접 해보고 직접 판단하면 됩니다. 전 그렇게 했습니다. 필요하신 분이라면 적극적으로 추천합니다. 저는 이 "휴먼인큐베이터 진단"강사 과정을 수료하면서 자존감에 대한 나 자신의 믿음과 내 가족과 주변의 분들에게 자존감을 확실히 깨우칠 수 있도록 할 수 있다는 자신감에 다시 한번 더 만족하는 시간이었던 것 같습니다.

"휴먼인큐베이터"는 당신을 기다립니다. 도전해보십시오!!

여러분들과 함께 "휴먼인큐베이터 프로그램"을 함께 하길 원합니다. 같이 갈수록 다다 익선입니다. 감사합니다.

진단후기

하*정(○○병원 직원)

안녕하세요. 휴먼인큐베이터(전 나이테SMART) 강사과정 교육생 하*정입니다. 사실 후기가 늦어진 것은 후기를 두 번이나 썼다가 날렸기 때문입니다.

저는 이번 강의를 가벼운 마음으로 신청했습니다. 하지만 배워보니 그게 아니라는 것을 엄청 빨리 깨닫게 되었습니다. 제가 제일 먼저 느낀 것은 자존감에 대해서 아주 무지했다는 것입니다. 한 번도 제대로 정의를 내려보려고 하지도 않았고, 한 번도 제대로 공부해보려 하지 않았습니다.

한 번도 제대로 된 도구를 통해서 스스로 자존감은 분석해보려고 하지도 않았고, 한 번도 제대로 제 자존감에 대해서 생각해 보지도 않았습니다. 항상 자존감이 낮은 제 모습을 탓만 했고, 스스로는 왜 이렇게 부족한지 원망만 했습니다. 그러다 보니 저는 항상 자존감을 출처도 근거도 없는 SNS를 통해서 주워듣기만 했고, 근거 없는 SNS를 통해 분석했고 내 자존감은 이렇구나! 하고 깨달았습니다. 심지어 맞아! 하면서 엄청난 공감을 했던 부끄러운 과거도 있었습니다.

물론 진짜 조금 공부해보니까 자존감이 낮으면 나타나는 증상들이 맞긴 합니다만 그게 전부인 것처럼 포장해서 사람들에게 거짓말을 하고 있다는 생각도 들더라고요. 물론 공부를 하면서 느끼는 바도 많았고, 스스로 나는 자존감 안정성이 공격받았지만 나 자신을 믿고 긍정적인 생각도 많이 하고 노력한다면 언젠가 누구보다 자존감이 높은 사람이 되어 저처럼 힘들었던 사람을 도와주리라는 생각을 하게 되었습니다. 비록 시간을 오래 걸리겠지만요.

다음으로 깨달은 것은 누군가의 인생을 결정짓는 것은 매우 어렵다는 것입니다. 혹시 상담을 받으러 가보신 적이 있으십니까? 저는 정말 힘들 때 상담을 한번 받으러 가본 적이 있습니다. 근데 항상 반만 상담받고 온 느낌이 강했습니다. 항상 시간에 쫓기고 제대로 된 힐링을 받지 못했다고 할까요?

그래서 그런지 상담이라는 것이 엄청 단순하다는 생각을 은연중에 하고 있었습니다. 하지만 이번을 계기로 한 사람의 인생을 바꾸는 것은 매우 어렵다는 것을 깨닫게 되었습니다. 좀 두려워지는 것도 사실입니다. 그렇다고 포기하지 않고 더 많은 공부를 해야겠다는 생각을 하게 되었습니다.

마지막으로 깨달은 것은 제가 성장할 수 있다는 것입니다. 이 수업을 들으면서 짧은 시간이지만 스스로 많이 변했다는 생각을 했습니다. 자존감 수업을 들으면서 나는 변화할 수 있다고 생각했고, 배우면서 더 공부하고 싶다는 열 정도 생겼고요. 더 나은 사람이 되어 간다는 생각을 가지게 되었습니다.

사실 세 가지로 정리했지만 느끼는 바는 너무 많습니다. 어떻게 저런 솔루션을 생각하지? 소름이 돋았고 독서토론에 참여를 못 할 상황이었는데 많은 배려를 해주셔서 결국 들을 수 있게 되었습니다. 큰 가르침과 많은 배려를 해주신 소장님께 정말 감사를 드립니다.

진짜 마지막으로 다음에 이 수업을 들으실 후배에게 말씀드리고 싶습니다. 어렵습니다. 정말 어렵습니다. 할 수 있을까? 라는 생각에 중간에 포기하고 싶을 만큼 저는 어려웠습니다. 하지만, 본인이 어떻게 노력하느냐에 따라 정말 엄청난 발전도 할 수 있을 것이다. 라고 생각합니다. 꼭 한번 들어보셨으면 좋겠네요.

심리검사와 상담

◈ 심리검사의 목적

- **전통적 검사:** ADHD, 분노조절, 우울증, 사회부적응 ⇨ 병리적 검사
- **현재 심리검사:** MBTI, 애니어그램, 진로적성검사, GPTI, 휴먼인큐베이터 진단 ⇨ 자기개발

◈ 심리검사의 종류

- **객관적 심리검사**(구조화)

  MBTI, MMPI, DiSC, 지능검사, 인성검사, 홀랜드 진로검사, 휴먼인큐베이터 진단
- **투사적 심리검사**(비구조화)

  로샤 검사, H.T.P, 그림 치료 검사, 독서치료 검사, G.P.T.I, 휴먼인큐베이터 진단

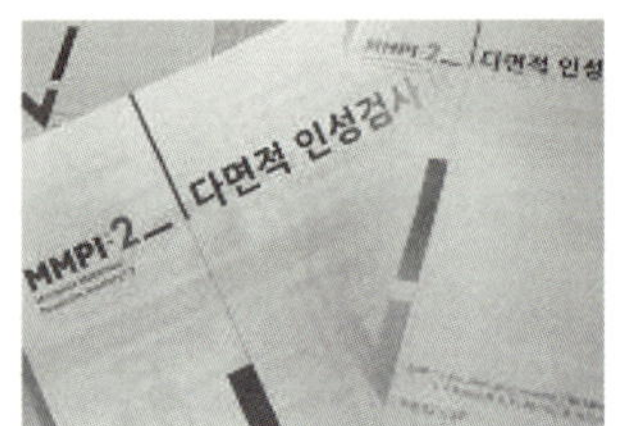

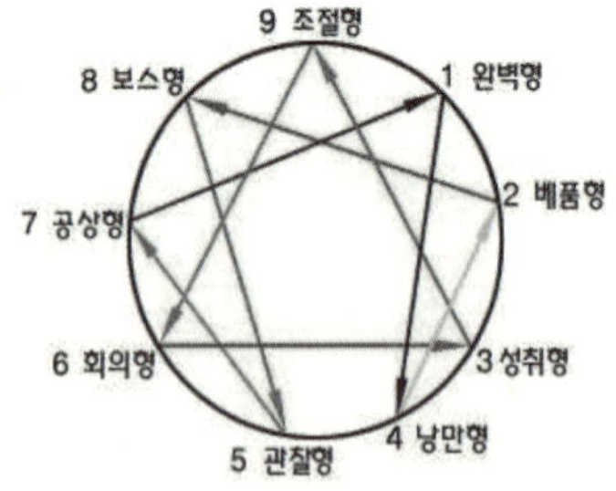

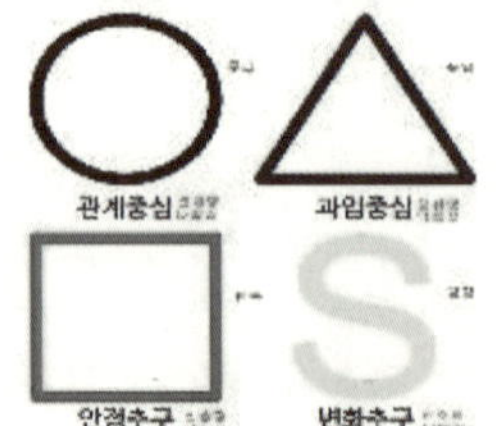

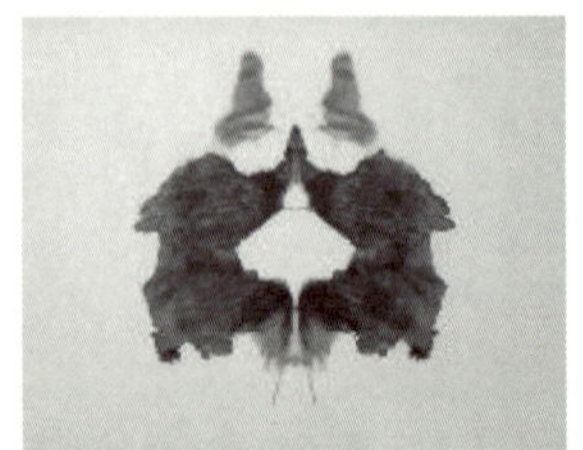

차 례

4 대인관계(버지니아 사티어) • • • 109

5 대인관계(TA교류분석, 스트로크) • • • 155

6 대인관계 • • • 179

7 인간관계(이해와 수용) • • • 193

8 상담이론(상담언어) • • • 201

9 미엘린독서 • • • 227

10 논문탐독 • • • 249

11 패턴분석 • • • 259

12 종합정리 • • • 267

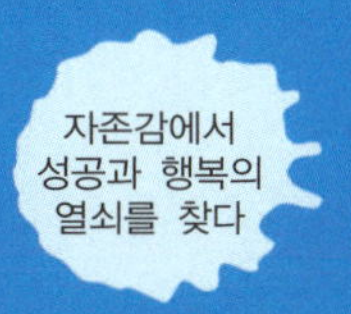

1

휴먼인큐베이터 진단사례

1. 휴먼인큐베이터 진단결과

이 름		성 별	남성	나 이	53세

1. 인성(자존감)진단 결과

사고경험 - 없음

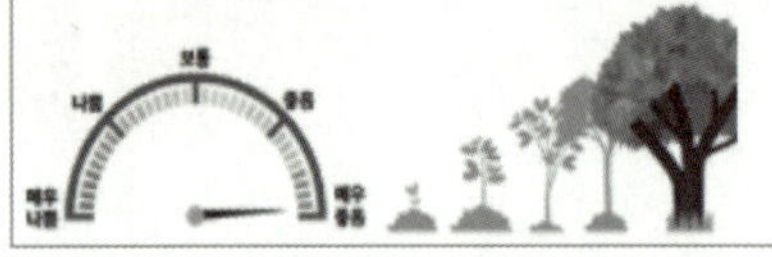

93.8점

님은 자존감이 매우 높음으로 나왔습니다.

자세히보기

2. 직무자질(다중지능)진단 결과

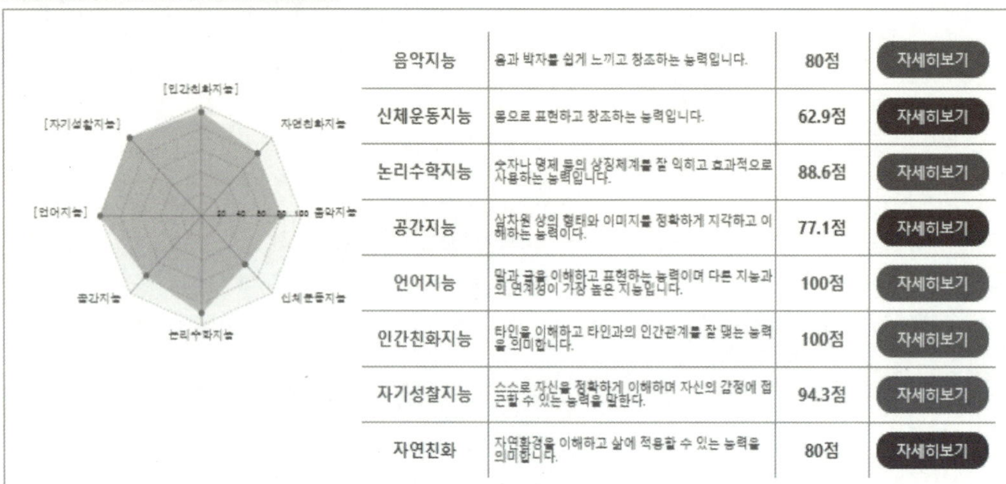

지능	설명	점수	
음악지능	음과 박자를 쉽게 느끼고 창조하는 능력입니다.	80점	자세히보기
신체운동지능	몸으로 표현하고 창조하는 능력입니다.	62.9점	자세히보기
논리수학지능	숫자나 명제 등의 상징체계를 잘 익히고 효과적으로 사용하는 능력입니다.	88.6점	자세히보기
공간지능	삼차원 상의 형태와 이미지를 정확하게 지각하고 이해하는 능력이다.	77.1점	자세히보기
언어지능	말과 글을 이해하고 표현하는 능력이며 다른 지능과의 연계성이 가장 높은 지능입니다.	100점	자세히보기
인간친화지능	타인을 이해하고 타인과의 인간관계를 잘 맺는 능력을 의미합니다.	100점	자세히보기
자기성찰지능	스스로 자신을 정확하게 이해하며 자신의 감정에 접근할 수 있는 능력을 말한다.	94.3점	자세히보기
자연친화	자연환경을 이해하고 삶에 적용할 수 있는 능력을 의미합니다.	80점	자세히보기

님의 강점지능은 인간친화지능, 언어지능, 자기성찰지능 **이며 약점지능은 신체운동지능, 공간지능, 자연친화 으로 나왔습니다.**
각 지능별 설명은 자세히보기를 눌러 확인해 주세요.

3. 대인관계(의사소통)진단 결과

자기긍정	자기부정	타인긍정	타인부정	본능
내가 남에게 주는 기분좋은 느낌	내가 남에게 주는 불편한 느낌	남이 나에게 주는 기분좋은 느낌	남이 나에게 주는 불편한 느낌	내 자신이 느끼는 감정
100%	0%	100%	0%	0%
좋음	좋음	좋음	좋음	좋음
자세히보기	자세히보기	자세히보기	자세히보기	자세히보기

신원주 님의 진단 종합 소견

종합판정	☑ 정상 ☐ 주의 ☐ 위험
항목별 부적합 판정	☐ 자존감 ☐ 다중지능 ☐ 대인관계 ☑ 연결성

1. 인성진단결과

자존감 매우 높음 효능감(외적) **50점** 존중감(내적) **43.8점** 합산 **93.8점**	1 자존감은 과거에서 현재까지 가족, 친구(동료), 선생(상사)과의 관계에서 영향을 미치는 점수입니다. 2 당신은 진단결과 '자존감'이 '매우 높음'으로 나왔습니다. 자존감은 마음의 건강 상태를 나타내는 것입니다. 예를 들어 건물을 지을 때 기초공사와 같은 것이기 때문에 자존감이 매우 높다는 것은 마음의 건강 상태가 매우 건강하다는 것입니다. 만일 직무 자질에 적합한 업무를 맡고 대인관계•의사소통 능력이 받쳐준다면 소속된 직장이나 사회의 전문분야에서 타인에게 큰 영향력을 발휘하면서 두각을 나타낼 가능성이 높습니다. **[과거의 자존감과 현재 다중지능의 연결성에 의해 나타난 해석]** 어떤 일을 할 때 주도적으로 자신의 생각을 흔들림 없이 추진해 나갈 수 있으며 좋은 결과를 낼 가능성도 큽니다. 하지만 타인에게 적절한 관심과 이해를 보여주지 않으면 자기만을 생각하는 사람으로 살짝 비칠 수도 있다는 것 잊지 마시기 바랍니다. 현재 당신은 자신의 자존감 상태만큼 자신의 생활에 대해서 생각을 하고 있습니다.

* 위 결과는 사고 경험이 없을 경우에 적용됩니다.

2. 다중지능진단결과

1	각각의 지능 점수는 본인의 현재 상황 속에서 두뇌를 사용하고 있는 관심도를 확인하는 점수입니다.
2	강점지능 - 인간친화지능, 언어지능, 자기성찰지능 약점지능 - 신체운동지능, 공간지능, 자연친화
3	상위 강점지능이 효과적으로 조합된 곳이 성공할 가능성이 높은 자리입니다. 강점지능과 연관된 직업을 선택하면 성공할 확률이 높으며 공통적으로 자기성찰지능은 기본적으로 강점지능에 속해야만 지속적으로 성공할 확률이 높습니다.
[다중지능 중 연결성에 의해 나타난 해석] 나 자신의 능력 향상을 위해 생각하는 만큼 타인을 배려하는 생각도 같은 수준으로 하고 있습니다.	

3. 대인관계(의사소통)진단결과

1	개방적 표현지수	본인이 소속된 가정/친구(동료)/학교(직장등) 사회에서 당신은 대인관계에 있어서 자신이 가지고 있는 생각이나 지식의 표현을 만나는 사람들에게 개방을 잘하는 편입니다.
2	불평적 표현지수	좋은경우 당신은 상대를 위하여 주변 사람들에게 불편한 표현을 하지 않는 사람입니다. 나쁜경우 당신은 상대의 단점이나 문제점이 발견되어도 그다지 부정적인 이야기는 하고 싶어하지 않는 유형의 사람입니다.
3	인정받는지수	당신은 대인관계에 있어서 다른 사람들에게 긍정적인 의사 표현을 한 만큼 다른 사람으로부터 긍정적인 영향을 받고 있습니다.
4	위축받는지수	피해의식 및 자격지심이 없이 잘 지내고 있습니다.
5	부담감지수	다중지능과 대인관계의 연결성에 의해 나타난 해석 당신은 현재 사람과의 만남에 있어서 내적 갈등을 겪고 있지 않는 편입니다.
[대인관계 중 연결성에 의해 나타난 해석] :현재 당신은 현실을 있는 그대로 잘 받아들이고 있으며 주변사람들과의 관계도 잘 유지하고 있습니다.		

2. 국내 프로야구 선수 휴먼인큐베이터 진단결과

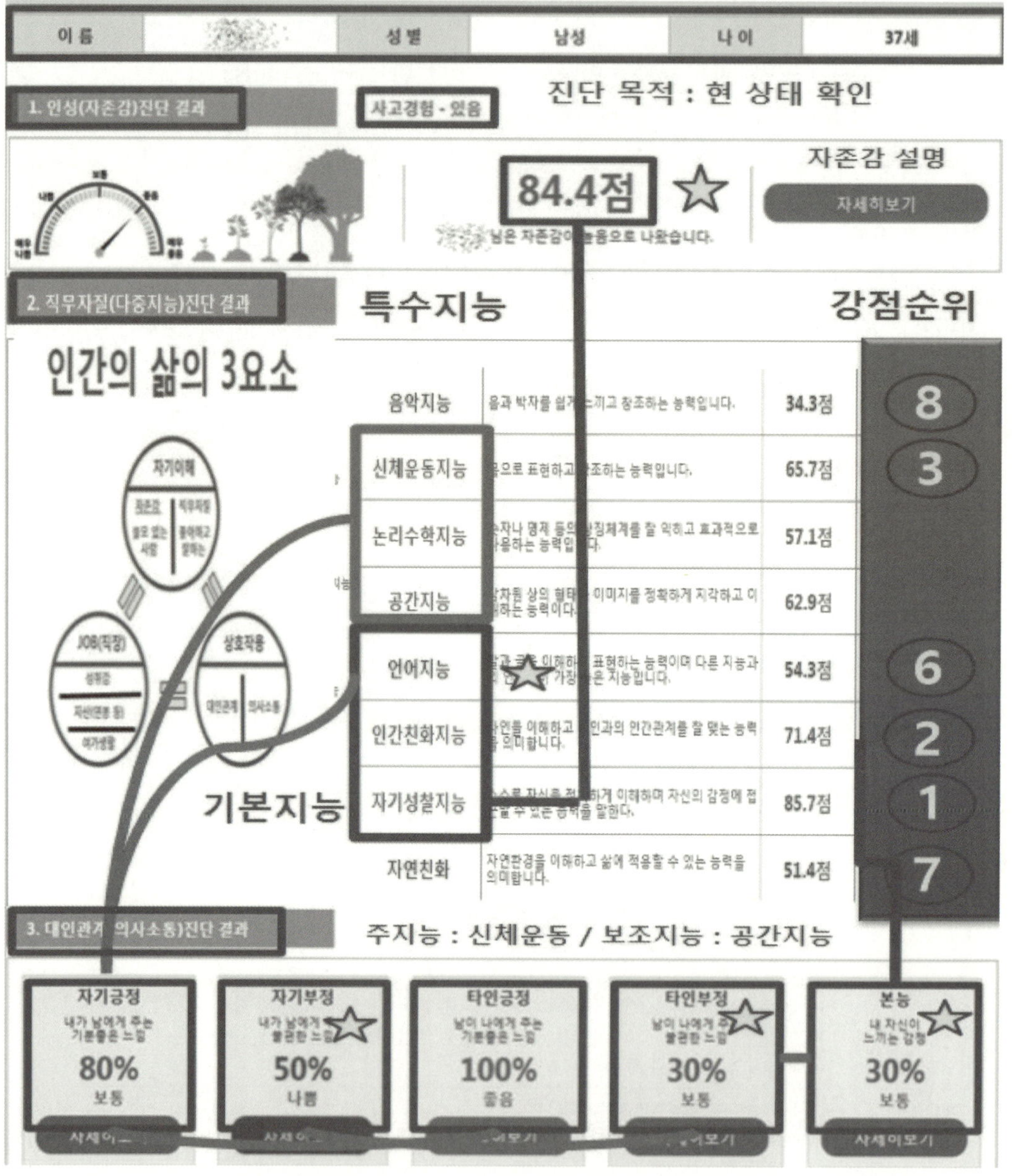

3. 국내 프로야구 선수 휴먼인큐베이터 진단해석(1)

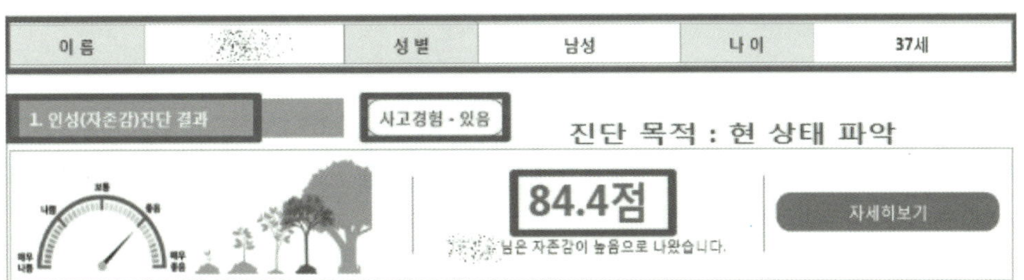

진단자인 B 선수는 현재 국내 모 프로야구단에서 투수코치로 활동을 하고 있다.

2018년 당시 모 구단에서 투수로 활동하는 가운데 시즌이 끝나가는 시점에 대림교육연구소 사무실에서 휴먼인큐베이터(구 나이테SMART)진단을 받고 당일 상담을 통하여 해석과 솔루션을 받은 사례이다.

당시 B 선수는 이전에 타 구단에 트레이드 경험이 있고 시즌이 끝나면 FA 신분이 예정된 상황이라 진로 결정에 따른 스트레스를 상당히 받고 있고, 향후 선수 생활유지와 은퇴 후 진로에 대해서 고민을 하였기에 휴먼인큐베이터 진단, 해석, 솔루션 제시를 받고 좋은 방향으로 진로를 결정하는 데 도움이 되었으리라 판단된다.

이에 아래와 같은 진단, 해석, 솔루션 사례를 순서대로 설명을 해보기로 한다. 참고로 휴먼인큐베이터 진단은 세 가지 영역인 자존감(과거), 직무자질(현재), 대인관계(미래)의 진단을 연결하여 세상을 살아가는데, 어느 정도 주도적으로 삶을 이끌어가는 힘이 있는지, 자신이 좋아하고 잘하는 전공과 직무를 찾아서 스트레스를 최소화하고 일의 성취와 보상에 따른 즐거운 여가생활을 보내고 원만한 대인관계를 통하여 풍요로운 인적교류를 통하여 행복한 삶을 살아갈 수 있는지를 확인하여 성공적이고 행복한 삶을 살아가는 데 도움을 주고 있다.

첫 번째, 기본정보인 인적사항을 확인한다.

인적사항을 확인하는 이유는 진단자의 진단 목적과 솔루션을 제시하는 데 필요하다.

- **인적사항 확인**: 남성, 37세, 직업은 프로야구선수(투수), 기혼으로 진단 목적은 현 상태 확인

두 번째, "사고경험" 유무를 확인한다.

"사고경험" 유무를 확인하는 이유는 사고경험으로 인한 스트레스로 자존감, 직무자질, 대인관계에 영향을 초래하기 때문이다.

- **"사고경험" 유무**: 사고경험 있음(타 구단으로 트레이드)

* 사고란 가족 간의 이별(부모님의 사별, 부부의 이혼, 원치 않는 구조조정으로 인한 실직, 사고로 인한 중상, 군입대, 장기간 해외 파견, 코로나로 인한 3개월 이상의 일상생활 리듬이 깨어지는 경우 등)

4. 국내 프로야구 선수 휴먼인큐베이터 진단해석(2)

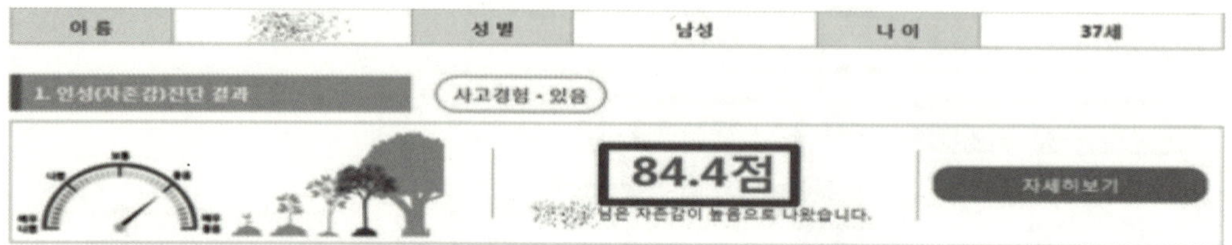

세 번째, 자존감 상태를 확인한다.

휴먼인큐베이터 진단의 첫 번째 진단으로 과거 영역인 자존감은 너새니얼 브랜든 박사의 자존감 이론을 바탕으로 만들어진 진단으로 여기서 자존감은 "내가 세상에서 쓸모있는 사람으로 스스로 느끼는 것"으로 자존감의 높고 낮음에 따라서 세상을 바라보는 관점이 달라진다.

- **자존감 상태:** 84.4점으로 높다.

  진단자는 세상을 살아가면서 마주치는 힘들고 어려운 일들을 극복하려고 도전하는 자세와 태도를 지니고 있으며 이를 통하여 세상을 주도적으로 살아가고 있다고 판단된다.

인간의 삶의 3요소

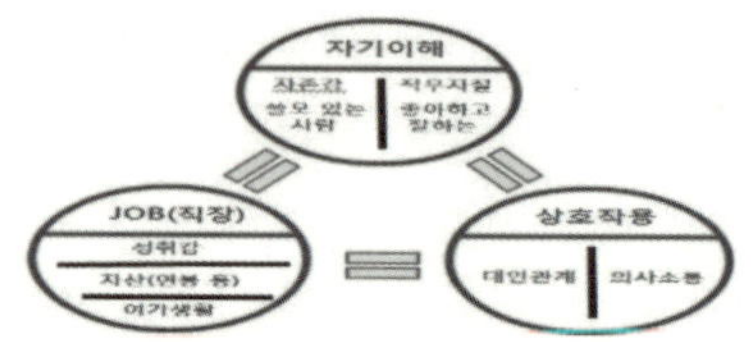

휴먼인큐베이터 진단의 두 번째 진단으로 현재 영역인 직무자질(다중지능)을 하기에 앞서서 "인간의 삶의 3요소"를 먼저 말씀드리겠다.

휴먼인큐베이터 진단을 통하여 성공했다고 여기거나 행복하게 살고 있다고 말하는 사람들을 보면 세 가지 요소가 균형을 이루고 있다는 것을 알 수 있다.

첫째, 철저하고 충분한 자기 이해이다. 세상에서 쓸모있는 사람으로 자각하는 자존감과 자신이 무엇을 좋아하고 잘하는지를 아는 직무자질이 포함된다.

둘째, 철저하고 충분한 자기 이해를 바탕으로 직업을 선택하는데 스트레스를 최소화하고 성취감을 느끼면서 이에 따른 충분한 보상과 선택하는 여가생활을 누리게 된다.

셋째로는 업무적, 사적으로 여러 사람과 상호작용을 들 수 있는데 효과적인 의사소통을 통한 원만한 대인관계가 해당이 된다.

5. 국내 프로야구 선수 휴먼인큐베이터 진단해석(3)

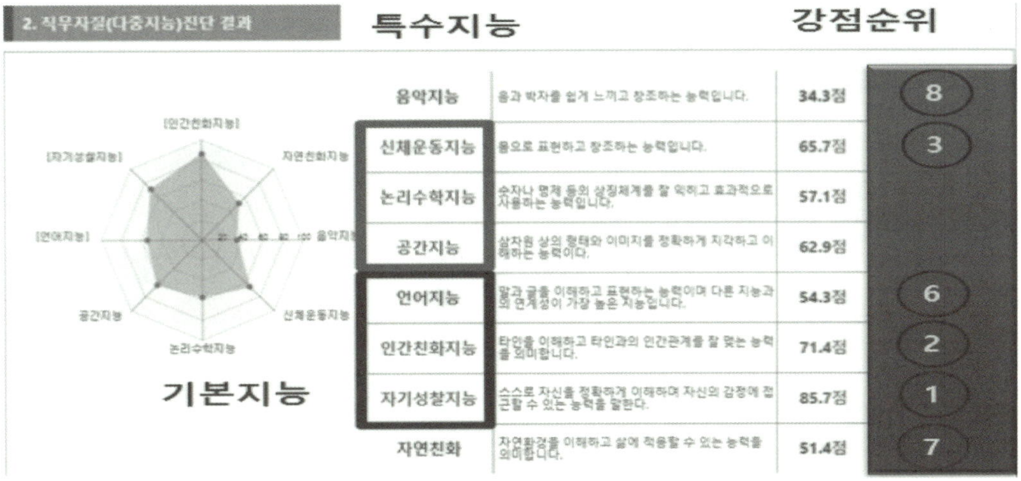

2. 직무자질(다중지능)진단 결과

[인간친화지능] 자연친화지능 음악지능 신체운동지능 논리수학지능 공간지능 [언어지능] [자기성찰지능]

기본지능

특수지능			강점순위
음악지능	음과 박자를 쉽게 느끼고 창조하는 능력입니다.	34.3점	8
신체운동지능	몸으로 표현하고 창조하는 능력입니다.	65.7점	3
논리수학지능	숫자나 명제 등의 상징체계를 잘 익히고 효과적으로 사용하는 능력입니다.	57.1점	
공간지능	삼차원 상의 형태와 이미지를 정확하게 지각하고 이해하는 능력이다.	62.9점	
언어지능	말과 글을 이해하고 표현하는 능력이며 다른 지능과의 연계성이 가장 높은 지능입니다.	54.3점	6
인간친화지능	타인을 이해하고 타인과의 인간관계를 잘 맺는 능력을 의미합니다.	71.4점	2
자기성찰지능	스스로 자신을 정확하게 이해하며 자신의 감정에 접근할 수 있는 능력을 말한다.	85.7점	1
자연친화	자연환경을 이해하고 삶에 적용할 수 있는 능력을 의미합니다.	51.4점	7

이제 휴먼인큐베이터 진단의 두 번째 진단인 현재 영역인 직무자질(다중지능)은 하워드 가드너 박사의 다중지능 이론을 바탕으로 만들어진 진단이다. 다중지능에는 여덟 가지 지능이 있는데 그중에서 자질이 높은 강점지능과 자질이 낮은 약점지능으로 보통 자신의 전공과 직무를 선택하여 필요한 자질을 요구하는 직업을 찾게 된다.

휴먼인큐베이터 진단에서는 다중지능을 기본지능 세 가지와 특수지능 다섯 가지로 나눈다. 기본지능 세 가지는 자기성찰, 인간 친화, 언어지능으로 앞서 말씀드린 '인간 삶의 3요소'와 밀접한 관계가 형성된다. 사람이 살아가는데 제일 먼저 자기 자신에 대한 이해를 먼저 한 후에 다른 사람에게 관심을 가지고 관계를 형성해 나가는데, 말이나 글로써 서로가 원하는 것을 나타내는 것이다. 이 세 가지 기본지능이 순서대로 강점을 나타낸다면 나머지 다섯 가지 특수지능 중에 강점인 지능을 바탕으로 한 전문분야에서 두각을 나타낼 수 있다. 즉, 기본지능은 밭으로 표현하고 특수지능 중 강점지능은 씨앗으로 표현한다.

기본지능은 자기성찰 지능, 인간 친화 지능은 강점으로 언어지능은 약점으로 나왔다. 특수지능은 신체 운동지능이 강점으로 공간지능, 논리수학 지능은 중간지능으로 자연 친화 지능과 음악 지능은 약점지능으로 나왔다. 기본지능이 밭으로 표현할 때 비옥한 땅이 아니므로 전문분야에서 두각을 나타내기는 힘들다고 보인다. (최고의 성적을 내는 투수, 메이저리그 진출 등) 하지만, 투수로서의 직무 적합성을 살펴보면 운동선수로서 가장 필요한 특수지능인 신체 운동지능이 강점이고 공간지능과 논리수학 지능이 중간지능으로 나타나서 투수로서의 직무 적합성은 양호하다고 보인다.

6. 국내 프로야구 선수 휴먼인큐베이터 진단해석(4)

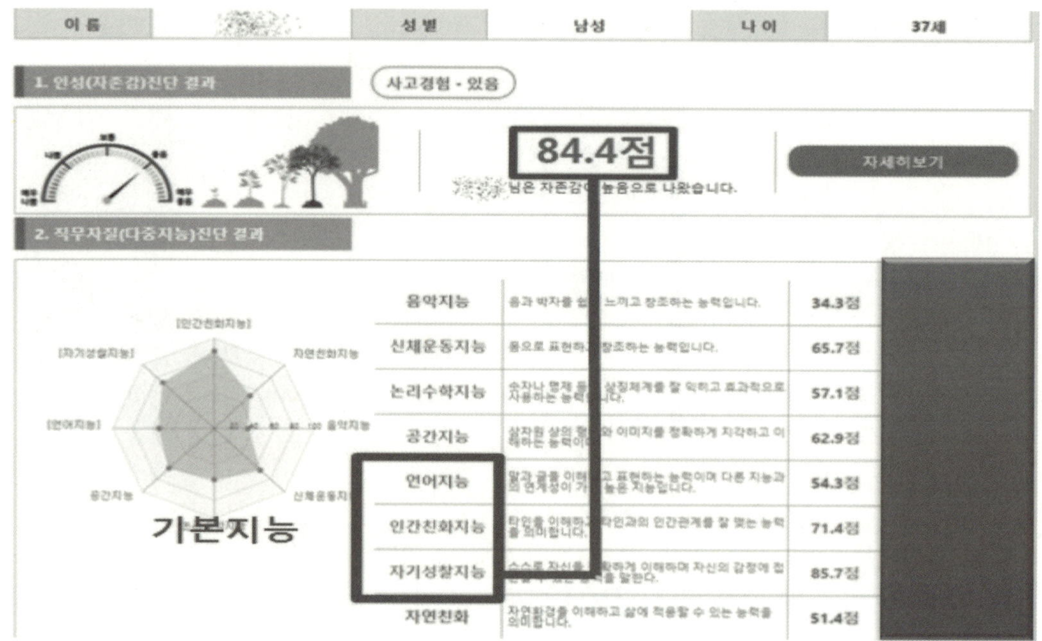

직무 적합성은 알아보았고, 이제 휴먼인큐베이터 진단의 특장점인 각 진단과의 연결을 통한 문제점을 확인하는 연결지능에 대해서 한번 살펴보자.

과거 영역인 자존감과 현재 영역인 직무자질의 기본지능인 자기성찰 지능과 연결이 됩니다. 자존감과 자기성찰 지능 간의 점수 차이에 따라 현재와 미래에 대한 생각과 행동이 달라진다.

진단자의 경우 자존감이 84.4점으로 세상에서 쓸모있는 사람으로 자각하는 것에 비하여 자신을 이해하는 자기성찰 지능이 85.7점으로 자신의 현재 상황을 잘 이해하고 있으며, 미래에 대한 성장과 발전에 대해서도 긍정적인 관점으로 생각하고 고민하고 있다고 보인다.

하지만, 자연 친화 지능과 음악 지능의 점수가 약점으로 나타나서 일상생활에서 일부 불편함이 있다. 음악 지능과 자연 친화 지능이 높은 경우 스트레스를 받을 때 일부 감소시켜서 받는 경우가 있으므로 진단자의 스트레스 관리 차원에서 음악을 가까이하거나 악기를 다룰 기회를 가져보는 것이 좋을 것 같다. 또는 자연과 더불어 동, 식물을 가까이하는 것도 스트레스 해소에 도움이 될 것이다.

7. 국내 프로야구 선수 휴먼인큐베이터 진단해석(5)

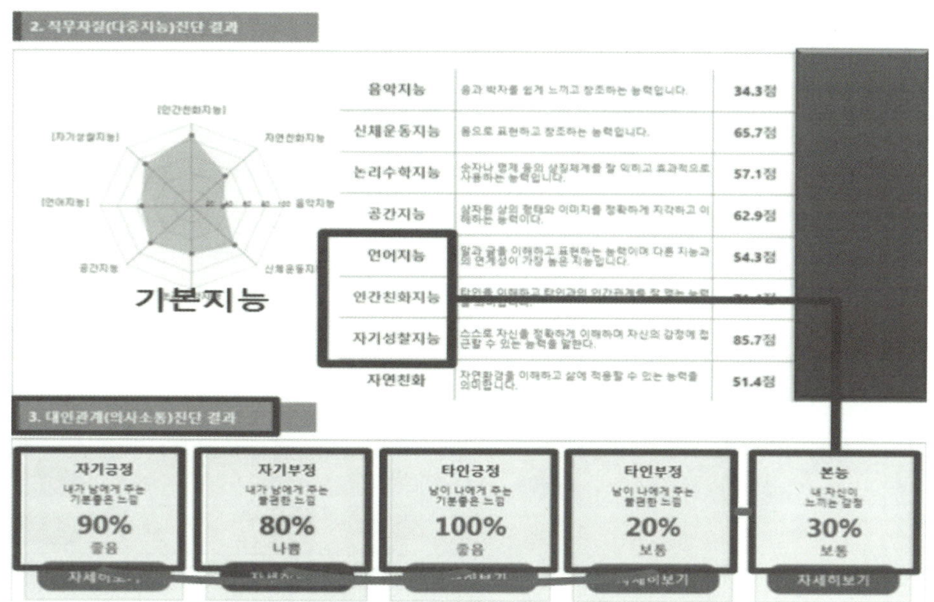

이제 휴먼인큐베이터 진단의 세 번째 진단인 미래영역인 대인관계, 의사소통 진단은 버지니아 사티어 박사의 가족관계 치료이론과 에릭 번 박사의 교류분석 이론을 바탕으로 진단을 활용하였다.

휴먼인큐베이터 진단에서의 대인관계, 의사소통은 사람들이 처음 만났을 때 주고받는 상호자극인 스트로크를 말하는데 이는 자기 긍정, 자기부정, 타인긍정, 타인부정, 본능의 다섯 가지로 나누게 된다. 먼저 긍정적인 자극으로 내가 다른 사람에게 기분 좋은 느낌을 주는 자기 긍정, 상대방에게 기분 좋은 느낌을 받는 타인긍정이 있고 부정적 자극으로 내가 다른 사람에게 기분이 나쁘게 불편한 느낌을 주는 자기부정, 상대방에게 불편한 느낌을 받는 자격지심, 피해의 식과 같은 타인부정이 있으며, 다른 사람과 자극을 주고, 받는 그 자체를 좋아하는 본능이 있다.

진단자의 경우 자기 긍정, 타인긍정은 좋은 편이지만 본능과 타인부정이 보통으로 나오고 특히, 자기부정의 경우 나쁨으로 나와서 이에 대한 개선이 시급하다고 보인다.

본능이 보통인 경우는 주변의 사람들과의 인간관계에서 겪고 있는 갈등으로 인한 상처로 인하여 내적갈등을 겪는 상황이고 이로 인하여 외부에서 받은 스트레스를 가까운 가족이나 동료에게 심한 부담을 주고 있는 것으로 보인다.

자존감이 높고 기본지능과 대인관계가 원만한 전문가형 패턴

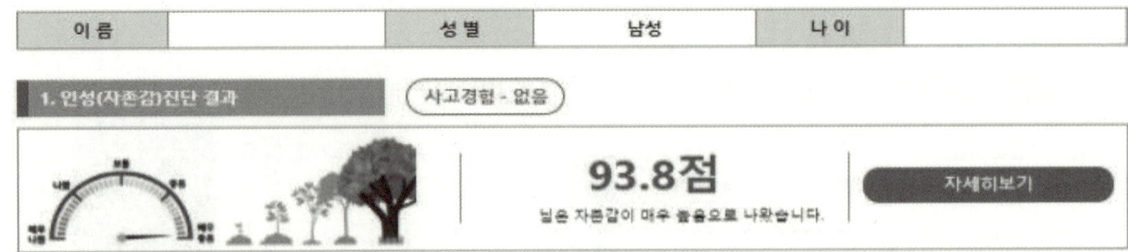

이 름		성 별	남성	나 이	

1. 인성(자존감)진단 결과 (사고경험 - 없음)

93.8점

님은 자존감이 매우 좋음으로 나왔습니다.

자세히보기

2. 직무자질(다중지능)진단 결과

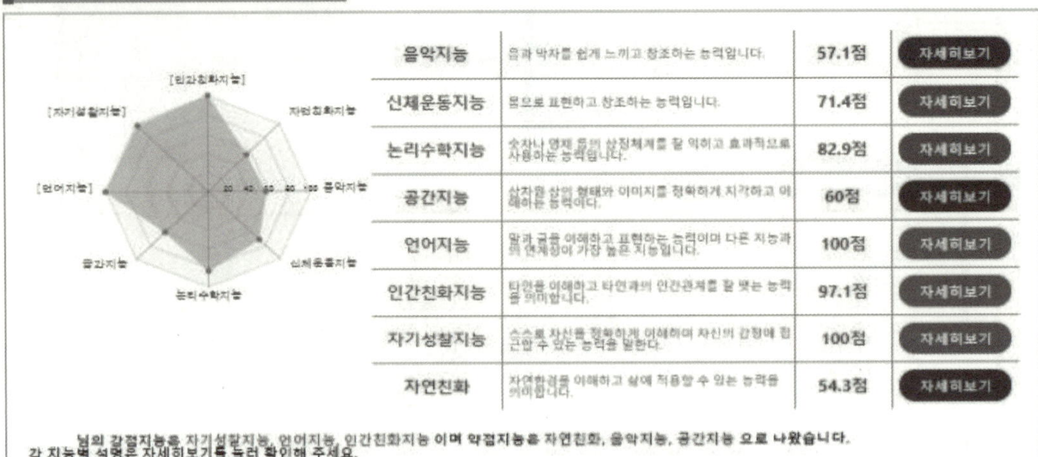

지능	설명	점수	
음악지능	음과 박자를 쉽게 느끼고 창조하는 능력입니다.	57.1점	자세히보기
신체운동지능	몸으로 표현하고 창조하는 능력입니다.	71.4점	자세히보기
논리수학지능	숫자나 명제 등의 상징체계를 잘 익히고 효과적으로 사용하는 능력입니다.	82.9점	자세히보기
공간지능	삼차원 상의 형태와 이미지를 정확하게 지각하고 이해하는 능력이다.	60점	자세히보기
언어지능	말과 글을 이해하고 표현하는 능력이며 다른 지능과의 연계성이 가장 높은 지능입니다.	100점	자세히보기
인간친화지능	타인을 이해하고 타인과의 인간관계를 잘 맺는 능력을 의미합니다.	97.1점	자세히보기
자기성찰지능	스스로 자신을 정확하게 이해하며 자신의 감정에 접근할 수 있는 능력을 말한다.	100점	자세히보기
자연친화	자연환경을 이해하고 삶에 적용할 수 있는 능력을 의미합니다.	54.3점	자세히보기

님의 강점지능은 자기성찰지능, 언어지능, 인간친화지능 이며 약점지능은 자연친화, 음악지능, 공간지능 으로 나왔습니다.
각 지능별 설명은 자세히보기를 눌러 확인해 주세요.

3. 대인관계(의사소통)진단 결과

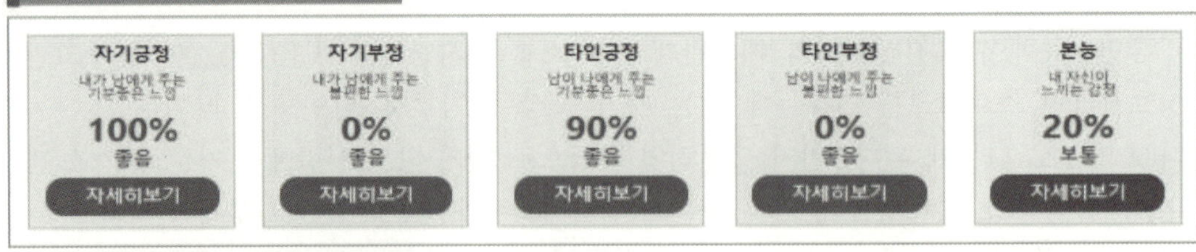

자기긍정	자기부정	타인긍정	타인부정	본능
내가 남에게 주는 기분좋은 느낌	내가 남에게 주는 불편한 느낌	남이 나에게 주는 기분좋은 느낌	남이 나에게 주는 불편한 느낌	내 자신이 느끼는 감정
100%	0%	90%	0%	20%
좋음	좋음	좋음	좋음	보통
자세히보기	자세히보기	자세히보기	자세히보기	자세히보기

종합결과

안전

회원님의 경우 직무자질과 대인관계 진단에서 모두 좋은 결과가 나왔습니다. 앞으로 목표를 결정하여 전문적인 방향으로 이어진다면 시행착오로 인한 시간과 비용의 낭비를 줄이고 본인이 원하는 목표달성에 더욱 좋은 결과를 만들어 내질 수 있습니다.

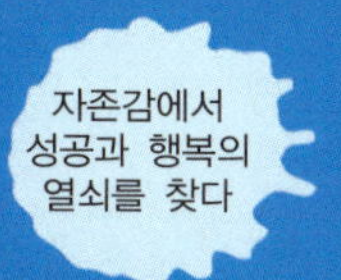

2

인성(자존감)

철저하고 충분한 자기이해!

1. 인간의 삶의 기본 3요소

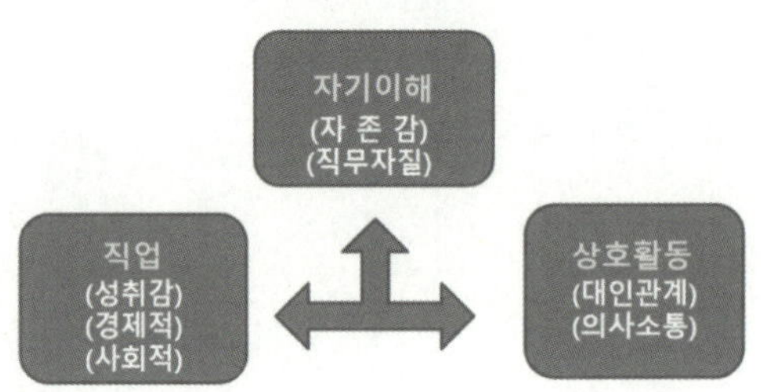

사람마다 살아가는 데 있어서 생각하고 있는 가치관은 각각 아주 다양하다. 그러한 가치관에 따라서 어떤 사람들은 성공하고 행복한 삶을 살아가는 반면에 어떤 사람들은 실패하고 불행한 삶을 살아가고 있다. 물론 성공과 행복의 가치가 정해진 것은 아니지만 각자의 삶의 만족도를 보면 어느 정도 알 수 있다.

우리 주변에 성공한 사람이나 행복한 삶을 살아가는 사람들을 보면 대개 공통점을 가지고 있다. 휴먼인큐베이터 진단을 하고 상담을 통한 피드 백과 솔루션을 전달하면서 느낀 점은 그들은 대개 세 가지 요소가 균형을 이루고 있다는 것이다.

이 세 가지 요소는 첫째 철저하고 충분한 '자기 이해'이고 둘째, 이를 통한 직업이나 경력을 가지고 있으며, 셋째, 적절한 상호작용을 통한 원만한 인간관계를 형성하고 있다는 것이다.

그럼 이 세 가지 요소에 대해서 자세히 알아보도록 하자.

첫째, 철저하고 충분한 '자기 이해'이다. 이들은 세상에서 쓸모 있는 사람이라고 자각하는 '자존감'과 내가 무엇을 좋아하고 잘하는지를 아는 '직무자질'을 통해서 자신의 정체성과 올바른 가치관을 형성하여 삶을 살아가는 데 있어서 아주 튼튼한 바탕을 이루고 있다는 것이다. 소크라테스의 '너 자신이 모르는 것이 무엇인지 알아보라' 가 적당한 말이다.

둘째, '직업 또는 경력'이다. 이것은 첫째 요소인 철저하고 충분한 자기 이해를 바탕으로 자신이 선택하는 직업이기 때문에 스트레스를 최소화하고 직무에 있어서 생산성을 향상하여 성취감을 느끼게 된다. 또한, 만족한 경제적 보상(연봉이나 대우 등)을 통하여 자신이 사회에서 원하는 활동을 통하여 자신의 성장과 발전을 지속할 수 있어서 적절한 경력을 쌓을 수 있다는 것이다.

셋째, '상호활동'이다. 이들은 자신의 이익만 추구하는 것이 아니라 공동체 형성을 위한 적절한 의사소통과 대인관계를 위하여 상호활동을 하므로 대체로 풍부한 인적 네트워크를 형성하게 되어 살아가면서 생기는 위험과 어려움을 극복하는데 만반의 준비를 하는 것이다. 아리스토텔레스의 '인간은 사회적 동물이다'가 해당이 되는 말이다.

2. 석학들이 말하는 자존감

로젠버그(Marshall B. Rogenberg)

Marshall Bertram Rosenberg는 미국 심리학자, 중재자, 작가 및 교사였다.

1960년대 초부터 그는 파트너 십을 지원하고 사람, 관계 및 사회 내 갈등을 해결하기 위한 프로세스인 비폭력 커뮤니케이션을 개발했다.

로젠버그는 자존감이란 자기 존경의 정도와 자신을 가치 있는 사람으로 생각하는 정도를 의미한다고 하였다. 이것은 자기개념이나 자신감과는 구별되는 것으로 자기 존경의 정도와 자신을 가치 있게 평가하는 정도를 나타내지만 오만함이나 자신감의 정도를 나타내는 것은 아니라고 하였다.

스탠리 쿠퍼스미스
(Stanly Coopersmith)

쿠퍼 스미스(Stanly Coopersmith)는 자존감을 자신이 스스로 능력이 있고, 중요하며, 성공적이고, 가치 있다고 자신을 믿는 정도를 가리키며, 이를 어느 정도 인정하고 인정하지 않느냐 하는 태도라 고 하였다.

다시 말해 한 개인이 스스로 얼마나 가치 있는 존재로 생각하고 있느냐 하는 사적인 판단이라고 정의하였다. 또한, 쿠퍼 스미스는 3가지 특징으로 자존감을 정의하고 있다.

첫째, 자존감은 평가에 있어서 구체적이고 일시적인 변화보다는 지속적인 개인의 자아 평가에 중점을 두고 있다.

둘째, 자존감은 경험이나 성, 나이, 역할 규정 조건 등에 따라서 달라질 수 있다. 따라서 가족이나 학교, 친구들, 자기 자신, 일반적인 사회 활동 등과 같은 다양한 환경을 포함하며, 특히 아동의 경우에는 가족의 경험이나 환경, 특히 부모의 영향이 중요하다고 강조하고 있다.

셋째, 자기 평가란 자신의 행동, 능력, 속성 등을 자신의 기준이나 가치 척도에 따라 심사하는 판단 과정으로 의식적일 수도, 무의식적일 수도 있다고 하였다.

나사니엘 브랜든(Nathaniel Branden)

나사니엘 브랜든(Nathaniel Branden)은 종합적으로 자존감을 이렇게 정의한다.

"자존감은 우리 자신에게는 생각하는 능력이 있으며, 인생의 역경에 맞서 이겨낼 수 있는 능력이 있다는 자신에 대한 믿음이며, 우리 스스로가 가치 있는 존재임을 느끼고, 필요한 것과 원하는 것을 주장할 자격이 있으며, 행복해질 수 있고, 또 자신의 노력으로 얻은 결과를 스스로 즐길 수 있는 권리가 있다는 자신에 대한 믿음이다."

여기에서 나사니엘 브랜든은 자존감의 중심을 자신의 능력과 가치에 대한 자신의 믿음으로 규정하고 있다. 그는 또 다른 책에서 "자존감이란 우리의 존재 중심에 있는 친밀한 경험으로, 다른 누구도 아닌 '바로 자신'이 자신에 대해 느끼고 생각하는 것"이라고 설명한다.

휴먼인큐베이터 진단에서 자존감은 "내가 세상에서 쓸모있는 사람으로 자각하는 것"이라고 정의한다.

3. 자존감이란?

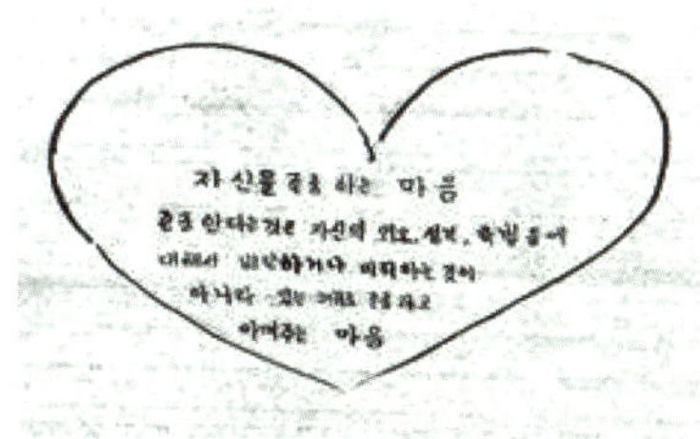

자존감은 무엇일까? 자존감, 다른 말로 자아존중감이라고도 한다. 자아존중감(自我尊重感, self-esteem)이란 자신이 사랑받을 만한 가치가 있는 소중한 존재이고, 일에 대해 성과를 이루어낼 만한 유능 한 사람이라고 믿는 마음이다. 자아존중감이 있는 사람은 자신이 누구인지에 대해 확고한 믿음이 있다. 즉 정체성이 잘 형성되어 있다는 것이다. 이 자존감은 정말 중요한데 한 개인이 일이나 과제를 받았을 때 대하는 모든 태도를 관장한다. 인생을 성공적으로 살아가는데 필요한 필수 요소이며, 내가 일을 잘 해낼 수 있을 것인가. 나는 괜찮은 사람인가 등 모든 가치관에도 영향을 미친다. 즉 자존감을 한마디로 함축하면 "세상에서 쓸모 있는 사람으로 느끼는 개인적인 감정과 판단"이다.

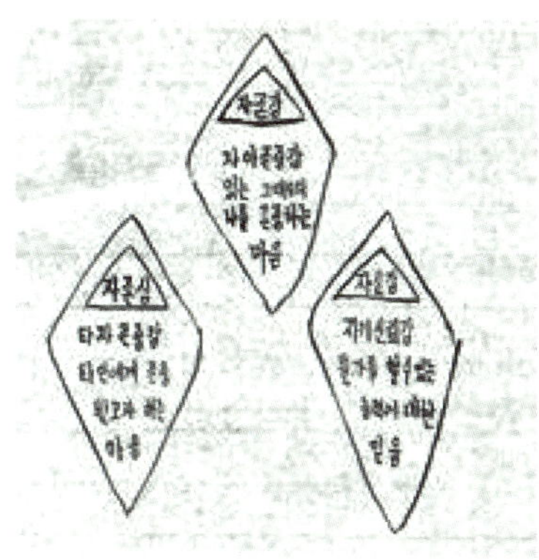

자아존중감은 객관적인 기준만으로 잴 수 있는 것은 아니다. 오히려 자신의 주관적인 느낌에 좌우된다. 흔히 자존심과 혼동하여 사용하기도 하는데, 자존감과 자존심은 다른 개념이다. 자존감은 '나 자체의 모습에 대한 긍정적인 생각'을 뜻한다면, 자존심은 '경쟁 속에서의 내 모습에 대한 긍정적인 생각'이다.

자존심은 타인과 자신을 비교했을 때 존중받고 싶은 마음을 뜻하고 다른 사람이라는 비교 대상이 있다. 하지만 자존감은 자기 자신 하나만을 놓고 판단하는 것이

다. 즉, 자존감 이 낮은 사람이 자존심이 셀 수도 있다는 뜻이다.

4. 자존감의 의미와 정의

- **자존감의 의미**: 자신이 사랑받을 만한 소중한 존재이며, 자기 자신을 가치 있고 긍정적인 존재로 생각하는 마음으로 자존감이라고 부른다.
- **자존감의 정의**:
  - 자신이 생각하는 능력에 대한 확신.
  - 살면서 맞닥뜨리는 기본적인 도전들에 대처하는 능력에 대한 확신.
  - 자신에게 성공하고 행복해질 권리가 있다는 확신.
  - 자기에게 필요한 것과 자신이 원하는 것을 주장하고 가치를 실현하며, 노력에 따른 결실을 누릴 가치가 있고, 그럴만한 자격이 있는 존재라는 생각.
- **자기효능감**: 개인적 능력에 대한 감각으로 자신이 얼마나 필요한 사람인지 느끼는 것을 의미하는데, 우리 사회는 이 축을 지나치게 강조한다.

  예) 사회에서 알아주는 직업을 갖거나 직장에서 능력을 인정받으면 당연히 자존감이 높을 것으로 생각하는 것
- **자기조절감**: 자기 마음대로 하고 싶은 본능을 의미한다. 이것이 충족되어야 자존감도 높아진다. 서울에서, 손꼽히는 학군에서 공부하고 이른바 명문 대학까지 나온 사람이라면 그렇지 않은 사람보다 자존감이 당연히 높을 거라고 여기기 쉽다.

  하지만 시골에서 자유롭게 뛰놀며 자란 사람보다 자존감이 떨어지는 경우도 얼마든지 있다. 자기조절감이 부족한 경우다.
- **자기 안전감**: 자존감의 바탕이 된다. 가진 것은 별로 없어도 자존감이 높은 사람들이 있다. 이들은 안전하고 편안함을 느끼는 능력이 다른 사람들보다 뛰어나다. 트라우마가 해결되지 않았거나 애정결핍이 지속이 되는 데 안전하다고 느낄 사람은 없다. 당연히 자존감이 떨어진다. 혼자 있는 것을 유난히 힘들어하는 사람이 있는데, 혼자서는 안전감을 느끼지 못하기 때문이다.

5. 자존감 구성요인, 형성시기

자존감은 크게 자아존중감과 자기효능감 두 가지로 구성이 되어있다.

개인적 가치에 대한 감각으로 '나는 다른 사람의 사랑을 받을 만한 사람이야'라고 나의 가치에 대한 확신을 의미하는 자아존중감인데 생존할 수 있는 권리와 행복해질 수 있는 권리에 대한 긍정적인 태도를 말하며, 자신이 원하고 필요로 하는 것을 적절하게 주장하고 즐거움을 느끼는 일이 자신의 당연한 권리라고 생각하는 것이다.

다른 하나는 개인적 능력에 대한 감각으로 '나는 일을 잘 해낼 수 있는 사람이야'라고 내 정신의 기능에 대한 신뢰와 사고의 능력, 판단하고 선택하고 결정하는 과정에 대한 신뢰를 말하는 자기효능감(자신감) 이다. 즉, 나의 관심과 필요의 범위, 다시 말하면 지적 자기 신뢰의 한계 내에서 실제적 사실을 이해하는 능력이다.

이 두 개념은 서로 영향을 주긴 하지만, 하나가 높다고 하여 반드시 다른 하나가 높지는 않다. 자아존중감이 높으나 자기효능감이 낮을 수도 있고, 반대의 경우도 가능합니다. 스스로 굉장히 높게 평가하는 아이가 일을 처리할 때 쭈뼛거릴 수도 있고, 사랑을 받은 경험이 거의 없어 '나는 혼날 만해'라고 생각하는 주눅 든 아이가 특정한 일이나 영역에 대해서는 유일하게 자신감을 가질 수도 있다.

둘 다 낮은 것도 바람직하지 않지만, 이 경우처럼 불균형한 것도 좋지 않다. 자존감을 높이려면 두 개념 모두 균형 있게 잘 발달해 있어야 한다. 자존감은 아이의 인생에서 어쩌면 가장 중요한 개념인데 아이가 인생을 행복하게 느끼는지, 생활에 만족할 수 있는지 등 정서적인 면도 관장하지만, 대인관계, 심지어 성적에도 영향을 미칩니다. 거의 전 영역에 걸쳐 영향을 주게 된다. 자존감의 형성 시기는 학자들의 견해에 따라 조금씩 다르지만 나사니엘 브랜든 박사의 이론을 살펴보면 유아 시기부터 청소년 시기인 12세~15세까지 자존감의 70% 정도 형성이 되며 (물론 성장환경에 따라서 차이는 있지만) 이후 성인이 되어서 나머지 30%가 성숙해지고 완성이 된다고 보면 된다.

자존감 형성에 필요한 감정의 형성은 유아기, 청소년기, 성인기로 나누어지는데 유아기 때는 기본적인 감정으로 사랑, 분노, 불안, 공격성, 분열, 투사, 회피를 청소년기에는 긍정적 감정(청소년기)으로 동일시, 자기애, 자기존중을 개인적 성장에 유익하고 성장의 덕목(이성적)으로 발전한다. 성인기에는 친절, 공감, 용기, 변화의 주로 타인과 관계 맺기로 사회적 필요 덕목을 갖추게 된다.

6. 자존감 형성매체

자존감은 일반적으로 유아기에 가장 높은 편이고 아동기와 청소년기를 지나면서 어느 정도 정착을 하게 된다. 이때 자존감의 형성에 영향을 끼치는 중요한 사람으로 부모님이 대상이 되는데 부모 중 어머니의 영향을 가장 많이 받게 된다.

생체학적으로도 정자보다 난자가 유전자를 비롯한 많은 부분에서 영향을 받고, 출산 후 양육적인 측면에서도 어머니의 영향은 막강하다. 거의 어머니의 영향을 다 받는다고 할 수 있는 데, 최근에는 사회의 변화에 따라 양육의 책임을 분산하는 차원에서 아버지의 영향을 받는 가정이 늘어나는 추세이다.

부모님이 안 계시는 조손가정이나 최근 일상적으로 자주 일어나는 이혼으로 인하여 한부모 가정의 증가와 다문화 가정의 확대에 따라 부모의 역할을 대행하는 할아버지, 할머니, 삼촌, 고모 등 친척의 영향과 아동시설의 보모나 선생님 등 양육과 관련된 어른들의 영향을 차례대로 받게 된다. 또한, 함께 하는 시간이 많거나 가까이 지내는 선배나 친구들의 순으로 자존감 형성에 영향을 받기도 한다.

7. 자존감 정서적 지원

그렇다면 이 자아존중감은 언제부터 생겨날까요? 태어나면서 모두 정해진 채로 태어날까요? 자존감은 후천적 개념이다. 엄마 아빠가 태어난 아기에게 대하는 태도에서부터 출발하는데 어린 시절 가족과의 상호작용은 자존감 형성에 절대적인 영향을 준다. 부모의 가치관, 부모가 나를 대하는 태도, 관계들은 아이가 자신을 정의하는 기준이 된다. 아기가 어떤 행동을 하자 엄마 아빠가 아이를 보며 웃어준다. '우리 아가 예쁘다~' 하며 말도 해주고 행동 하나하나 매우 소중하게 생각하는 태도를 보인다. 그러한 부모의 반응을 보며 아이는 '내가 엄마 아빠를 기쁘게 했어. 내 행동이 대단한 행동인가 봐!'라고 판단한다. 이러한 사고들이 모여 영유아기의 자존감을 형성한다. 자신에 대한 정의가 다른 사람의 행동으로 좌우된다니 아주 신기하다.

반대의 경우 역시 생각해 보면 영유아기의 아이들은 움직임이 많고 호기심도 많다. 주변 사물들을 보면 물어뜯고 던지고 부수고 어지르는 것이 아이들이 하는 일이다. 그럴 때마다 엄마 아빠가 쫓아와 '이렇게 하지 말랬지!' 하고 소리를 친다. 아이는 화나서 소리치는 엄마 아빠의 얼굴을 보며 '엄마 아빠가 나를 혼냈어. 내가 큰 잘못을 했나 봐.' 하고 생각하게 되는데 이러한 사고들이 모여 '나는 자꾸 혼나는 못된 아이야'라는 자존감을 형성하게 된다. 아이의 자존감은 거의 부모의 가치관에 의해 좌우된다고 해도 과언이 아니다. 따라서 부모의 자존감 역시 매우 중요하다. 부모의 자존감이 낮으면 아이의 자존감도 낮고, 부모의 자존감이 높으면 아이의 자존감 역시 높을 확률이 높다. 아이의 자존감이 높길 기대한다면 부모의 태도와 자존감은 얼마나 되는지 먼저 생각해 봐야 할 것이다.

8. 자존감과 자존심의 근원

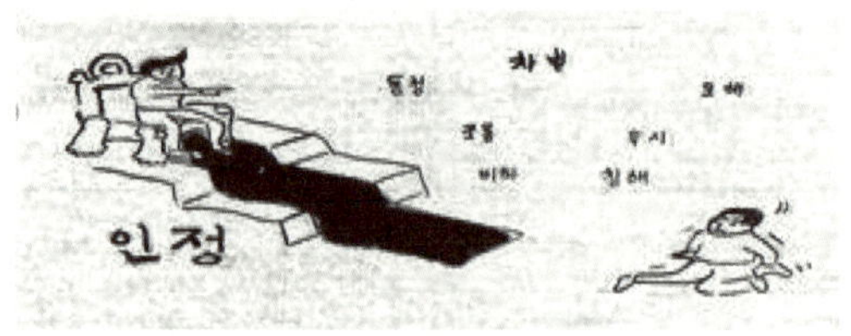

- 자존심이란 “남에게 굽힘 없이 제 몸이나 품위를 스스로 높이 가지는 마음”이다. 이때 품위의 기준은 자기의 가치관에 따라 정해진다. 그러나 이때의 자존심은 외부의 영향을 받는 것으로 주변과 비교되면서 스스로 가지는 마음이다. 이 때문에 자존심은 자신보다 높은 수준을 만나면 자신이 비참해지기도 하고, 자신보다 낮은 수준을 만나면 우쭐해지며 기분이 좋아지기도 하는 것이다.
- 높은 자존심은 과도한 경쟁의식에서 비롯되고 오만한 사람들은 항상 자신이 다른 사람보다 우위에 있지 않으면 안 된다고 생각한다. 그들은 다른 사람과 비교하여 자신의 가치를 인식할 수 없으면 욕구불만이 된다.
- 자존심이 높은 사람은 자신은 타인과는 격이 다른 특별한 존재라고 과신하고 있으며, 이런 사람들은 대개 내면의 힘이 부족하다.
- 자존감과 자존심은 다르다. 자존감이 자신을 존중하는 마음이라면, 자존심은 남에게 인정을 받기 위한 마음이다. 자존심이 높은 사람은 타인과의 비교를 중지할 필요가 있으며, 과거의 자신과 비교하여 얼마나 개선했는가에 전념해야 한다. 또한, 자신과 타인은 완전히 다른 인격체라는 다름을 인정해야 하고 자신을 사랑하는 것과 같은 무게로 타인에게도 차별 대우 없는 인정을 실천할 필요가 있다.
- 자신에 대한 자존감과 내면의 힘을 몸에 익히면 자존심이라는 갑옷을 몸에 걸칠 필요가 없어진다. 자존감은 자신을 존중하는 사람이므로 남에게 인정받으려고 애를 쓰지 않는다. 하지만, 자존감이 낮은 사람들은 남에게 인정을 받기 위해서 자존심을 부리는 것이다. 그래서 자존감이 낮은 사람들이 자신감이 떨어지게 되고 쓸데없이 자존심만 센 것이다.
- 자존심은 남에게 약한 모습을 보이지 않으려고 남에게 실수하지 않으려고 한다. 그것은 사실 마음이 강한 사람이 아니라 마음이 약하기 때문에 스스로 강한 척하는 심리이다.
- 자존심이 강한 사람은 보통 자기중심적으로 생각하기 때문에 다른 사람을 돌아보는 마음의 여유가 별로 없다.
- 자존심만 강한 사람은 상대적으로 자존감이 적을 수 있으며, 자신감을 가지고 당당하게 활동하기보다는 다른 사람의 태도에 민감하게 반응한다. 또한, 남에게 지지 않으려는 경쟁심을 지나치게 드러내며 다른 사람의 비판이나 충고를 잘 들으려고 하지 않는 것이다.
- 자존심은 긍정적이고 창조적인 활동에 방해가 된다.

9. 자존감의 특성

- 개인의 다양한 특성과 긍정적인 상관관계를 보이고 그 특성들은 성취 능력, 행복해질 수 있는 능력과 직결되는 것들이다.
- 건강한 자존감은 합리성, 현실주의, 직관, 창의성, 독립성, 유연성, 변화에 대처하는 능력, 실수를 기꺼이 인정하는 태도, 너그러움, 협동심을 나타낸다. 이에 반해 빈약한 자존감은 비합리성, 현실에 대한 무지, 완고함, 낯설고 새로운 것에 대한 두려움, 부적 절한 순응이나 반항, 방어, 과도한 순종이나 과잉 통제적 행동, 타인에 대한 두려움이나 적대감을 나타낸다.
- **합리성**: 의식의 통합적 기능을 발휘하는 것이다. 즉, 개별 사실에서 원리를 끌어내고(귀납법), 개별 사실에 원리를 적용하며(연역법), 기존 지식의 맥락에 새로운 지식과 정보를 연결하는 의식의 기능을 가리킨다. 합리성은 의미를 추구하고 관계를 이해하고자 한다.
- **현실주의**: 문자 그대로 현실을 존중한다는 뜻이다. 즉, 존재하는 것은 존재하는 것으로, 존재하지 않는 것은 존재하지 않는 것으로 인식한다는 뜻이다.
- 자존감이 높은 사람은 현실 지향적이다. (효율적인 자기 훈련과 자기관리를 병행할 때 현실 지향성이 높아진다. 심리학 용어로는 '자아 강도 ego strength'라고 한다) 반면에 자존감이 낮은 사람은 자신의 능력을 과소평가하거나 과대평가하는 경향이 있다.
- **직관**: 직관은 내면에서 보내는 신호에 민감하게 반응하고 이를 적절히 처리하기 때문에 자존감과 중요한 관련성이 있다.
- **독립성**: 스스로 생각하는 습관은 건강한 자존감의 필연적인 결과이다. 즉 독립성은 건강한 자존감의 원인인 동시에 결과이고 자기 존재를 온전히 책임지는 습관은 자신의 목표를 이루고 행복으로 향하는 길이다.

10. 자존감의 비교

- 자존감이 높은 사람은 많은 시간과 노력이 필요한 가치 있는 목표에 도전의식과 흥미를 느낀다. 그런 목표를 이루면 자존감이 자라난다.
- 자존감이 낮은 사람은 익숙하고 무난한 목표에서 안전함을 찾는다. 이렇듯 쉬운 일에 자신을 가두면 자존감은 허약해진다.
- 자존감이 견고한 사람일수록 개인적인 문제에서든 업무상 문제에서든 더 나은 대처능력을 보인다. 설사 실패하더라도 더 빨리 회복한다. 새로운 일을 시작할 추진력도 더 강하다. (희한하게도 성공한 기업가 중 태반은 과거에 두 번 이상 파산을 겪었다. 하지만 그들의 공통점은 실패한 뒤에도 도전을 그만두지 않았다는 것이다.)
- 자존감이 높은 사람은 여유 있는 사고방식을 하고, 살아가며 만나는 작은 실수들과 실패에도 유연하게 대처할 수 있다. 여러 영역에 대해 여유 있고 유연한 대처는 또 다른 성공을 부르기 때문에 인생 전반에 걸쳐 성공할 가능성이 크다.
- 자존감이 낮은 아이는 부적응, 낮은 성취에 초점을 맞춘다. 항상 전전긍긍하고 자신의 성취에 대해 불만족하고 자신의 능력도 불신한다. 이런 아이는 어떤 활동이든 만족하는 법이 거의 없으며, 삶의 질 역시 아주 낮게 판단하는 편이다.
- 자존감이 높은 사람일수록 야심이 크다. (*꼭 직업이나 부에 관한 것은 아니다) 살아가면서 경험하는 것, 즉 정서적-지적-창의적-영적인 측면에서 더 많은 경험을 해보고 싶다는 뜻이다.
- 자존감이 낮은 사람일수록 바라는 것도 적고 얻을 수 있는 것도 적다.
- 자존감이 높거나 낮은 경우 모두 저절로 강화되고 계속되는 경향이 나타난다.
- 자존감이 높을수록 자신의 풍요로운 내면세계의 감각을 반영해 자신을 표현하고 싶은 충동을 더 강하게 느낀다.
- 자존감이 낮은 경우에는 자신을 '증명'하려는 욕구나 기계적이고 무의식적으로 살면서 자신을 망각하려는 욕구가 더 절박해진다.

- 자존감이 높은 사람일수록 다른 사람에게 더 관대하고 정직하며, 적절한 의사소통이 가능하다. 왜냐하면, 자신 생각이 더 가치가 있다고 여기므로 명확성을 두려워하기보다 반기기 때문이다.
- 자존감이 낮은 사람일수록 다른 사람과 의사소통을 할 때 모호하고 이해하기 어려우며 부적절한 반응을 보이기 쉽다. 자신의 느낌과 생각이 불명확하고 상대의 반응에 불안을 느끼기 때문이다.
- 자존감이 높은 사람일수록 해로운 관계보다 자양분이 되는 관계를 맺는 경향이 있다. 어둠은 어둠을, 빛은 빛을 불러들이게 마련이다. 건강한 자존감을 지닌 사람이라면 자연스레 공허하고 의존적인 사람보다는 생기 있고 개방적인 사람에게 매력을 느낀다.
- 자존감이 낮은 사람은 마찬가지로 자존감이 낮은 상대를 찾는다. 그런 원리로 '소울 메이트'를 만나게 되는 것이다.
- 건강한 자존감을 지닌 사람일수록 다른 사람을 대할 때 존경심, 관대함, 선의, 공정함을 보인다. 타인을 위협적인 존재라고 생각하지 않을뿐더러, 자기존중을 토대로 하여 상대방을 존중하기 때문이다. 이런 사람들은 타인과 관계를 맺을 때 그 관계가 악의적이고 적대적이라고 쉽게 판단하지 않는다.
- 개인의 가치와 자율성 측면에서 잘 발달 된 감각은 친절함과 관대함, 사회적 협동, 상호부조 정신과 의미심장한 상관관계가 있다.
- 높은 자존감이 개인의 행복을 나타내는 가장 좋은 지표이다. 논리적으로 생각할 때, 자존감이 낮을수록 불행한 것은 당연하다.

11. 건강한 자존감과 유사단어

자신감은 나의 능력과 과제의 난이도를 상대적으로 비교한 개념이다. 자신의 능력을 높게 평가하고 과제의 난이도를 낮게 평가하면 자신감은 저절로 올라간다.

반면 능력은 적절하게 평가했는데 과제의 난이도를 지나치게 높게 잡으면 자신감은 떨어진다.

자만심은 나의 능력을 지나치게 높게 평가하거나 과제들의 난이도를 지나치게 낮게 잡을 때 생기는 마음이다. 비합리적인 평가를 하는 바람에 자신감이 과해진 마음 상태이다.

자존심은 자존감과 연관된 감정을 뜻한다.

자존감이 '나를 어떻게 평가하는가'에 관한 답, 즉 생각의 개념이라면, 이에 수반되는 감정을 자존심이라고 부른다. 일반적으로 자존심은 주로 자존감이 떨어졌을 때 느끼는 상한 감정을 의미한다. 비난을 받거나 트라우마가 생겨 일정 선 밑으로 감정이 추락하는 것을 '자존심이 상한다'라고 표현한다. 자존심을 세웠다는 의미는 바닥을 치고 반등했다는 뜻인데, 긍정적으로 쓰이는 경우는 드물다.

12. 자존감에 대한 오해와 편견

자존감은 부모에게서 온다?

정보 과잉에서 비롯한 오해이다. 부모의 양육방식이나 어릴 적에 받은 대우는 매우 중요하다. 하지만, 자존감이 순전히 부모의 영향이라고 오해해서는 안 된다. 흔히 '부모님의 사랑을 덜 받아서 자존감이 낮다'라고 여기는 경우가 많은데 여기에 집착했다간 자존감 회복은커녕 가족 사이에 불화만 커진다. 뒤늦게 부모가 사과를 해봤자 달라지는 것은 없다. 자존감은 스스로 회복할 수 있다.

칭찬이 부족하면 자존감이 떨어진다?

'칭찬은 고래도 춤추게 한다'는 말이 한때 유행을 했다. 이 말을 칭찬은 무조건 좋다는 뜻으로 받아들여서는 안 된다. 잘못된 칭찬은 공허함만 키운다.

칭찬에 대한 환상과 갈망 또한 자괴감을 자극한다.

자존감 회복의 목표는 흔히 말하는 '근자감'(근거 없는 자신감)을 갖거나 '자뻑남', '자뻑녀'가 되는 게 아니다. 이들처럼 지나치게 자신을 높게 평가하는 사람을 '자기애성 인격장애인'(나르시시스트)이라고 부른다.

이들은 겉으로는 거만한 척 해보지만, 사실은 창피를 당할까 봐 노심초사한다. 자존감을 회복하면 오히려 자신의 허물을 인정하고 받아들인다. 못난 그대로의 자신을 인정하고 발전할 수 있는 에너지도 함께 갖출 수 있다.

13. 자존감은 정말 회복 가능한가?

자존감은 자신을 어떤 높이로 받아들일 것인가에 대한 느낌이다. 이 느낌은 생각이며 판단이지만 감정에 영향을 받는다. 그래서 유동적이고 시시때때로 변한다. 게다가 자존감 정도가 변할 때마다 그 느낌은 확연히 달라진다. 마치 롤러코스터를 타는 것처럼 올라갈 때는 흥분 되지만 내려갈 때는 그만큼 공포감도 커진다.

자존감을 회복한 사람은 이 속도감을 비교적 잘 견뎌낸다. 내려갈 때도 안전띠를 매고 있으며, 실제로 추락할 확률은 극히 낮다는 것을 알기 때문에 크게 두려워하지 않는다. 올라갈 때도 마찬가지다. 곧 다시 내려갈 것을 알고 미리 대비한다. 자존감을 회복하면 인간관계가 좋아지는 것도 이런 이유에서이다. 주위에서 비난을 들어도 그 충격이 오래가지 않는다. 잠깐 자존감이 떨어졌다고 해서 죽기 살기로 예민하게 굴지 않기 때문이다. 자존감이 건강하면 좋은 평판은 저절로 따라온다. 결론부터 말하자면 떨어진 자존감은 회복할 수 있다. 다만 시간이 좀 걸리는 사람이 있고 쉽게 되찾는 사람도 있다. 물론 그 과정이 쉽지 않아 번번이 낙심할 수도 있다. 하지만 확실한 것은 노력하면 분명히 회복할 수 있다는 사실이다.

14. 진정한 스펙은 건강한 자존감이다

자녀의 입시를 앞둔 부모들의 고민은 비슷비슷하다. '아이가 앞으로 어떤 일을 하며 살아야 할까? 어떤 전공을 선택해야 할까? 앞으로 유망한 직업은 무엇일까? 앞으로는 인공지능이 많은 직업을 대체한다고 하는데 뭘 하면 대체되지 않는 삶을 영위할 수 있을까?' 하루가 다르게 변하는 시대, 그 고민은 점점 더 깊어 갈 수밖에 없다. 아이가 지금 배우는 것이 과연 10년, 20년 뒤에도 쓸모가 있을까? 분명한 건 어떤 직업은 없어지겠지만 또 새로운 직업이 생겨날 것이라는 점이다. 오랜 시간 고생해서 얻은 직업을 잃을 수도 있고, 모든 것을 처음부터 시작해야 할 수도 있다.

영국 드라마 〈휴먼스 Humans〉는 인공지능 로봇이 일상화된 미래의 모습을 보여준다. 어느 날 아빠가 사 온 '가정부 로봇' 아니타는 가족의 일상을 바꾼다. 아니타는 지친 아내, 엄마와 는 달리 아침상도 풍성하게 차리고, 청소도 잘한다. 막내딸에게 책을 읽어주는 역할까지 완벽하게 해내자 '진짜 엄마'인 로라는 로봇으로 대체되는 자신의 삶에 위기를 느낀다. 그런 로라에게 아니타가 말한다. "내가 당신보다 아이를 더 잘 돌볼 수 있다는 것은 명백한 사실이에요. 전 기억도 잘하고 화내지도 않으며 우울해하거나 술이나 마약에 취하지도 않죠. 저는 당신보다 더 빠르고 더 강하며 관찰력도 뛰어납니다. 저는 두려움도 느끼지 않습니다." 이 드라마에서 고등학생인 큰딸은 이런 로봇 세상에 불만이 많다.

컴퓨터 성적이 A에서 D로 떨어진 딸에게 부모는 '마음만 먹으면 잘할 수 있어'라고 격려하지만, 딸은 냉소적이다. '원하면 다 될 수 있다고요? 의사는 어때요? 의사가 되는 데 7년이 걸리죠. 그때가 되면 인공 로봇에게 수술을 넘겨줘야 할걸요?'

무엇을 하건 인공지능이 뛰어나다면 공부할 필요가, 일할 필요가 있을까? 골프 선수를 꿈꿨던 청년은 골프를 치는 사람들을 보며 푸념한다. '나에게 미래란 없어. 로봇보다 잘할 수 있는 게 하나도 없거든. 저게 다 무슨 소용이야? 쟤네(로봇)들이 치면 항상 '홀인원'일 텐데.' 드라마는 인공지능 시대에 과연 인간의 가치는 무엇인지에 대한 묵직한 질문을 던진다.

15. 불확실한 미래를 위해 아이에게 필요한 것

아이가 대학을 졸업할 즈음 세상은 어떻게 변해 있을까? 도통 감을 잡을 수가 없다. 기사도 인공지능이 쓰고, 작곡도 작사도 그림 그리기도, 수술도 인공지능이 더 잘할 것 같다.

결국은 24시간 밥도 안 먹고, 잠도 안 자고, 쉬지도 않고 데이터를 학습하는 인공지능을 잘 활용하면서 인간의 영역을 찾아가야 한다는 결론에 이른다.

갈수록 '좋은 직장'이라고 불리는 안정적인 일자리는 줄어들 것이다. 기술 변화에 촉을 세우고 계속해서 배워야 한다. 변신하고 새로운 일을 찾아 나서야 한다. 그 삶의 여정은 녹록지 않을 것이다. 마흔, 쉰에 하던 일을 접고 새로운 일에 도전하는 것이 어떠한 것인지 우리도 잘 알고 있지 않은가? 더군다나 100세 시대가 현실화하는 이 시점에서 아이에게 필요한 건 무엇일까?

아이를 위한 평생 보험, 바로 건강한 자존감이다. 설사 AI로 대체된다 해도 AI보다 잘하는 게 없다고 느껴질 때도, 소득 양극화가 심해져 상대적 박탈감이 무겁게 느껴질 때도, 자존감이란 열쇠를 쥐고 있다면 스스로 만족하는 삶을 꾸려갈 수 있을 것이다. 자존감이 높은 사람은 남의 평가에 연연하지 않고 자기 일에 '의미'를 부여한다.

자기가 해낸 일에 대해 가치를 부여하고, 그 과정 역시 의미 있다고 여긴다. 내가 하는 일을 AI가 더 잘할지라도 언제 대체될지 몰라 불안하더라도 '나'라는 존재를 귀히 여기는 '슈퍼 에고' 가 필요하다.

자존감은 자기 자신에 대한 신념의 집합이다. 행복하고 건강한 삶의 시작은 '긍정적인 자아상'이다. 자존감이 낮다는 것은 유리잔에 금이 간 것과 비슷하다. 작은 외부 충격에도 쉽게 부서지고 작은 비난에도 쉽게 무너진다. 자기를 싫어하는 눈치가 조금만 보여도 모든 걸 포기하려 한다.

'자존감의 여섯 기둥'의 저자인 너새니얼 브랜든 박사는 자존감을 "칼슘"에 비유한다. 칼슘이 없다고 해서 죽진 않지만 건강한 삶을 위해 칼슘이 필요한 것처럼 자존감이 있어야 몸 과 마음이 건강하다.

모든 인간은 존재 그 자체로 소중하고 특별하다. 특별하다는 건 'the only', 유일성을 의미한다. 이 세상에 나와 똑같은 인간은 어디에도 없다. 나란 사람은 대체 불가한 유일무이한 존재이다.

나는 이 세상에 유일한 "나"이며 그런 내가 나를 좋다고 여기는 것이다. 나의 잘난 점, 못난 점, 강함과 연약함 모두 수용한다. 지질하고 못난 부분이 있어도 나는 여전히 소중하고 특별한 존재라는 정서가 깔려있으면 자기를 건강하게 받아들일 수 있다.

자존감은 크게 두 가지 요소로 정의된다.

첫째는 자기가치감이고, 둘째는 자기효능감이다. 먼저 자기가치감은 자신의 가치와 중요성을 스스로 느끼는 것이다. 아이는 주 양육자와의 관계를 통해 자신의 가치감을 느낀다. 그러나 성인이 되어서는 자기 스스로 자신의 존재 그 자체로 가치를 인정하고 누릴 수 있어야 한다. 자기효능감이란 쉽게 말해 자신감이다. '나는 해낼 수 있어!' 이런 낙관적 태도가 삶에 용기와 희망을 주고 힘찬 에너지를 공급한다. 자기효능감은 스스로가 자신에게 내리는 주관적 판단, 느낌이다. 물론 자신감은 무엇인가를 할 수 있는 자질이 많고 다양할수록 좀 더 강한 자신감을 만들어 낼 수 있다.

16. 왜 지금 자존감이 중요한가? – 자존감이 중요해진 시대

자존감은 우리 인생에 어떤 영향을 미칠까? 한마디로 우리가 하는 말, 행동, 판단, 선택, 감정 등 모든 것에 영향을 미친다.

특히, 요즘처럼 코로나로 인하여 힘들다고 호소하는 사람들이 많을 때 자존감은 더욱 중요해진다. 흔히 자존감을 '정신건강의 척도, 멘탈'이라고 부르기 때문이다.

자신이 불행하다고 생각하는 사람, 친구나 연애 관계를 유지하기 힘든 사람, 자주 우울한 사람, 대인관계가 힘든 사람도 모두 자존감과 연관되어 있다. 자존감은 사회환경과 밀접한 관련이 있다. 아무리 자존감이 높은 사람도 지속적인 스트레스나 압박 상황에 놓이면 자존감이 떨어진다. 반대로 자존감이 낮은 사람이 환경에 따라 서서히 회복하기도 한다. "남들은 다들 결혼도 잘하고, 애도 잘 키우고, 일도 척척 잘 해내는데 왜 저에겐 이 모든 게 힘들게만 느껴질까요?"

이런 질문을 하는 사람들이 몇 년 새 부쩍 늘었다. 자주 듣는 질문이지만 들을 때마다 대답하기가 쉽지가 않다. 나조차 이런 생각을 자주 하기 때문이다.

다른 강사나 상담들은 돈도 잘 벌고, 논문도 잘 쓰고, 주말마다 가족과 여행도 잘 가는데 왜 나는 글도 잘 안 써지고, 하루하루가 고단할까 하는 생각이 든다.

남의 인생은 모두 쉬워 보인다. 때가 되면 다들 좋은 짝을 만나 사랑을 하고, 아니다 싶으면 헤어지기도 잘하고, 며칠 울적하다가 다시 씩씩해진다. 결혼도 순탄한 것 같고, 취업도 잘하는 것처럼 보인다.

하지만, 정말 그럴까? 세상은 멀쩡히 잘 돌아가는데 유독 나만 혼자이고, 힘든 걸까? 결론부 터 말하면 절대 그렇지 않다.

17. 왜 지금 자존감이 중요한가? – 경계가 사라졌지만 더 외로워진 사람들

과거보다 우리의 삶은 비약적으로 발전했다. 부모 세대보다 굶을 걱정은 하지 않아도 되고, 저마다 수십만 원짜리 스마트 폰을 가지고 나름대로 재미있고 즐거운 생활을 하고 있다. IT 산업이 빠르게 발전한 우리의 삶은 어떻게 변했을까? 눈을 뜨자마자 뉴스와 날씨를 확인하는 것부터 잠이 들 때까지 스마트 폰 세상과 연결되어있는 우리는 과연 행복하고 건강할까?

스마트 폰과 SNS의 발달은 분명 유익한 점이 많다. 과거였다면 알지 못했을 사람들과 실시간으로 연결되고 교류한다. 모두가 친구이고 지구 반대편에 있는 사람과도 이웃을 맺는다. 친구의 페이스북, 트위터, 블로그를 들여다보면 감탄이 절로 나온다. 근사한 인테리어, 맛있는 음식, 해외여행, 책 있는 삶, 따라 하고 싶은 취미 생활 등 어쩌면 모두 다 그렇게 잘살고 있는지 보는 것만으로 주눅이 든다. 나를 제외한 모든 사람이 행복한 것 같아 비교되고 우울해진다. 부러움은 잠시뿐이고 그만큼 내 삶이 위축되고 초라해 보인다.

하지만, 그들의 삶이 과연 보이는 것처럼 행복과 만족으로 가득 차 있을까? 나는 아니라고 생각한다. 거리가 가까워진 만큼 가면을 쓰고 살아가는 사람들도 많을 것으로 생각된다. 우리는 타인과 가까워졌지만, 마음의 거리는 그만큼 멀어진 세상에 살고 있다. 친구라고 생각해서 다가갔는데 적이기도 하고, 힘들게 마음을 열었는데 더 큰 상처를 받기도 한다. 말 한마디 했다가 심한 모욕을 당하기도 하고, 같은 팀이라고 생각했는데 치열한 경쟁자가 되어있기도 한다. 누구에게 함부로 속을 털어놓을 수도 없고, 속마음을 드러낼 때도 수없이 자기검열과 눈치 보기를 해야 한다. 누구에게나 고민을 털어놓을 수도 있지만, 누구도 진심으로 고민을 들어주지 않는다고 느낀다. 그래서 사람들은 함께 있으면서도 지독한 외로움에 시달린다. 과거에는 형이나 누나가 나의 고민과 문제를 해결해주었다. 하지만 지금은 정서적으로 기댈 만한 형이나 누나가 충분하지도 않고 그러한 역할을 스마트 폰이라는 괴물에게 의존하게 된다. 우리는 모두 외떨어진 섬처럼, 각자의 고민을 안고 외로워한다. 어쩌면 사통팔달로 연결되어서 더 꽉 막힌 고립의 시대인지도 모르겠다.

18. 왜 지금 자존감이 중요한가? – 자존감이 강력한 스펙

사람만 바뀐 것이 아니다. 세상은 어느새 너무 많은 것을 묻고 요구한다. 앞으로 어떻게 살 건지, 무엇이 되고 싶은지, 어떤 길로 갈 건지, 얼마의 속도로 갈 건지 수시로 묻고 확인한다. 결정할 것도 많아지고, 답을 내야 할 것도 많아졌다. 당연히 혼란스럽고 불안할 수밖에 없다. 젊은이들은 "내가 잘할 수 있는 일이 뭔지 모르겠어요"라는 고민에서 한치도 벗어나질 못한다. 그리고 그 고민을 물고 늘어지느라 가진 에너지를 다 소모한다. 보고 들은 것은 많고, 그에 따라 질문과 고민은 많아졌는데 답을 찾을 수 없으니 참으로 답답한 세상이다. 정보가 폭발하면서 우리는 고유의 정체성조차 비교당하고 산다. 내가 하는 생각, 살아가는 과정, 판단, 결과들도 비교의 대상이 되었다.

그래서인지 그럭저럭 잘살고 있는 사람들조차 마음 한구석에 '내가 정말 잘살고 있는 걸까?' 하는 의문을 안고 살아간다.

이런 환경은 자존감에 큰 영향을 미친다. 끊임없이 비교하며 열등감을 조장하고, 내 환경을 원망하게 하고, 내 성격이 이상한지 자꾸만 점검하도록 한다. 답을 찾기도 쉽지 않다. 뭔가 문제가 있다고 느끼지만 고민할 시간은 부족하고 점점 생각조차 하지 않게 되면서 떨어진 자존감은 방치되기 일쑤이다. 환경이 좋지 않을 때는 건강한 마음으로 무장한 자신이 가장 강력한 무기이다. '나는 누구인가?', '지금 가는 길이 맞나?' '내가 제대로 해낼 수 있을까?' 라는 생각과 고민에 빠진 것도 알고 보면 자존감과 연결된 질문들이다. 이럴수록 자존감이 강해야 상처를 덜 받고 길을 찾을 수 있다. 바야흐로 스스로 자존감을 지켜야 하는 시대이다. 행복해지기 위한 온갖 방법과 글귀가 난무하지만, 진짜 행복은 튼튼한 자존감에서 나온다. 건강한 자존감이야말로 요즘처럼 복잡한 시대를 살아가기 위한 가장 강력한 무기다.

19. 자존감은 어떤 모습으로 나타날까?

- 자존감은 자신과 타인을 대할 때 매우 단순하고도 직접적인 방식으로 드러난다.
- 자존감은 살아있다는 사실에서 느끼는 기쁨이 담긴 얼굴과 태도, 말하고 움직이는 방식에서 드러난다.
- 자존감은 칭찬을 주고받을 때, 애정이나 고마움 같은 감정을 표현할 때 드러난다.
- 자존감은 비판을 받아들이는 열린 태도나 자신의 실수를 편안하게 인정하는 마음에서 드러난다. 자존감은 '완벽한 존재'의 이미지와는 무관하기 때문이다.
- 자존감은 여유롭고 자발적인 말과 행동에서 드러난다. 그것은 자기 자신과 조화를 이루고 있다는 증거이다.
- 자존감은 언행과 겉모습, 목소리, 몸짓 사이의 조화에서 드러난다.
- 자존감은 새로운 생각과 경험, 삶의 가능성에 편견 없이 호기심을 보이는 태도에서 드러난다.
- 자존감은 불안감이나 불확실함 같은 부정적 감정들을 마주했을 때 그 실상이 드러난다. 자존감이 높으면 부정적 감정을 받아들이고 다루고 극복하는 일이 해결이 불가능하도록 어려운 일로 느껴지지 않으므로 부정적 감정에 겁을 먹거나 압도당할 가능성은 적다.
- 자존감은 자신과 타인의 삶에서 재미있는 측면을 즐길 수 있는 능력에서 드러난다.
- 자존감은 자신에게 닥친 상황과 도전에 유연하게 대처하는 능력에서 나타난다. 자존감이 높은 사람은 자신의 정신을 신뢰할 뿐만 아니라, 삶을 운명적이라거나 절망적인 것으로 여기지 않는다.
- 자존감은 스트레스를 받은 상황에서도 균형을 잃지 않는 능력에서 나타난다.

[신체적인 관점]

- 자존감이 높은 사람들은 눈빛이 밝고 또렷하며 생기가 있다. 얼굴이 편안해 보이고, (병에 걸린 상태가 아니라면) 피부색이 자연스럽다. 턱의 모양 역시 자연스럽고 몸과 조화를 이룬다. 아래턱은 긴장되어 있지 않고 편안하다. 어깨는 편안해 보이면서도 곧게 펴있고, 손놀림은 여유롭고 우아하다. 억지로 힘을 주지 않은 팔은 자연스럽게 움직인다. 자세는 경직되어 있지 않으면서도 바르고 균형 잡힌 상태이며, 발걸음은 (공격적이거나 거만하지 않으면서) 당당하다. 목소리를 낼 때는 상황에 알맞게 강도가 조절되고 발음이 또렷하다.

20. 자존감 의미 익히기(퀴즈)

아래 질문을 읽고 맞으면 ○, 틀리면 ×로 표시하시오.

1. 자존감이란 자신을 사랑받을 만한 가치 또는 세상에 쓸모있는 사람으로 느끼는 마음이다.( )

2. 자존감과 성장 시기의 친구와의 관련은 상관이 없다.( )

3. 어린 시절 형성된 자존감은 성인이 되어서도 영향을 미친다.( )

4. 자존감이란 자신이 어떤 성과를 이루어 낼 만한 유능한 사람이라고 믿는 것이다.( )

5. 나의 부모로부터 물려받은 자존감은 내 자녀에게 대물림 될 수 없다.( )

정답 및 해석

1. (○) 너새니얼 브랜든 박사의 자존감 이론을 바탕으로 자존감을 정의하면 "내가 세상에서 쓸모있는 사람으로 자각하는 것"이다.

2. (×) 자존감은 청소년 시기인 12세~15세 때 70% 정도 형성이 되고 자존감의 형성에 영향을 끼치는 매체 중에 친구도 포함이 된다.

3. (○) 유아기와 아동기에 형성된 부정적인 자존감의 경우 트라우마로 인하여 성인이 되어서도 영향을 받아 생활하는데 불편할 때가 있다.

4. (×) 자존감의 효능감에 해당이 되지만 궁극적으로는 자존감은 어떠한 성과와 관계없이 자기 자신의 존재 자체만으로 가치가 있다고 여기는 것이다.

5. (×) 자존감의 형성 시 부모님 특히, 어머니로부터 큰 영향을 받고 성장하기 때문에 부모로부터 물려받은 자존감은 내 자녀에게도 유전적으로 대물림이 될 수 있다.

자존감이 매우 낮고 기본지능이 탄탄하여 세상을 경쟁적인 관점으로 보면서 자기주장이 강한 패턴

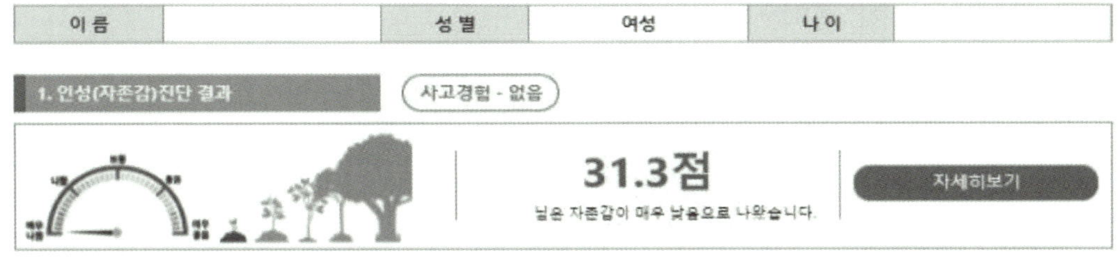

이 름		성 별	여성	나 이	

1. 인성(자존감)진단 결과

사고경험 - 없음

31.3점

님은 자존감이 매우 낮음으로 나왔습니다.

자세히보기

2. 직무자질(다중지능)진단 결과

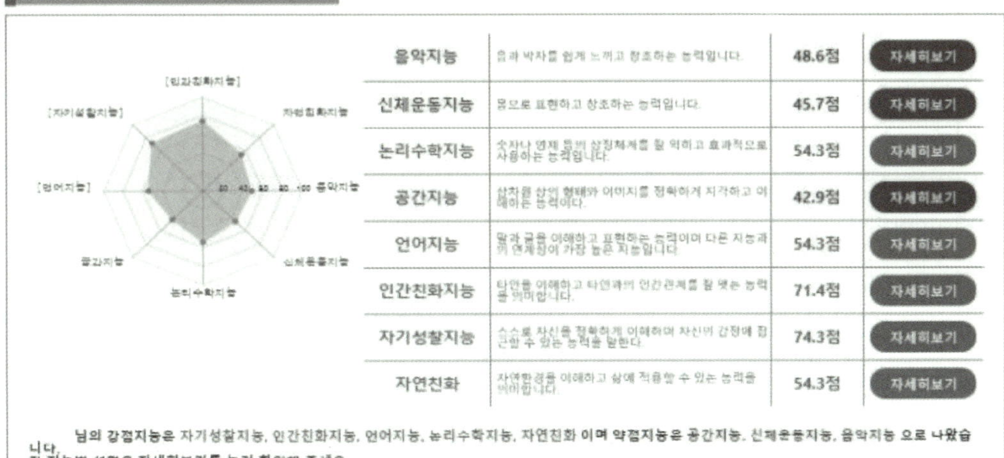

음악지능	음과 박자를 쉽게 느끼고 창조하는 능력입니다.	48.6점	자세히보기
신체운동지능	몸으로 표현하고 창조하는 능력입니다.	45.7점	자세히보기
논리수학지능	숫자나 명제 등의 상징체계를 잘 익히고 효과적으로 사용하는 능력입니다.	54.3점	자세히보기
공간지능	삼차원 상의 형태와 이미지를 정확하게 지각하고 이해하는 능력이다.	42.9점	자세히보기
언어지능	말과 글을 이해하고 표현하는 능력이며 다른 지능과의 연계성이 가장 높은 지능입니다.	54.3점	자세히보기
인간친화지능	타인을 이해하고 타인과의 인간관계를 잘 맺는 능력을 의미합니다.	71.4점	자세히보기
자기성찰지능	스스로 자신을 정확하게 이해하며 자신의 감정에 접근할 수 있는 능력을 말한다.	74.3점	자세히보기
자연친화	자연환경을 이해하고 삶에 적용할 수 있는 능력을 의미합니다.	54.3점	자세히보기

님의 강점지능은 자기성찰지능, 인간친화지능, 언어지능, 논리수학지능, 자연친화 이며 약점지능은 공간지능, 신체운동지능, 음악지능 으로 나왔습니다.
각 지능별 설명은 자세히보기를 눌러 확인해 주세요.

3. 대인관계(의사소통)진단 결과

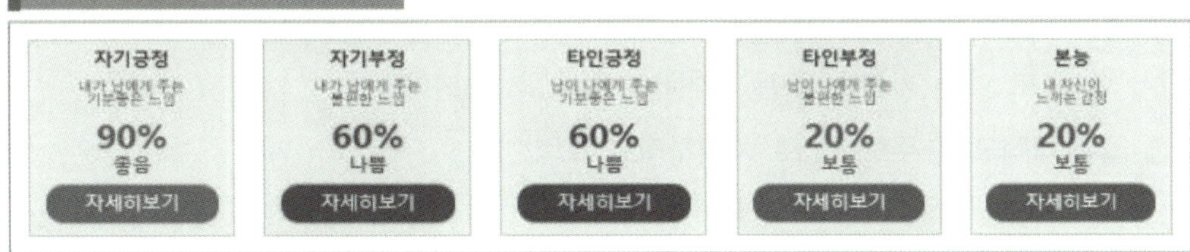

자기긍정	자기부정	타인긍정	타인부정	본능
내가 남에게 주는 기분좋은 느낌	내가 남에게 주는 불편한 느낌	남이 나에게 주는 기분좋은 느낌	남이 나에게 주는 불편한 느낌	내 자신이 느끼는 감정
90%	60%	60%	20%	20%
좋음	나쁨	나쁨	보통	보통
자세히보기	자세히보기	자세히보기	자세히보기	자세히보기

종합결과

주의

회원님의 경우 직무자질과 대인관계 진단에서 한 쪽에 부적합한 결과가 나왔습니다. 상담을 통하여 문제가 있는 쪽의 원인을 파악하고 문제를 해결해 나간다면 목표달성에 좋은 결과를 만들어낼 수 있습니다.

21. 자존감 높이기 – 우리 아이는 자존감이 높은 아이?

자존감이 높은 아이, 이런 특징이 있다.

(1) 다른 사람들과 관계를 맺는 것에 두려움을 가지지 않는다.

자존감이 높은 아이들은 새로운 사람과의 대화를 두려워하지 않는데 이유는 다른 사람도 나를 좋아해 줄 것이라는 확신이 있기 때문이다.

(2) 감정 이입을 잘 하고, 인정이 많으며 배려를 잘한다.

나에 대한 존중감은 다른 사람에게도 이어질 수 있다. 감정 이입, 배려를 통해서 맺은 관계는 매우 안정적이라는 걸 아이는 이미 알고 있다. 지금껏 겪었던 성공적인 관계를 통해서 좋은 관계를 유지하는 태도나 방법을 학습했기 때문이다.

(3) 친절하고 예의 바른 모습을 보인다.

아이는 다른 사람들이 나에게 하는 태도를 보고 타인과 소통하는 방법을 학습한다. 자신이 받았던 친절하고 예의 바른 모습들을 학습하고, 그대로 행동하기 때문이다.

(4) 자신의 성취에 만족할 줄 안다.

아이는 자신의 능력에 대해 과신하거나 저평가하지 않는다. 자존감이 잘 발달한 아이들은 자신이 이뤄낸 성취에 순수하게 기뻐할 줄 안다. 이런 성취에 대한 만족은 새로운 일을 도전하게 하는 에너지가 된다.

(5) 자신감이 있어 새로운 일에 잘 도전한다.

아이는 자신의 성취에 만족하고 기뻐할 줄 알고 기뻐하는 기분은 다른 일에 대한 도전을 두려워하지 않도록 해 준다. 새로운 일을 도전하는 것 자체는 무섭고 두려운 일이 아닌 또 다른 기쁨을 주는 즐거운 일이라고 느낀다.

(6) 일을 적극적으로, 주도적으로 처리하려고 노력한다.

일을 처리할 때 수동적이고 소극적으로 행동하지 않고 적극적으로 일을 처리하고, 주도적으로 하려고 노력한다.

(7) 부정적인 생각을 잘 하지 않는다.

아이는 현재 상황에 집중한다. 만약 이게 잘 안되면 어떡하지? 이 일이 틀어지면 어쩌지? 하며 안절부절하기 보다는 현재 상황을 즐기고 집중한다. 설령 부정적인 생각을 하더라도 금세 대책을 생각해내거나 더 노력하면 될 것이라 생각한다.

(8) 비관적인 단어를 잘 쓰지 않는다.

현실을 부정하는 단어들, 비관적인 단어들을 잘 쓰지 않고 긍정적인 단어로 자기를 표현한다.

(9) 일의 결과나 책임을 노력, '나'로 돌린다.

어떤 일을 수행하고, 그 일의 결과가 나왔을 때 그 책임은 나에게 있다고 생각한다. 만약 블록으로 커다란 집을 만들고 있을 때 잘 만들어지지 않는다면 '조금만 더 하면 될 거야'라고 생각하고 계속 도전한다. 혹은 '내가 너무 크게 만들려고 했나 봐. 조금만 바꿔볼까?' 하고 생각한다.

(10) 실패하더라도 좌절을 크게 하지 않는다.

실패해서 좌절을 겪더라도 크게 상처받지 않는다. 실패한 상황에서 이겨낼 방법을 생각하는 데 내가 조금만 더 노력하면 다른 성공을 경험할 수 있다는 것을 알고 있기 때문이다.

22. 자존감 높이기 – 우리 아이는 자존감이 낮은 아이?

자존감이 낮은 아이, 이런 특징이 있다.

(1) 질 것 같거나 못할 것 같으면 그만두거나 포기한다. 아이는 실패가 무섭다. 경쟁 중에도 포기하는 것이 지는 것보다는 낫다고 생각한다. '내가 일부러 포기해 준거야'라고 생각하는데 그렇게 포기하는 것은 '진 게 아니니 괜찮아'라는 생각을 하게 만든다.

(2) 실패할 것 같은 것들은 도전하지 않는다. 자존감이 높은 아이들이 실패를 두려워하지 않고 일단 도전하는 것에 비해, 자존감이 낮은 아이들은 애초에 실패할 것이 무서워 아예 도전하지 않는다. 실패했을 때의 좌절감이 너무 크고 무섭기 때문이고 기억 속에 성공한 기억들만 가지고 있길 바란다.

(3) 과정보다 결과를 더 중요하게 생각한다. 아이는 일을 할 때 과정이 어떻든 간에 결과만 좋으면 된다고 생각한다. 아이에게 가장 중요한 것은 '열심히 했던 과정과 경험'보다는 '성공한 결과'이기 때문이다.

(4) 결과만 좋다면 어느 정도의 편법은 괜찮다고 합리화한다. 결과가 좋을 수 있다면 과정상의 편법은 괜찮다고 생각한다. 문제집을 푸는 아이를 예로 들어보면 잘 알 수 있다. 자존감이 높은 아이들은 문제의 진도나 양에 상관없이 '문제를 풀 수 있는 능력'에 집중한다. 틀린 문제가 있으면 꼼꼼히 보기도 하고, 내가 왜 틀렸는지 앞부분을 넘겨 가며 확인한다. 자존감이 낮은 아이들은 문제집을 빨리 끝내는 것이나 '동그라미의 개수'에 집중한다. 남에게 보여줄 수 있는 것들에 집중하는데 그래서 답을 보고 풀거나, 채점 시 틀린 답을 고쳐서 동그라미의 개수를 늘리기도 한다.

(5) 좌절감을 감추기 위해, 필요 이상으로 장난을 친다. 아이는 실패한 상황을 다른 사람이 알게 되는 것이 싫다. 스스로 좌절감에 빠져있는 상황을 견디지 못하고 어서 벗어나고 싶은 마음을 장난이나 딴짓으로 넘기려고 한다. 장난을 쳐서 관심을 돌리고 싶은 것이 그 이유다.

(6) 자신이 해야 할 것을 미루는 모습이 보인다. 아이가 실패할 것 같아 두려울 경우 일을 미루는 성향을 보이는데 일을 미루고 미뤄서 '하지 않아도 될 상황'을 만들려고 하는 것이다.

(7) 자신의 부적절함을 감추기 위해 과장된 행동을 하거나 남을 못살게 굴기도 한다. 자존감이 낮은 아이들은 자신의 낮은 자존감이 드러나거나 자신이 실패한 상황, 부적절함 들이 드러나는 것을 극도로 꺼린다. 남들이 자신의 이런 모습을 알게 되면 또다시

좌절할 것이 무섭기 때문이다. 그래서 남을 못살게 굴거나 일부러 과장된 행동을 보이기도 한다.

(8) 불리한 상황에서는 현실을 인정하지 않는다. 자기에게 불리한 상황이 오면 현실을 인정하지 않고 다른 상황을 이야기하는 경우가 많다.

(9) 좋지 않은 결과물에는 미리 핑계를 대거나 중요성을 낮추어 말한다. 결과물이 좋지 않다면 '내가 이건 별로 중요하게 생각하지 않아서 일부러 피한 거야~'라고 이야기하는 등 핑계를 댄다.

(10) 일의 결과나 책임을 환경이나 다른 사람에게 돌리려고 한다. 일의 결과가 좋지 않을 때는 그 책임을 환경이나 다른 사람에게 돌리는데 자신이 받을 책임에 대한 질타를 피하기 위해서이다.

(11) 그 외에도 다른 사람의 비위를 맞추려고 행동하거나, 사랑을 끊임없이 확인하려고 하거나 다른 사람의 시선을 아주 많이 신경 쓰는 특징들이 있다.

23. 자존감 높이기 – 우리 아이의 자존감을 확인

자존감이 높게 잘 발달한 아이의 경우 합리적이고 주도적인 의사결정을 할 수 있고, 부정적 심리에 대해서도 잘 대처할 수 있다. 하지만 자존감이 낮은 아이들은 실패를 경험하는 것을 견딜 수 없어 자꾸 회피하려는 모습을 보인다.

하지만 자존감이 과잉될 경우도 조심해야 한다. 자존감이 과잉된다면 '난 뭐든 다 잘해. 내가 우월해' 하는 우월주의에 빠질 가능성이 있기 때문이다.

보통 자존감이 잘 발달한 아이들은 자존감의 수준이 안정적인 대에 비해, 자존감이 낮은 아이들은 자존감의 수준이 수시로 바뀐다. 상황에 따라 자존감이 높아지기도 하고 급격하게 낮아지기도 하는데 이럴 때는 자존감이 높은 상황을 여러 번 겪으며 안정된 자존감을 형성하도록 도와주어야 한다.

위의 항목들을 체크해 보는 것 이외에도 아이의 자존감을 확인하는 방법이 있다. 바로 '아이가 하는 말을 관찰하는 것'인데. 아주 간단한 좌절을 겪는 상황 (무거운 것을 들어 보라고 하거나, 아이가 하기엔 아직 어려운 장난감을 주는 것 등)을 제시해 주고, 아이가 실패 후에 어떤 말을 하는지 확인하는 것이다. 자존감이 높은 아이의 경우 실패에 개의치 않으며 '괜찮아요.'와 같은 말을 사용하는 데 비해, 자존감이 낮은 아이는 '그러니까 내가 아까 못 한다고 했잖아요!'라거나 '것 봐, 내가 못할 줄 알았어.'와 같은 말을 한다.

자 이제 한 번 확인해 보자. 우리 아이는 어떤 아이인가? 자존감이 높은 아이인가? 아니면 자존감이 낮은 아이인가?

24. 자존감 높이기 – 우리 아이의 자존감을 망치는 부모의 말과 행동(1)

예전에 한 실험을 본 적이 있다. 아이가 장난감을 가지고 놀도록 하고, 엄마는 옆에서 아이 와 함께 있다. 이제 부모에게 '아이가 놀 동안 함께 있어 주세요' 하고 이야기하고, 엄마와 아이 둘만 남겨놓는다. 엄마는 어떤 행동을 보일까?

실험에 참여한 엄마들은 크게 두 유형으로 분리가 되었다. 한 유형은 아이가 놀 때 참견하며 이것저것 훈수를 두는 엄마였고. 다른 유형은 아이가 장난감을 자유롭게 관찰하도록 내버려 두고, 아이가 도움을 요청할 때에만 도움을 주는 엄마였다.

그 후 아이에게 조금 어려운 장난감을 주었다. 그리고 엄마가 밖에 나오고 아이 혼자 실험 방에 두었는데 아이는 장난감을 어떻게 가지고 놀았을까? 엄마가 놀이 내내 도와주었던 아이들은 장난감에 바로 흥미를 잃어버렸다. 장난감을 더는 가지고 놀지 않았다. 그러나 스스로 할 수 있도록 기회를 준 엄마를 둔 아이들은 장난감을 계속해서 탐색했다.

이 실험의 목적이 무엇이었을까? 바로 아이들의 자존감을 알아보는 실험이었다. 스스로 할 수 있도록 기회를 만들어야 아이의 자존감이 높아지고, 다른 기회가 생겨도 주저 없이 도전할 수 있다는 결론을 내리게 되었다.

자존감은 나에 대해 내가 내리는 평가의 조각들이 모여서 형성된다. 나이가 든 후에는 주변 사람들의 태도, 행동에 영향을 받지만, 영유아기에는 부모가 보이는 행동에 영향을 받는다. 아이의 자아상은 대부분 아이의 부모가 만들어준다는 것이다. 그러나 많은 부모가 실수를 저지르는데 아이가 다칠까 무서워서, 실패해서 상처받을까 겁이 나서 아이에게 많은 참견을 한다. 혹 아이의 자율성을 방해할까 싶어서 아이들이 도움을 요청해도 어떻게든 해보라며 방치를 한다. 그럼 이제 조금 더 자세히 아이의 자존감을 망칠 수도 있는 말들, 어떤 말들이 있을까? 알아보자.

1) 아이의 자신감을 꺾지 말자.

"너는 이것도 제대로 못하니? 이 정도밖에 안 돼?", "누굴 닮아서 이러니?"

"네 동생 좀 봐. 동생은 얼마나 잘하니?"

2) 아이의 자율성을 지켜주자.

"어휴 이건 이렇게 해야지.", "엄마가 시키는 대로 해",

"다 널 위해 엄마가 그러는 거야. 엄마 말대로 해"

아이들은 끊임없이 물건을 탐색하고 관찰한다. 다양한 실험을 하는 것이 아이가 해야 할 일이다. 어른들이 보기엔 별 의미 없어 보이는 활동들도 아이들에겐 매우 대단한 실험이다. 그런 실험들을 반복하며 세상에 대한 정보를 차곡차곡 모아가는 것이다. 그러나 그런 행동을 보며 어른들은 자기의 기준을 들이댄다. '이 정도는 해야지. 이만큼은 해야지' 하며 아이의 수행 수준을 판단하고 혼을 낸다. 행여나 아이가 실수했을 때, 아이의 자신감을 꺾는 말 들은 더 많이 나온다. 어린 동생과 비교하며 혼내거나 '넌 이제 다 컸잖아!' 하며 다그친다. 하지만 아이는 아직 아이이다. 아이의 실수를 관대하게 포용해 주고, 실수를 이겨내고 다시 도전할 힘을 만들어주는 것이 부모의 역할이다.

3) 아이의 의지를 꺾지 말자.
"이제, 그만 놀고 공부 좀 해 공부 좀!", "웬일로 네가 이걸 다 하니? 별일이네"

4) 아이에게 부담을 주지 말자.
"엄마는 항상 네가 잘 할 거라 생각을 해. 잘 할 수 있지?"
"이 정도는 당연히 해야지.", "이것쯤은 가볍게 할 수 있지?"

이런 말들은 아이의 의욕을 없앤다. 아이가 스스로 하고 싶을 때, 방해나 재촉 없이 스스로 의지로 일을 하게 될 때. 그때가 바로 성취감을 가장 키워줄 수 있는 때이다.

공부건 놀이 건 아이 스스로 하게 될 때, 가장 높은 성취나 능률을 보일 수 있다. 그러나 엄마가 아이의 의지를 꺾는 말을 하게 되면 아이는 반항심이 생긴다.

반항심에 해야 할 일을 거부하게 되고 부모는 아이의 반항을 보며 더 모진 말을 하게 된다. 이러한 악순환이 반복되면 애착이 망가지는 상황으로까지 발전할지도 모른다.

5) 아이의 창의성을 무시하지 말자.
"네가 뭘 알아?", "아직 어려서 몰라도 돼. 크면 다 알아."
"엄마 아빠 바쁘니까 나중에 이야기해.", "쓸데없는 짓 하지 말고!"

6) 아이를 불안하게 만들지 말자.
"너 자꾸 이러면 엄마가 너 두고 간다!", "너는 엄마 아들이 아니야!"
"내가 너 때문에 못 살아 진짜!"

아이의 창의성은 무한하다. 틀에 박히지 않은 사고를 하며 이것저것 시도해 보려고 한다. 그러나 어른들은 정해진 틀에 아이를 짜 맞추기를 좋아하는데 아이가 어른의 기준에 맞지 않는 행동을 하기만 하면 '쓸데없는 일'이라고 규정해 버리지요. 아이가 엉뚱한 질문을 해도 그렇다. 엄마가 대답하기 곤란하거나, 질문이 엉뚱하다고 생각되는 것들은 무시해버리거나 '이상한 질문하지 마'라고 못을 박는다. 아이는 그 뒤로 질문을 하는 것이 꺼려진다.

더 궁금해도 물어볼 수 없다고 생각한다. 아이의 행동을 정의하지 말고 아이가 하는 질문을 쓸모가 없다고 생각하지 말자.

25. 자존감 높이기 – 우리 아이의 자존감 향상을 위한 대화법

1) 아이가 선택하고 결정할 수 있도록 지지하는 말을 해 주자.
   "넌 어떻게 생각하니?", "넌 어떻게 하고 싶니?"
   "어떤 게 제일 중요하다고 생각해?", "이걸 골랐구나. 이걸 선택했구나~"

2) 아이가 한 노력을 인정해 주는 말을 해 주자.
   "블록을 멋지게 쌓았구나!", "스티커를 예쁘게 붙였구나."
   "여러 색으로 색칠을 잘 했구나."

아이가 스스로 선택할 기회를 얻을 때, 아이 스스로 고른 결정을 다른 사람이 인정해 줄 때. 아이는 자신의 선택에 만족하고, 성취감을 얻게 된다. 아이가 선택하고 결정할 수 있도록 물러서 주고 만일 아이의 선택이 잘못되었다고 생각되어도 아이의 안전에 문제가 없는 한 일단 해보도록 존중해 주자. 요즘 많은 부모가 하는 실수 중 하나는 바로 '우리 아이는 실패하면 상처받고 좌절할 거야' 하고 생각한다는 것이다. 그래서 애초에 상처받을 일을 만들어주지 않는데 그렇게 되면 아이는 실패를 만났을 때 대한 대비를 전혀 할 수 없게 된다. 항상 배려된 성공만 겪으며 자란 아이는 엄마 아빠의 울타리 밖에 나왔을 때 실패에 쉽게 무너진다. 그리고 실패할 일을 회피하려 애를 쓴다. 아이의 선택을 지지해주자. 스스로 한 선택에 스스로 책임을 져야 함을 알고, 실패와 성공을 여러 번 경험한다면 아이의 마음은 점점 튼튼해진다.

3) 아이가 전에 비해 잘 하는 모습이 보이면 이야기를 해주자.
   "책상 정리를 스스로 하고 있구나~" , "밥을 남기지 않고 다 먹었구나."
   "오늘은 치약을 혼자서 짰구나!"

4) 아이의 의도를 존중해 주는 말을 해 주자.
   "동생과 재미있게 놀아주려고 했구나.", "엄마의 집안일을 도와주고 싶었구나."
   "아빠를 도와주고 싶었구나."

5) 아이에게 사랑한다는 표현을 많이 해 주자.
   "네가 엄마 아빠의 아이라서 정말 감사해",
   "네가 행복하면 엄마 아빠도 행복해", "엄마 아빠는 너를 사랑해"

아이가 지난번에 비해 나아진 부분이 있다면 그 부분을 언급해 보자. 꼭 대단한 일이 아니어도 좋다. 예전엔 옷을 입을 때 무조건 엄마만 불렀던 아이가 먼저 옷을 집었다면 '오늘은 스스로 옷을 집었네!' 하고 언급해 주는 것이다. 아주 소소한 일이라도 아이의 행동을 보고 이야기해보자. 아이는 작은 행동의 변화를 알아차려 주는 엄마 아빠를 통해 '작은 행동도 열심히 하면 엄마 아빠가 인정해 주는구나!' 하고 알게 된다. 아이는 작은 일이라도 열심히 시도하려 할 것이고, 작은 성취감을 계속해서 얻게 된다. 성취감은 대단한 일을 해낸 뒤에만 받는 것이 아니다. 이렇게 작은 엄마 아빠의 말로도 충분히 성취감을 느낄 수 있다. 아이의 자존감은 결국 엄마 아빠의 사랑한다는 표현으로 자라난다. 엄마 아빠에겐 네가 너무 소중하고, 널 사랑한다는 표현은 아이의 긍정적인 자아상에 도움이 된다. '엄마 아빠가 날 대단 하다고 생각해. 엄마 아빠는 날 사랑해' 하는 생각들이 모여 '나는 사랑받을 만한 사람이야'라는 자아상을 낳는다. 사랑한다는 표현을 많이 해 주자.

26. 자존감 높이기 – 우리 아이의 자존감 향상을 양육방법 10가지

아이의 자존감은 아이가 엄마 아빠와 안정된 애착 관계를 형성하면서 만들어진다.

아이는 태어나면서부터 엄마와 아빠의 표현을 보며 반응하는데 부모가 보여주는 사랑한다는 표현들은 돌이 지나지 않은 아주 어린 아이들에게도 영향을 미친다.

자아상을 형성하는 것은 생후 1년 전부터 시작된다. 아이가 하는 행동에 부모가 즉각 반응해 주고, 소중하게 대해주는 것들을 아이는 모두 느낄 수 있다. 이런 경험들이 모여 아이는 스스로 자랑스럽게 생각하게 되고, 그런 생각들이 모여 자아상이 된다.

부모와 안정적인 애착을 형성한 아이는 세상을 긍정적으로 바라볼 수 있다.

내가 실수를 해도 괜찮다고 믿어주는 부모, 내가 제일 소중하다고 이야기해 주는 엄마 아빠의 모습을 보며 '나는 이것도 할 수 있어!' 하는 도전의식이 생겨난다.

이런 아이들은 물건을 자유롭게 탐색한다. 긍정적이고 안정된 마음이 도전의식을 키워주었기 때문이다. 하지만 부모와 안정적인 애착을 형성하지 못한 아이들은 늘 마음속에 불안이 있다. 나에게 가장 중요한 부모가 자신을 사랑해주지 않는다는 불안감은 다른 생각을 할 여유를 없앤다. 신기하고 관심이 가는 물건을 만지려고 하다가도 엄마의 눈치부터 살피게 되고, 아빠가 나에게 좋아한다는 표현을 해주길 기다리며 주변을 맴맴 돌기도 한다. 안정된 애착 형성은 모든 사고의 기본이다.

아이가 만 3살 정도가 되면 자기 고집도 생기고 독립심도 생긴다. 이때는 아이가 어떤 행동을 할 때 아이의 소신대로 행동한다. 이때 부모는 아이의 자율성을 최대한 보장해 주어야 한다. 다만 무시하고 방치를 하지 않고, 기준을 명확하게 제시하며 '해도 되는 것' '하면 절대 안 되는 것'을 배울 수 있도록 해야 한다.

세 살 이후의 아이에게는 여러 경험을 통한 주도성을 기르는 것 역시 중요하다.

다양한 경험을 하며 성공도 하고 실패도 하는 것이다. 그러면서 아이는 스스로 능력에 대해 자신감을 얻을 수 있어야 하는데 '내가 이렇게나 잘 해냈어!' 하는 느낌이 생기도록 해주는 것이다.

아이가 주도적으로 여러 경험을 해 보고, 그 경험을 통해 얻은 성취감과 실패의 교훈들은 아이의 자아상과 자존감을 결정한다. 따라서 부모는 아이를 지나치게 과잉보호하며 도전할 기회를 꺾으면 안 된다. 아이에게 사랑 표현을 소홀히 하여 아이의 애착이 불안하게 만들어서도 안 된다. 아이에게 사랑을 많이 표현하며, 아이가 스스로 도전해 볼 수 있도록 많은 경험의 기회를 만들어주어야 한다.

1) 아이의 행동을 칭찬해 주자. 아이는 엄마 아빠에게 인정을 받으려고 한다. 엄마 아빠가 아이의 행동을 칭찬해 주면 아이는 엄마 아빠에게 지지를 받고 있다고 생각하게 된다. 작은 일이라도 칭찬해 보자.
2) 아이의 성취가 실패하더라도, 격려해 주자. 아이가 물론 성공한다면 많은 칭찬을 해 주어야 하지만, 실패했을 때에도 아이를 격려해 주는 과정이 꼭 필요하다. 아이는 실패했을 경우 낙담하고 크게 좌절한다. 그러나 엄마 아빠가 아이의 시도 자체를 격려하며 용기를 준다면 아이는 좌절에서 빨리 벗어날 수 있다. 그러한 경험들이 쌓이면 아이는 실패를 두려워하지 않게 된다.
3) 아이에게 작은 성취감을 얻을 수 있는 일을 맡기자. 아이가 해낼 수 있는 작은 일을 맡겨보자. 그리고 그 일을 해냈을 때 아이의 책임감을 강조하며 칭찬해 주자. 아이는 자기가 맡은 일을 해냈을 때 '내가 엄마 아빠에게 도움이 되었어!' 하고 생각할 수 있다. 자신이 다른 사람을 도울 수 있다는 생각은 자존감 향상에 도움이 된다.
4) 아이에게 다양한 경험을 선물하자. 여러 곳을 다니며 새로운 것 보기, 취미 생활 가지기 등 아이에게 다양한 경험의 기회를 주자. 할 수 있는 일, 해 보았던 일이 많아지면 아이가 해낼 수 있다고 생각하는 일도 많아진다.
5) 즐거운 추억을 만들어주자. 가족의 즐거운 추억을 만들자. 자존감의 기본은 안정적인 애착 관계이다. 아이가 가족 안에서 사랑받고 있다는 것을 느낄 수 있도록 해 주자.
6) 아이의 장점을 많이 이야기해 주자. 아이가 잘 하는 것, 아이가 가진 좋은 점을 계속 이야기해 주자. 아이가 자신의 장점에 대해 많이 들을수록 자신감이 높아진다. 그 일을 할 때에 더 당당할 수 있고, 스스로 대단한 점이 있다고 생각하여 자존감도 향상된다.
7) 사랑한다고 이야기를 많이 해주자. 평소에 특별한 일이 없더라도 아이에게 사랑한다는 표현을 많이 해 주자. 많이 안아주고, 쓰다듬어주고 뽀뽀해 주자.
8) 아이의 이야기에 귀 기울여 주자. 아이가 하는 말에 관심을 가지고 집중하는 것은 아이에게 존중받고 있다는 느낌을 준다.
9) 실패를 대하는 법을 알려주자. 실패에 좌절하지 않는 법을, 엄마 아빠가 미리 알려주어도 좋다. '괜찮아 넌 열심히 했어. 다음에 또 도전해보면 될 거야' 하며 이야기해 주어도 좋다. 엄마 아빠는 실패할 때 어떻게 생각하고 느끼는지 이야기해 주어도 좋다. 엄마 아빠의 경험을 들으며 아이는 '엄마 아빠도 이렇게 실패할 때가 있구나' 하고 생각한다. 엄마 아빠의 이야기에 위안을 받고 다시 도전할 생각을 할 수 있게 된다.
10) 마음을 진정시키는 방법을 알려주자. 아이들은 보통 한 가지 상황에 집중하면 주변을 보기 어렵다. 이런 태도는 실수를 부르는 경우가 많다. 아이가 너무 흥분해 있을 때는 잠시 숫자를 세며 기다리도록 해 보거나, 마음을 진정하는 법을 알려주어도 좋다.

27. 자존감 높이기 – 자존감을 키우려면 칭찬도 제대로!

자존감을 높이기 위해 아이에게 칭찬을 많이 해주어야 한다는 말을 많이 들어보았을 것이다. 하지만 무작정 하는 칭찬은 아이에게 오히려 독이 될 수도 있다. 아이가 왜 칭찬받아야 하는지 이유도 모른 채 그저 기계식으로 내뱉는 '잘했다' 안에는 진심이 전혀 느껴지지 않기 때문이다. 아이의 자존감을 높여주는 칭찬은 어떻게 해야 할까? 어떤 칭찬을 해야 아이에게 정말 도움이 되는 것일까? 무엇을 어떻게 칭찬하는가에 따라 칭찬의 효과는 완전히 달라진다. 아이의 자존감 향상에 도움이 될 '효과적인 칭찬을 하기 위한 기본 원리'는 다음과 같다.

아이에게 칭찬을 해주고 싶다면, '언제나' '바로바로' '진심으로' '충분히' '구체적으로' 칭찬하자. 딱 이 다섯 가지대로 칭찬을 하면 되는데 하나하나 살펴보도록 하자.

첫 번째, '언제나' 칭찬하자

아이가 칭찬을 받을 만한 일을 했다. 엄마를 위해 빨래를 개는 일을 했는데 엄마는 아이가 빨래를 다 개자, 아이를 칭찬해 주었다. 칭찬을 받은 아이는 다음날도 빨래를 개는 걸 도와 드리려고 한다. 그러나 오늘은 엄마의 기분이 좋지 않아서 집안일을 빨리빨리 끝내고 쉬고 싶다. 엄마의 눈에는 아이가 빨래를 가지고 장난을 치는 것처럼 보인다. 엄마는 아이에게 소리친다. '빨래 가지고 장난치면 안 돼! 장난감 가지고 놀아!' 아이는 엄마를 도와드리고 칭찬을 받고 싶었던 것인데 말이다. 아이는 왜 같은 행동을 했는데 어제는 칭찬을 듣고 오늘은 혼이 나는지 알 수가 없다.

'언제나'라는 원리는 위의 상황과 같은 것이다. 아이가 같은 행동을 하면 엄마의 기분이나 상황과는 관계없이 언제나 칭찬하라는 것이다. 일관되지 않은 칭찬을 받는 아이는 행동의 기준을 어디에 맞추어야 할지 알 수 없다. 그렇게 되면 아이들은 혼나지 않기 위해 애초에 그 행동을 하지 않게 된다. 아이의 행동이 줄어드는 것은 아주 좋지 않은 일이다. 새로운 것을 하려다가도 엄마가 혼낼까 무서워서 주저하는 아이로 자라기 때문이다. 항상, 한 결같이, 언제나 칭찬하자.

두 번째, '바로바로' 칭찬하자.

칭찬에도 적절한 때가 있다. 바로 아이의 행동 바로 직후인데. 아이가 바람직한 행동을 한 지 한참이 지난 뒤에 아이를 칭찬하는 것이나, 아이가 칭찬을 바라고 엄마에게 자랑할 때는 무시하다가 기분이 좋아져 다시 그 행동을 언급하며 칭찬하는 것은 좋지 않다. 아이는 '내가 왜 칭찬을 받지?' 하며 어리둥절할 수밖에 없다. 바로 칭찬을 해 주지 못했다고 하더라도 최대 하루를 넘기지는 말아야 한다. 아예 칭찬을 안 하는 것보다 아이가 기억하고 있는 기한 내에 칭찬하는 것이 더 낫다. 대신 그럴 때는 아이가 왜 칭찬받는지 알 수 있도록 최대한 구체적으로 설명해 주어야 한다.

세 번째, '진심으로' 칭찬하자.

많은 엄마 아빠가 하는 실수가, 아이가 대단하게 생각하는 일을 해낸 뒤에 자랑하러 다가오면 귀찮다고 생각하고 대강대강 칭찬하는 것이다. 대충 칭찬을 하고 넘겨버리면 아이는 엄마 아빠가 제대로 알아주지 않은 것 같아 서운해한다. 아이가 생각했을 때에는 정말 대단하고 멋진 일인데, 엄마나 아빠의 반응이 기계적으로 '어 그래 잘했네' 라면, 아이는 아주 실망스러울 것이다. 아이들은 이제 막 시작하는 일들이 많다. 태어나 처음 해 보는 일들도 많다. 아이는 어른이 아니니까 그러니 아이가 자랑하고 싶은 일은 아이에게는 큰 일이라고 생각하고 진심 어린 태도로 칭찬해 주자.

또 하나의 실수로는 아이에게 과도한 칭찬을 해 주는 것이다. 이럴 때 아이는 참 어리둥절하게 느껴진다. 아이는 '나는 세 개 밖에 안 했는데 엄마가 여섯 개나 칭찬해 주네?'라고 생각한다. 이러한 칭찬은 아이에게 더 큰 독이 될 수 있다. 아이가 자신의 능력을 과신하게 될 수도 있고, 모든 일을 대충 하는 습관이 들 수도 있다. '내가 이만큼만 해도 엄마는 날 칭찬해 줄 거야' 하는 생활 태도가 자리 잡으면 큰일이다. 따라서, 칭찬은 열심히 해 주되 진심 어린 마음으로 너무 과잉되지 않게 해 주어야 한다.

네 번째, '충분히' 칭찬하자.

많은 엄마 아빠들이 물어보는 내용 중 하나는 바로 '얼마나 칭찬해 주어야 해요?'이다. 다들 아시다시피, 칭찬이 어디 기준을 나눌 수 있는 것이 아니다. 무게를 딱 재어서 '500g 만큼만 칭찬하자.' 할 수 있다면 얼마나 좋을까? 하지만 칭찬의 기준은 다 다르다. 유일한 기준선은 바로 '아이' 이다. 아이의 표정을 관찰하자. 아이가 칭찬을 더 받고 싶어 아빠 주위를 계속 맴돌거나, 만족스러운 표정이 아직 나오지 않았다면 그것은 칭찬이 더 필요하다는 신호이다. 아이가 만족할 만큼 칭찬을 해 주어야 한다.

다섯 번째, '구체적으로' 칭찬하자.

아이에게 가장 좋지 않은 칭찬은 어떤 상황에서도 늘 고정화된 '칭찬 패턴'이다. 아이가 어떤 행동을 했는지 상관없이 늘 엄마 아빠가 '응 좋네.' '그래 잘했네'라는 말들만 고정적으로 해 준다면 아이는 칭찬을 받는 것에 흥미를 잃을 수도 있다. 왜 자기가 칭찬을 받게 되었는지도 제대로 인식하기 어렵다. 칭찬할 때는 '왜 칭찬하는지' + '칭찬의 말'의 형식으로 칭찬을 해보자. "동생을 잘 돌봐주다니 멋진 형이구나!" "엄마의 청소를 도와주어서 정말 고마워. 도움이 많이 됐어." 위의 칭찬들은 구체적인 이유를 포함하고 있다. 아이는 자기의 의도를 엄마가 알아준다는 것에 기쁘고, 왜 칭찬받는지 이유를 알게 되어 좋다.

28. 화내지 말아요 – 화내지 않는 엄마되기 9가지 방법

엄마가 되면 참아야 할 것이 한두 가지가 아니다. 아이에게 이렇게 해 줘라, 저렇게 해야 한다, 들은 것은 많고 할 것도 많다. 그러나 이 모든 것을 어떻게 지킬 수 있을까? 항상 육아의 이론에서 이야기하는 내용대로 아이를 대하는 엄마는 세상에 아마 존재하지 않을지도 모른다. 엄마도 사람인걸요. 아무리 내 배 아파 낳은 아이더라도 제일 아끼는 옷에 낙서도 하고 방금 청소한 방을 실컷 더럽히고 있으면 그 순간은 정말 밉다. 아이가 대체 왜 그러는지 소리를 고래고래 지르며 울고 있으면 정말 한 대 쥐어박고 싶어진다.

그러나 엄마가 화를 내면 아이의 감정에는 큰 상처가 생긴다. 찡그리고 무서운 표정을 지으며 소리치는 엄마의 모습은 아이에겐 공포로 다가온다. 엄마가 자기를 싫어하게 될까 불안하고 초조해진다. 엄마가 화를 내는 모습은 교육적으로나 정서적으로나 전혀 좋을 것이 없다.

엄마라고 모든 화를 다 참아낼 순 없다. 화라는 것이 참 무서워서, 마음속에 담아두면 점점 불어난다. 제멋대로 덩치를 키워나가서 마음의 병을 만든다. 화는 반드시 풀어져야 하고, 적절하게 해소되어야만 한다. 하지만 화를 제 모습 그대로 밖으로 끄집어낼 수는 없다.

아이와의 애착 관계를 생각한다면 참아야만 하기 때문이다. 그렇다면 조금 현명하게 화를 푸는 방법은 없을까? 조금 더 똑똑하게 화를 해소하는 방법은 없을까? 여기 화를 해소하고 완화 시키는 방법 아홉 가지를 소개한다.

1. 너무 화가 나면, 잠시 도망가라.

화가 나는 순간은 이성적으로 생각하기가 너무 힘이 든다. 그 순간의 기분을 이기지 못하고 질러버린 뒤에 후회하면 늦다. 애초에 마음 달래기가 어려울 것 같다면, 주저 말고 도망가라! 1분만 상황을 떠나 있다면 마음이 처음보다는 많이 진정된 걸 발견할 수 있을 것이다. 마음이 진정된 상태에서 다시 돌아온다면 훨씬 더 객관적으로 판단할 수 있게 된다.

2. 심호흡을 아주 크게, 천천히 하며 생각해 보자.

차분하게 심호흡을 해 보자. 천천히, 아주 크게 심호흡을 몇 번 하자. 그리고 머릿속으로는 생각해 보자. '나는 엄마다' '나는 아빠다'하고. 상대는 아이라는 걸 생각하자. 아이들은 의도한 잘못을 하지 않는다. 그렇게 하면 안 되는 것을 모를 뿐이다. 내 아이가 나를 골탕 먹이려고 일부러 하지 않았다는 걸 생각하자. 심호흡을 천천히 하며 생각을 하다 보면 훨씬 차분해질 것이다.

3. 화나는 상황에 거울을 보자.

화가 심하게 난 상황에서 거울을 본 적이 있는가? 생각보다 얼굴이 너무 무서워서 깜짝 놀랄지도 모른다. 이 얼굴로 아이를 마주 대한다면 아이가 얼마나 무서울까 생각해 보자. 잔뜩 일그러진 얼굴이 거울을 보며 조금씩 누그러질 수 있다. 거울을 보며 진정해보자.

4. 매번 화를 내고 나서 후회되었던 마음을 떠올려보자.

아이에게 기분 나쁜 것을 잔뜩 표현하고 나서 '내가 왜 그랬을까. 조금만 더 참을 걸 왜 그랬지!' 하며 자책했던 상황을 생각하자. 늘 화내지 않겠다고 다짐했지만, 또 화를 내고 후회했던 내 모습을 떠올리면 이번만큼은 화내지 말아야겠다는 생각이 다시 떠오를 것이다. 화 난 후의 상황을 기억하자.

5. 아이의 의도를 최대한 좋게 생각해 보자.

아이가 어떤 의도로 이런 행동을 하는지 최대한 긍정적으로 생각해 보자. 아이가 화가 너무 나서 물건을 집어 던지며 울고 있다면, '아이가 나에게 기분 나쁜 걸 알려주고 싶은데, 어떻게 알려야 하는지 방법을 모르는구나?' 하고 생각하자. 아이가 하는 행동은 주변 상황을 생각하지 않고 순수하게 그 '행동 자체'가 목적인 경우가 많다. 어른이 보기엔 정말 화나는 상황이지만, 아이는 재미있는 놀이일 수도 있고, 그저 자신의 마음을 표현하고 싶은데 방법을 모를 때도 많다. 아이의 의도를 최대한 긍정적으로 생각해 보자.

6. 최대한 부드럽게, 아이에게 엄마가 화가 났음을 알려주자.

엄마라고 늘 화를 꾹꾹 참을 수는 없는 법이다. 아이에게 너무 화가 나서 마구 쏘아붙이고 싶을 땐 차라리 아이에게 화가 났다고 이야기하자. 하지만 최대한 부드럽게 이야기해야 한다. '엄마는 네가 물건을 던져서 화가 났어. 물건을 던지는 건 나쁜 일이거든. 그래서 엄마는 지금 무척 속상해' 하고 최대한 부드럽게 이야기하는 것이다. 아이는 엄마의 말을 들으며 엄마의 감정 상태를 알 수 있게 되어 '이 행동은 엄마를 화나게 하는구나!' 하고 생각할 수 있게 된다.

처음부터 엄마가 화났다는 것을 부드럽게 표현하기란 정말 어렵다. 잠시 치미는 화를 참고 아이에게 설명해야 하기 때문이다. 하지만 한 번 두 번 성공하다 보면 화를 참는 가장 좋은 방법이 될 수 있다. 설명하는 과정에서 엄마 스스로 상황을 객관적으로 바라볼 수 있는 시간을 벌 수 있기 때문이다.

7. 융통성 있게 현재 상황의 차선책을 찾아보자.

보통 엄마나 아빠가 화를 내는 상황을 보면 '엄마 아빠 마음처럼 아이가 따라주지 않을 때' 가 상당히 많다. 아이가 엄마 아빠의 마음대로 움직인다면 얼마나 좋을까. 하지만 그건 이미 아이가 아니다. 아이는 본디 기준보다는 즉흥적으로 행동한다. 아이가 생각했던 기준과 다른 행동을 하며 고집을 부릴 때 재빠르게 차선책을 찾는 것도 좋다. 기준이 다섯 개가 있다면 그걸 다 만족해야만 훌륭한 아이 좋은 엄마는 아니다. 세 개만 해낼 수도 있고, 하나도 맞추지 못해도 괜찮다. 재빠르게 다음 기준을 생각하자.

8. 상상하지 마세요. 있는 그대로 바라보자.

마음속의 화는 나의 불안한 상황과 만나 제멋대로 덩치를 키운다. 화의 크기를 키우는 데 가장 큰 역할을 하는 것은 바로 '상상'이다. 상황을 객관적으로 보지 않고 상상하는 순간 화는 마구마구 불어난다. 좋지 않은 결과나 원인은 생각하지 말고 최대한 객관적으로 판단하자.

9. 피할 수 없으면 즐기자!

아이가 저질러놓은 상황이 너무 크다면, 그냥 즐겨보자. 어차피 벌어진 상황이니 뒷수습은 조금 미뤄두고 마음껏 즐겨보자. 아이가 밀가루 반죽을 온 집안에 뿌렸다면, 아이와 함께 신나게 밀가루 놀이를 하자. 옷에 심각하게 얼룩을 묻혔다면 묻는 걸 신경 쓰지 않고 신나게 놀아주자. 어차피 벌어진 일이니, 수습은 조금 뒤에 해도 괜찮다. 스트레스를 받아 가며 아이를 혼내고 뒷수습을 하는 것보다, 그 순간에 아이와 함께 신나게 놀며 잠시 벗어나는 것이 훨씬 더 낫다. 물론 행동이 잘못되었다는 것은 알려주어야 한다.

29. 엄마의 자존감 향상을 위한 5가지 방법

1) 솔직하게 인정하세요.: 나의 자존감을 확인하고 받아들이자. 이 악순환의 고리를 어떻게 하면 끊을 수 있을까?

첫 시작은 늘 받아들이는 태도로부터 시작한다. 엄마가 엄마의 마음을 받아들여야 한다. 보통 상담을 하다 보면 '나는 자존감이 높은 사람이에요'라고 열심히 포장하는 부모님을 만나는 경우가 종종 있다. 나는 대단한 사람이고, 내 남편과 아이는 훨씬 더 대단하다고 끊임없이 자랑을 늘어놓기도 하고, 나는 스스로 내 마음이나 상황을 충분히 다 알고 있으니 더 언급하지 말라며 선을 그어버리기도 한다. 이런 분들에게 자존감 검사를 할 때면 항상 고득점을 낸다. 하지만 그 검사에서 높은 점수를 받는다고 해서 정말 자존감이 높은 걸까? 이런 유형을 만나게 되면 너무 안타깝다. 자신의 문제를 가장 잘 알아야 해결할 용기와 힘이 생겨나는데, 그 첫 시작을 하지 못하고 있으니 말이다. 자존감은 포장할 수 있는 물건이 아니다. 아무리 겉을 좋은 모습으로 감싸도 다 드러나게 된다. 나 말고도 주변 사람들은 모두 알 수 있다. 먼저 솔직하게 인정하는 것부터 시작한다. 나의 자존감은 어떤 상태인지 솔직하게 관찰하고 바라보아야 한다. 내 어린 시절은 괜찮았는지, 나는 어디에 가장 상처를 받는 사람인지, 내 마음은 현재 어떤 스트레스가 있는지를 꼼꼼히 관찰해야 한다. 그리고 내가 자존감이 낮다고 생각된다면 주저하지 말고 받아들이자. 자존감이 높다고 잘난 사람, 자존감이 낮다고 못난 사람이 아니다. 자존감이 낮다면 현재 상황을 수긍하고 노력해서 자존감을 바르게 바로잡고 향상하면 된다. 남에게 보여주기 위한 자존감은 결코 없다. 나 자신을 되돌아보도록 하자.

2) 대리만족, 욕심을 버리세요.: 마음을 내려놓기

보통 자존감이 낮은 경우, 아이에게 내 자존감을 투영한다. 내 아이가 10점이면 엄마도 10점이 고, 내 아이가 백 점이면 엄마도 백 점 같다. 그래서 엄마들은 욕심을 내기 시작한다. '널 위해서 그런 거야.' '네가 잘되라고 다 하는 거야'라는 말로 포장하며 아이들에게 더 많은 것을 욕심낸다. 하지만 정말 아이를 위해서 하는 걸까? 엄마와 노래 부르며 춤을 추고 놀고 싶은 아이를 억지로 앉혀놓고 글자 카드를 보는 건 정말 아이를 위해서 좋은 일일까? 엄마의 욕심에 하는 행동인지, 정말 아이에게 필요한 건지를 잘 구별해야 한다. 아이에게서 내 모습을 찾지 말자. 아이를 보며 대리만족하지 말자. 아이가 아닌 '나'를 먼저 생각하고 고민해야 한다. 그러려면 먼저 마음을 내려놓아야 한다. 내가 내 아이에게 가장 바라는 것이 무엇인지, 그것을 생각하여보자. '건강하고 씩씩하고 바르게' 자라는 것이 중요하지 '꼭 특목고에 들어가고, 변호사나 의사가 되어야 해'를 바라는 엄마는 없을 것이다. 엄마의 욕심 때문에 아이를 힘들게 하는 것이 무엇인지 구별하고, 욕심을 하나둘씩 버리는 순간 엄마와 아이의 마음은 분명히 좋아진다. 욕심을 버린 자리에 엄마와 아이의 눈맞춤, 접촉하기, 대화로 채우자.

3) 육아를 혼자 고민하지 마세요.: 힘들면 도와달라고 이야기하자.

육아는 혼자 하는 것이 아니다. 아이와 만나고 아이와 함께 시간을 보내는 모든 사람이 아이의 육아에 직, 간접적으로 영향을 주고 있다. 그러니 혼자서 끙끙대지 말자. 엄마는 강철로 만들어진 사람이 아니다. 당연히 힘들고 지치는 순간이 온다. 그때 함께 도와줄 수 있는 사람, 내 고민을 들어줄 사람을 만들어보자.

아빠와 함께 육아를 해보도록 하자. 그리고 오늘 아이가 어떤 문제가 있었는지, 오늘은 어떤 힘 든 일이 있었는지 함께 이야기하자. 육아는 혼자서 하면 절대 해낼 수 없다. 꼭, 도와줄 사람이 필요하다. 한 가지 더 좋은 것은 비슷한 상황의 엄마들과 교류하자. 커뮤니티나 모임들을 이용해서 나와 같은 또래의 엄마들, 내 아이와 비슷한 또래의 엄마들과 서로 힘든 것을 나누어보자. 같은 형편의 사람과 이야기를 하는 것으로도 충분하게 위로가 될 수 있다.

4) 아이는 유일한 탈출구가 아니에요.: 숨 돌릴 타이밍을 만들자

흔히 하는 실수가, 아이를 위해 해야 할 일이 너무 많기에 엄마는 어떠한 활동도 할 수 없다고 생각하는 것이다. 그럴수록 엄마는 아이만 바라보게 되고, 아이의 행동 하나하나로 엄마를 평가하게 된다. 아이는 엄마의 탈출구가 아니다. 오늘 아이가 두 번밖에 울지 않았으니까 나는 오늘 좋은 사람, 괜찮은 엄마가 되는 것이 아니다. 오늘 아이가 밥도 잘 먹지 않고 짜증도 많이 냈으니 실패한 엄마, 무능한 엄마가 되는 것은 더더욱 아니다. 아이에게서 벗어나 온전히 나를 위한 시간이 반드시 있어야 한다. 그래야 아이에게 더 충실할 수 있는 에너지가 생겨난다.

취미를 시작해보자. 적당한 취미가 없다면 영화 보기, 독서 하기, 카페에서 사색하기 같은 쉬운 것들부터 시작하자. 하루 하나씩 맛있는 간식 먹기, 친구와 신나게 수다 떨기, 내가 보고 싶은 TV 프로그램 하나 보기 등 쉽지만 여유로운 일은 얼마든지 있다. 하루에 하나, 이틀에 하나라도 정해서 꾸준히 해보자. 'oo 엄마'에서 '나'로 돌아가는 시간을 만들자.

이런 조언을 받으면 그 시간에 아이는 어떻게 하냐고 물어본다. 저는 그럴 때 '누군가에게 잠 시만 봐 달라고 부탁하거나, 아이가 자는 저녁 시간을 이용하세요.'라고 대답한다. 아이와 엄마가 완전히 분리되는 시간, 아주 잠깐이라도 그런 시간이 있어야 엄마가 쉴 수 있다. 그 잠깐의 시간 동안 엄마가 아이를 보지 않아 생기는 일이 무엇이 있을까? 그 시간에 떨어져 있어서 생기는 아이의 불안이 걱정이라면 다녀온 뒤에 애정표현을 많이 해 주면 된다. 그 잠깐의 휴식으로 충전할 수 있는 에너지는 엄마를 더욱 활력적으로 만든다. 얻을 수 있는 것이 훨씬 많은 셈이다.

5) 백 점 엄마보다 90점의 엄마가 되세요.: 괜찮아, 잘하고 있어. 다독이기.

아이에게 칭찬이 정말 중요하다는 내용은 여기저기서 많이 들린다. 칭찬은 사람을 행동하게 하고 '내가 잘 하고 있구나!' 하는 보상심리를 자극한다. 칭찬이야말로 사람을 기분 좋게 하고, 다른 도전을 할 수 있게 하는 최고의 원동력이다. 엄마들은 아이가 작은 일에 성공하기만 해도 열심히 칭찬한다. 그렇다면 '엄마'는 누가 칭찬해 주나? 엄마야말로 칭찬이 가장 필요한 존재 아닐까? 일어나자마자 육아, 직장에 정신없이 일하고, 밤이 되어도 쉴 틈 없이 가사 일에 매달린다. 다음 날도 똑같은 일상의 반복이다. 하루 동안 일을 하고 노력하는 엄마야말로 가장 칭찬받아야 하는 사람이다.

하지만 엄마들은 아이에게 조금이라도 실수하는 날이 있으면 끊임없이 자책하며 '나는 빵점짜리 엄마야'라고 생각한다. 백 점과 빵점 사이에는 다른 어떤 점수의 엄마도 없는 것 같이 행동한다. 백 점을 맞으려면 얼마나 더 잘 해야 하나? 엄마 마음속에 있는 시험 감독관이 하루 동안 엄마를 관찰하고, 아이와 가정에 조금이라도 실수하거나 소홀히 하면 가차 없이 마음을 채찍질한다. '넌 이렇게 하면 안 돼. 오늘은 빵점이야!' 하고 귓가에 소리 지르는 것 같다. '괜찮아. 난 정말 잘 하고 있어. 엄마로서 아내로서 대단한 사람이야.'

스스로 생각하여보자. 그리고 계속 마음을 다독이며 이야기해 주자. 지금도 충분히 잘 하고 있고, 앞으로도 잘 할 거라고 말해주자. 꼭 백 점이 아니어도, 80점이어도 충분히 대단 한 사람이다. 나머지 부분은 아빠와 아이와 함께 채우면 되니 너무 걱정하지 말자.

30. 자존감 요소별 목표

요 소	목 표
총체적 자존감	나 자신의 가치에 대해 생각해 보고 자신을 긍정적이고 가치가 있는 존재로 인식하기
사회적 자존감	자기 주변의 의미 있는 타인인 선생님, 친구, 가족 간 관계를 대면하고 자신과 다른 사람에 대한 긍정적인 태도를 가지기
가정적 자존감	부모님이나 형제, 자매간의 관계를 대면하고 가족의 소중함과 나의 역할에 대한 긍정적인 태도를 가지기
학업적 자존감	학업적 성취감에 대한 희망을 가지고 노력할 수 있는 긍정적 자세와 자신감 기르기

첫째, 총체적(일반적) 자존감은 자신에 대하여 갖는 전반적인 자기 상(정체성)을 말한다. 이는 우리의 내적 모습으로서, 자신이 어떤 특성을 어느 정도로 지니고 있는가에 대한 개인의 생각이다. 일반적으로 우리의 실제적 특성에 대해 가지는 생각과 되기를 원하는 자신의 모습 사이의 불일치 되는 사람에게 합리적이고 도달 가능한 도전이 되기 때문에 사람의 수행을 자극하고 성장시키는데 동기부여가 된다. 그러나 불일치의 정도가 지나치게 적을 때는 침체를 가져오고, 지나치게 클 때는 실패와 손상된 자존감을 초래하기 쉽다.

둘째, 가정적 자존감은 가정적 상태에 대한 자신의 느낌과 태도를 말한다. 자기를 중심으로 하여 구성된 가정과의 관계가 안정되고 능률적으로 이루어질 때 가정적 자존감은 바람직한 방향으로 형성되고 가정에서의 행동도 안정감 있게 형성되어 보다 명확하게 되고 의식화되어 인격적 행위가 가능하게 된다. 개개인 간은 자기 주위의 중요한 가족 구성원과의 역동적인 관계를 통해서 자기구조를 이루게 된다. 특히, 가정적 자기 형성에도 이러한 관계는 중요한 것으로 부모가 자녀에게 적대적으로 엄격하고 벌을 많이 줄수록 자녀는 불안과 두려움을 많이 느끼고, 강박적 행동, 위축, 공격 등의 부적응 행동을 일으키게 된다.

셋째, 사회적 자존감은 동료, 기타 중요한 타인과의 관계에서 느끼는 자신에 대한 태도를 말한다. 의미 있는 타인은 자녀의 감각 불안이나 무력함, 가치의 증가나 감소에 중요하게 영향을 끼치는 사람들이다. 중요한 타인들은 자기를 정의하는 데 있어서 확고한 역할을 한다. 부모들은 자녀의 환경에 있어서 가장 의미 있는 타인이라고 할 수 있다. 나아가 자녀의 성장기에는 친구가 중요한 타인이 되므로 집단 활동이나 놀이를 통해서 다양한 친구 관계를 맺는 가운데 사회적 자존감이 형성된다.

넷째, 학교 자존감은 자신의 인지적인 능력에 대하여 가지는 자기 상(정체성)이다. 성공적인 과제 수행은 자녀의 자존감을 상승시키고 또 다른 과제에 도전할 가능성을 증가시킨다. 동일한 수준의 자존감을 가지는 자녀들도 성공 경험에 노출되느냐, 실패 경험에 노출되느냐에 따라 그들의 학교 자존감이 변화된다. 자신과 가정, 사회, 학교의 네 가지 영역은 서로 연관성이 있으며 조화를 이룰 때 더욱 건강한 자존감을 가지게 된다.

31. 자존감 향상 프로그램 유형

유형	개입 내용
대인관계	또래 관계, 의사소통, 대화법 등의 프로그램
독서치료	독서, 시, 동화 활용 등의 프로그램
심리치료	정신분석, 이야기 심리치료, 게슈탈트 심리치료 등
예술치료	악기, 가요, 합창 등의 활용 프로그램, 미술치료, 원예치료, 몸 치료 등의 프로그램
인지, 행동	행동치료, REBT, 현실치료, 해결중심, 인지행동 접근 프로그램
자기 성장	리더십, 인성교육 등 자기 성장 프로그램
정서	분노조절, 공감, 우울, 웃음 치료, 감정 표현 등의 프로그램
진로	진로 및 진학 관련 프로그램
교과학습 활용	새로운 교수 방법 적용을 활용한 프로그램
모래놀이 치료	모래 놀이, 놀이치료 등의 프로그램

32. 자존감 심층 테스트 & 해석

다음 장의 A~D 문항들에 대해 아래와 같이 표시하세요.

동의한다 – 3점 / 어느 정도 동의한다 – 2점 / 약간 동의한다 – 1점 / 전혀 동의하지 않는다 – 0점

A

1. 나는 내 성격이 좋다고 생각한다.
2. 나는 내 지적 능력이 다른 사람들보다 좋다고 생각한다.
3. 나는 매사에 상당한 자신감을 지니고 있다.
4. 나는 무슨 일을 하든지 불안하지 않다.
5. 나는 새로운 것을 익히는 데 시간이 오래 걸리지 않는다.
6. 나의 삶은 매우 행복하다.
7. 나는 어떤 일을 결심하면 그것을 그대로 밀어붙인다.
8. 나는 나 자신이 존재가치가 있다고 생각한다.
9. 나는 나를 내세우려고 애쓰지 않는다.
10. 나는 나 자신을 잘 알고 있다.

합계 ______ 점

B

1. 나는 내가 예전에 한 행동 때문에 부끄러울 때가 있다.
2. 나는 나의 외모가 남들에게 빠진다고 생각하지 않는다.
3. 성형수술을 할 기회가 오더라도 나는 하지 않을 것이다.
4. 나는 머리에 염색하는 것을 좋아하지 않는다.
5. 가장 아름다운 미인(미남)은 자연스러운 상태이다.
6. 돈이 부족한데도 화장품을 사는 것은 옳지 않다.
7. 나는 꾸중을 들어도 별로 개의치 않는다.
8. 나는 하고 싶은 말이 있으면 서슴지 않고 하는 편이다.
9. 나는 거짓말을 거의 하지 않는다.
10. 나는 유행을 잘 타지 않는다.

합계 ______ 점

C

1. 나는 사람들 사이에서 인기가 좋다.
2. 나는 다른 사람과 함께 있어도 불안하지 않다.
3. 나는 나의 역할을 잘하고 있다고 생각한다.
4. 나는 많은 사람 앞에서 말하는 게 어렵지 않다.
5. 사람들은 나를 긍정적으로 보는 것 같다.
6. 사람들은 나를 따돌리지 않는다.
7. 나는 내가 다니고 있는 직장(학교)에 만족한다.
8. 인간관계는 내가 준 만큼 얻을 수 있다.
9. 나는 다른 사람이 나를 어떻게 평가하는지 별로 개의치 않는다.
10. 나는 이성 교제가 원만한 편이다.

합계 ______ 점

D

1. 나는 학비나 생활비 때문에 고민하지 않는다.
2. 노력하지 않고 돈을 벌 수 있다는 생각은 잘못된 것이다.
3. 나는 다른 사람들이 입은 옷을 부러워하지 않는다.
4. 다른 사람의 물건을 훔치려고 시도한 적이 거의 없다.
5. 나는 나의 가정형편에 만족한다.
6. 돈은 많을수록 좋은 게 아니라 필요한 만큼만 있으면 된다.
7. 나는 젊은이들이 고급 차와 같은 명품을 사는 것은 좋지 않다고 생각다.
8. 나는 용돈이 부족해서 불편할 때도 있지만 큰 문제는 아니라고 생각다.
9. 나는 지금 내가 사는 곳에 만족한다.
10. 나는 돈을 벌기 위해 복권을 사거나 도박을 하는 사람들을 이해할 수 없다.

합계 ______ 점

A~D 각 영역의 의미

A : 심리적 측면의 자존감
B : 행동적(신체적) 측면의 자존감
C : 사회적(인간관계) 측면의 자존감
D : 물질적(경제적) 측면의 자존감

A, B, C, D 점수를 해당하는 곳에 표시하고 꺾은 선 그래프로 연결해보자.

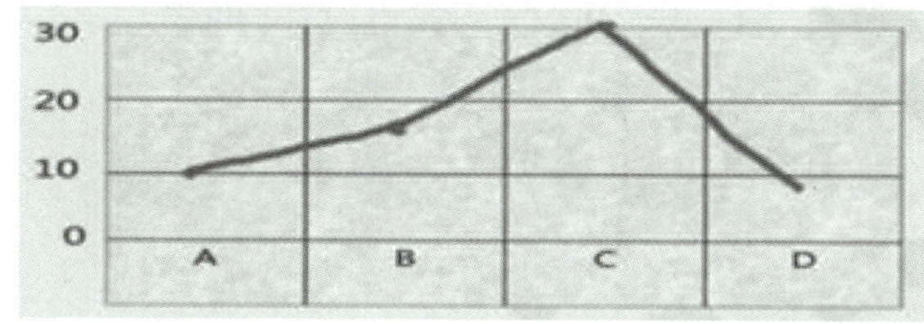

- 전체적으로 자존감은 A, B, C, D 모두에서 높게 나오는 것이 좋다.
- 만약 다른 점수는 모두 낮은데 어떤 한 부분만 20점 이상으로 나오면 자존감이 높다고 할 수 없다.
- 모든 점수가 높은데 어떤 한 부분만 19점 이하로 나오면 자존감은 높지만 불안정한 것이다.

“부러운 것도 아쉬운 것도 없다!”

- A, B, C, D가 모두 20점 이상이면 자존감이 매우 높고 안정적이다.
- 해당이 되는 사람들은 정신적으로 건강하고, 자기에 대해 매우 긍정적이다.
- 이런 유형의 사람들은 줏대가 있고 체면을 잘 차리지 않는다.

“이 정도면 됐지. 뭐.”

- A, B, C, D가 모두 10에서 19점 사이면 자존감이 중간 수준이다.
- 해당이 되는 사람들은 자기에 대해 어느 정도 긍정적이지만 아직 안정적인 수준은 아니다.
- 자존감을 높이기 위해 노력해야 한다.

“난 왜 이 모양일까?”

- A, B, C, D가 모두 9점 이하면 자존감이 매우 낮은 수준이다.
- 해당이 되는 사람들은 자기에 대해 매우 부정적이며 불안하고 우울할 수 있다.
- 그런 것을 잊기 위해 술, 담배, 약물을 사용할 가능성에 대해 주의해야 한다.

“잘 나가다가 꼭 여기서 주저앉는다니까?”

- A, B, C, D를 이은 선이 들쭉날쭉 이면 자존감이 극히 불안정한 상태이다.
- 자기가 가장 자신 있는 일을 선택해 봄으로써 자신감을 얻어야 한다.
- 자기를 둘러싼 환경을 긍정적으로 보도록 노력해야 한다.

자존감과 기본지능, 논리수학지능이 양호하지만 인간친화지능이 중간지능으로 자기 위주로 세상을 살아가는 패턴

이 름		성 별	남성	나 이	

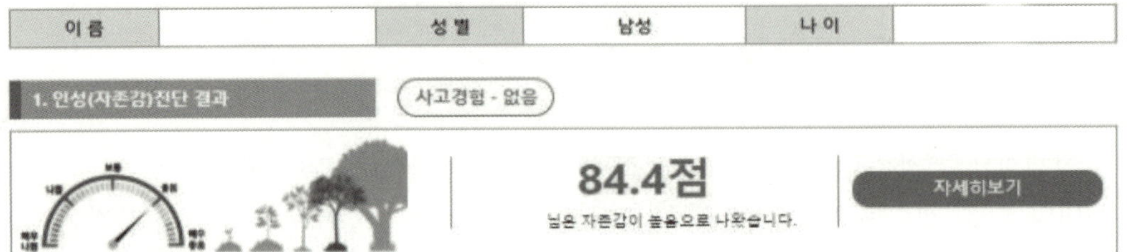

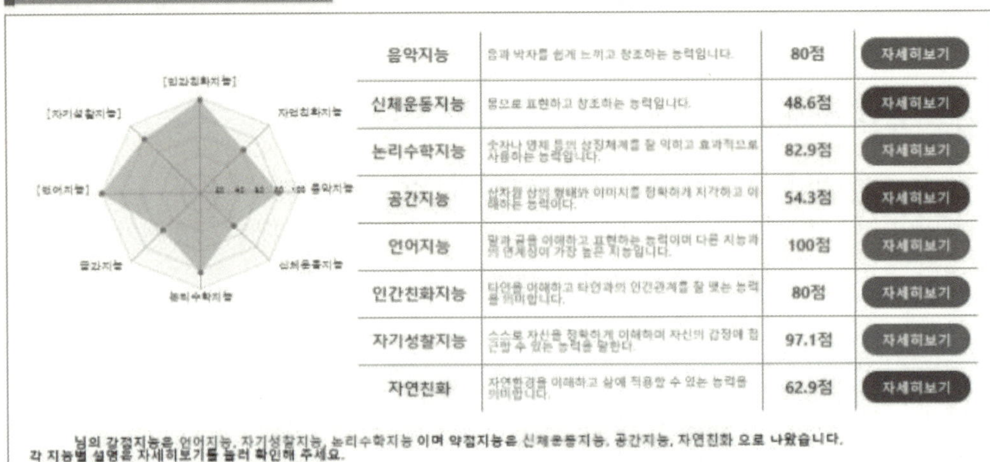

음악지능	음과 박자를 쉽게 느끼고 창조하는 능력입니다.	80점	자세히보기
신체운동지능	몸으로 표현하고 창조하는 능력입니다.	48.6점	자세히보기
논리수학지능	숫자나 명제 등의 상징체계를 잘 익히고 효과적으로 사용하는 능력입니다.	82.9점	자세히보기
공간지능	삼차원 상의 형태와 이미지를 정확하게 지각하고 이해하는 능력이다.	54.3점	자세히보기
언어지능	말과 글을 이해하고 표현하는 능력이며 다른 지능과의 연계성이 가장 높은 지능입니다.	100점	자세히보기
인간친화지능	타인을 이해하고 타인과의 인간관계를 잘 맺는 능력을 의미합니다.	80점	자세히보기
자기성찰지능	스스로 자신을 정확하게 이해하며 자신의 감정에 접근할 수 있는 능력을 말한다.	97.1점	자세히보기
자연친화	자연환경을 이해하고 삶에 적용할 수 있는 능력을 의미합니다.	62.9점	자세히보기

님의 강점지능은 언어지능, 자기성찰지능, 논리수학지능 이며 약점지능은 신체운동지능, 공간지능, 자연친화 으로 나왔습니다.
각 지능별 설명은 자세히보기를 눌러 확인해 주세요.

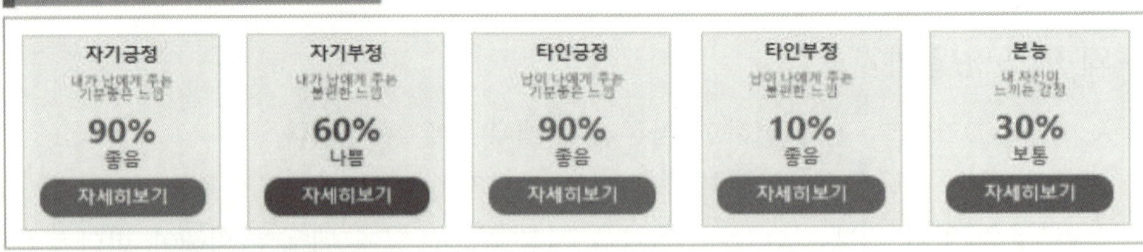

종합결과

주의

회원님의 경우 직무자질과 대인관계 진단에서 한 쪽에 부적합한 결과가 나왔습니다. 상담을 통하여 문제가 있는 쪽의 원인을 파악하고 문제를 해결해 나간다면 목표달성에 좋은 결과를 만들어낼 수 있습니다.

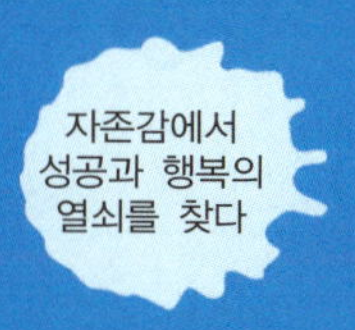

3

직무자질(다중지능)

기본지능과 연결지능을 활용한 커리어 향상

1. 다중지능이론의 이해

◈ 다중지능이론(Multiple Intelligences, MI)의 이해

가. 다중지능이론의 기초

1904년 프랑스 교육부 장관에 연구 의뢰를 받은 심리학자 알프레드 비네는 초등학교 아동들의 학습 능력을 측정하고 교정하기 위해 최초의 지능검사 도구를 개발하였다. 몇 년 후 지능검사는 미국으로 도입되어 널리 확산이 되었다. 그 몇 년 후 객관적으로 측정되어 단일 지수 혹은 IQ 점수로 환산할 수 있는 소위 '지능'이라는 말이 널리 퍼지게 되었다. 비네가 처음 지능검사를 만든 이후 약 80여 년이 지난 1983년에, 하버드대학교의 하워드 가드너(Howord Gardner)는 그의 저서 『정신(마음)의 구조: 다중지능 이론』(Frames of Min d: The Theory of Multiple Intelligences)라는 책을 통하여 새로운 접근을 시도하였다. 그는 기존의 문화가 지능을 너무 좁게 해석하고 있다고 전제한다. 책명에서 알 수 있듯이 일반 지능과 같은 단일한 능력이 아니라 다수의 능력이 인간의 지능을 구성하고 있으며, 이러한 능력들도 상대적 중요성은 같다고 가정하였다. 가드너는 IQ 점수가 함축하고 있는 의미보다 넓은 시각에서 인간의 잠재적 능력을 탐구하였다. 가드너는 지능을 "문화 속에서 가치가 부여된 문제를 해결하거나 결과물을 창출하는 능력"으로 정의하였다. 전통적인 IQ 개념은 학교 내에서 특별한 가치가 부여된 지식이나 기능에 초점이 맞추어져 있지만, 가드너의 정의는 이보다 훨씬 넓은 범위에 걸쳐있다.

나. 다중지능의 8가지 기준

가드너가 처음 제시한 인간의 지능은 음악 지능(musical intelligence), 신체 운동지능(bodily-kinesthetic intelligence) 논리수학 지능(logical-mathematical intelligence), 언어 지능(linguistic intelligence), 공간 지능(spatial intelligence), 인간 친화 지능(interperson al intelligence), 그리고, 자기성찰 지능(intrapersonal intelligence)이었다. 여덟 번째 지능인 자연 친화 지능(naturalist intelligence)을 목록에 첨가하였고, 아홉 번째인 영적 지능(existe ntial intelligence)을 제기하기도 했지만, 아직 널리 인정되지는 않았다. 가드너는 어떤 것은 지능으로 간주 되고 어떤 것은 지능으로 간주 될 수 없다는 것을 다음과 같은 8가지 기준을 통해 구별하였다.

첫째, 지능은 두뇌의 어떤 부위를 차지하고 있다는 것이 증명되어야 한다. 각각의 지능은 신체적인 기반을 갖추고 있어야 한다. 두뇌 손상으로 그 능력이 없어지거나 제한될 수 있어야 한다. 서로 다른 형태의 두뇌 손상은 이러한 인지적 능력을 구분할 수 있어야 한다.

둘째, 지능은 독립된 형태로 관찰이 가능해야 한다. 즉, 석학이나, 천재, 둔재, 또는 자폐증상을 가진 사람, 또는 다른 특별히 예외적인 사람들에게서 볼 수 있듯이 관찰이 가능한 것이어야 한다는 것이다.

셋째, 지능은 식별이 가능한 일련의 주요 작동 체제를 가져야 한다. 마치 컴퓨터를 작동시키기 위해서 일련의 작동 체제인 OS(Operation System)가 있듯이 각각의 지능도 이러한 작동 체제가 있어야 한다는 것이다. 어떤 지능을 발휘하는데 필요한 주요 정신적 조작 체계가 있어야 하고, 이는 마치 컴퓨터 조작 체계(OS)처럼 식별될 수 있어야 한다.

넷째, 지능은 초심자에서 전문가(또는 장인(匠 人)에 이르는 특유의 발달 과정이 있어야 한다. 특정한 기능에서 두각을 드러내는 사람을 살펴보면 처음에는 기초에서 시작하여, 점 차 복잡한 기능을 거쳐, 마침내는 가장 높은 수준의 기능에 이르기까지의 발달 과정을 볼 수 있다. 전문가에 이르는 각 발달 단계는 모두 같은 중요성을 가진다고 할 수 있다.

다섯째, 지능은 인간의 진화론적인 역사나 진화 가능성이 있어야 한다. 오래전의 종족으로 거슬러 올라간 진화의 근원부터 현재의 현상에 이르기까지 추적해 올라갈 수 있어야 한다.

여섯째, 지능은 실험연구나 심리학적 연구로부터 검증될 수 있어야 한다. 많은 인지 심리학자들은 어떤 기능들이 서로 연계되어 있고 다른 기능들과는 관련이 없다는 것을 구체적으로 나타낼 수 있는 일들을 개발해왔다.

일곱째, 지능은 심리측정의 결과와 어느 정도는 일치해야 한다.

마지막으로, 지능은 인간의 신호체계(symbolic system) 내에서 기호화(encoding)가 가능해야 한다. 우리 인간을 인간답게 하는 여러 가지 신호적인 형태들, 예를 들어 숫자라든지, 몸동작, 그림, 단어 또는 흔적 등의 예술 형태의 신호들을 부호화할 수 있다는 것이다.

다. 다중지능이론의 핵심 주장

다중지능 이론의 특성과 이론적 배경을 고려해 볼 때, 다중지능의 핵심은 서너 가지로 정리될 수 있다(Armstrong, 1994).

첫째, 모든 개개인은 이 여덟 가지 지능을 모두 가지고 있다. 이 이론은 어떤 사람에게 맞는 한 가지 지능을 결정하기 위하여 제시된 이론은 아니다. 하나의 인지적 기능에 관한 이론으로서 모든 개개인이 정도의 차이가 나겠지만 이 여덟 가지 지능을 모두 갖고 있다고 보며, 여덟 가지 지능이 합해져서 독특한 방식을 가진, 한 사람을 형성한다는 것이다.

둘째, 모든 사람은 각각의 지능을 적절한 어떤 수준까지 개발시킬 수 있다. 가드너는 사실상 모든 사람이, 만약 적절한 여건(용기, 좋은 내용, 좋은 교육)만 주어진다면, 비교적 높은 수준의 성취를 할 수 있다고 주장하였다.

셋째, 여덟 가지 지능들은 여러 가지 복잡한 방식으로 함께 작용한다. 지능들은 항상 서로 교류하면서 작용한다. 예를 들어, 요리 할 때, 먼저 요리법을 읽어야 하고(언어적 지능), 이때 요리를 몇 단계로 나눌 때도 있고(논리 수학적 지능), 맛있는 요리를 낼 수 있는 재료를 탐색하고 검증하며(자연 친화 지능), 가족의 모든 사람의 취향을 고려해야 하고(인간 친화 지능), 자신만이 잘 창출해내는 맛을 자아내게 해야 한다(자기성찰 지능).

넷째, 각각의 지능 영역 내에서도 그 지능을 향상할 수 있는 많은 방법이 있다는 것이다. 어떤 지능 영역에 있어서 지능적이라고 간주 될 수 있는 한 가지 표준화된 특성은 없다. 어떤 사람은 읽지는 못하지만, 이야기를 참 잘하거나 다양한 어휘를 갖고 있다. 다중 지능 이론은 개개인이 가진 독특한 지능을 발휘할 수 있도록 다양하고 풍부한 방법을 추구할 뿐만 아니라 각각의 지능들 사이의 관계를 통한 지능 향상 방법을 추구한다.

2. 다중지능의 특성

◈ 다중지능의 특성

가. 언어지능

언어 지능(Linguistic Intelligence)은 단어의 소리, 리듬, 의미에 대한 감수성이나 언어의 다른 기능에 대한 민감성 등과 관련된 능력이다. 언어적 지능이 높은 사람은 토론 학습 시 간에 두각을 나타내며, 유머나 말 잇기 게임, 낱말맞추기 등을 잘한다. 다양한 단어를 잘 활용하여 말을 잘하는 달변가가 많으며, 똑같은 글을 써도 심금을 울리기도 하고, 웃음을 자아내게도 한다.

나. 논리수학 지능

논리수학 지능(Logical-Mathematical Intelligence)은 기존 지능의 핵심으로 간주 되었고, 다중지능 이론에서도 가장 중심에 위치한다 하겠다. 논리 수학적 지능은 논리적 문제 나 방정식을 풀어 가는 정신적 과정에 관한 능력으로 때에 따라서는 언어 사용이 요구되지 않는 지능이다. 논리 수학적 지능이 높은 사람은 논리적 과정에 대한 문제들을 보통사람 보다 훨씬 빠른 속도로 해결하는 능력이 있다. 추론을 잘 이끌어 내며, 문제파악을 주먹구구식이 아닌 체계적이고 과학적인 방법을 동원한다. 숫자에 강하고, 차량번호나 전화번호 등도 남들에 비해 잘 기억하는 경우가 많다.

다. 공간지능

공간 지능(Spatial Intelligence)은 시공간적 세계를 정확하게 인지하는 능력과 건축가, 미술가, 발명가 등과 같이 3차원의 세계를 잘 변형시키는 능력이다. 공간지능은 색깔, 선, 모양, 형태, 공간, 그리고 이런 요소들 사이의 관계에 대한 민감성과 관련 있다. 공간지능이 높은 사람은 밤하늘의 별을 보고 방향을 잘 찾아내며, 처음 방문한 곳도 다시 찾아가는 데 별 어려움을 느끼지 않고 잘 찾아간다. 또, 시공간적 아이디어들을 도표, 지도, 그림 등으로 잘 나타내고, 시각적으로 표현하는 디자인, 그림 그리기, 만들기 등(기획력)을 좋아한다.

라. 신체 운동지능

사람마다 자신의 운동, 균형, 민첩성, 태도 등을 조절할 수 있는 능력이 있다. 신체 · 운동적(Bodily-Kinesthetic)이 높은 사람은 생각이나 느낌을 글이나 그림보다는 몸동작으로 표현하는 능력이 뛰어나다. 가수들이 노래할 때 병행하는 율동을 쉽게 따라 하거나 레크리에이션 등에서 하는 무용, 연극 등을 잘한다. 또, 손으로 다루는 능력이 뛰어나 손재주가 있다는 말을 많이 듣는다. 자동차 운전은 물론 스케이트나 자전거를 다른 사람보다 쉽게 배워버린다든지 나무를 잘 타고 오르는 능력이 있다. 즉 몸의 균형 감각과 촉각이 다른 사람들에 비해 발달 되어있다.

마. 음악 지능

음악 지능(Musical intelligence)이 뛰어난 사람은 소리, 리듬, 진동과 같은 음의 세계에 민감하고, 사람의 목소리와 같은 언어적인 형태의 소리뿐만 아니라 비언어적 소리에도 예민하다. 예를 들어, 발자국 소리만 들어도 누가 오는지를 알아내는 사람은 음악적 지능이 높다고 하겠다. 또한, 음악의 형태를 잘 감지하고, 음악적 유형을 잘 구별할 뿐만 아니라 다른 음악 형태로 변형시키기도 한다.

* 부모님의 유전적 영향을 가장 많이 받는 지능으로써 스트레스 조절과 연관이 있다.

바. 인간 친화 지능

인간 친화 지능(Interpersonal Intelligence)은 다른 사람들과 교류하고, 이해하며, 그들의 행동을 해석하는 능력이다. 다른 사람들의 기분, 감정, 의향, 동기 등을 인식하고 구분할 수 있는 능력과 얼굴 표정, 음성, 몸짓 등에 대한 감수성, 대인관계에서 나타나는 여러 가지 다양한 힌트, 신호, 단서, 암시 등을 변별하는 역량, 또 이들에 효율적으로 대처하는 능력이다. 대인관계 지능이 뛰어난 사람은 친구들을 많이 사귀고, 교우관계도에서 중앙에 위치 한다. 유능한 정치인, 지도자, 또는 성직자들은 대인관계 지능이 우수한 사람들이 많다.

사. 자기성찰 지능

자기성찰 지능(Intrapersonal Intelligence)은 인간 친화 지능과 유사한 특성을 가졌으며, 자기 자신을 이해하고, 느낄 수 있는 인지적 능력을 말한다. '자신이 누구인가?', '자신은 어떤 감정을 가졌는가?', '왜 이렇게 행동하는가?' 등과 같은 자기 존재에 대해 이해하는 것이다. 화를 내거나 기쁨을 표현하는 무형의 것이 있는가 하면, 시나 그림으로 표현하는 유형의 것들과 같은 어떤 형태로 나타나지 않은 한 자기 이해 지능은 인식하기가 힘들다. 자기 이해 지능이 높은 사람은 자기 존중감, 자기 향상(self-enhancement), 자기가 처한 문제를 해결하기 위해 사용할 수 있는 성격이 강하다. 하지만, 자기 이해 지능이 낮은 사람들은 자신을 주변 환경으로부터 독립된 존재로서 인식하는 데 어려움을 겪는다.

아. 자연 친화 지능

자연 친화 지능(Naturalist Intelligence)은 자연 현상에 대한 유형을 규정하고 분류하는 능력을 말한다. 원시 사회에서는 어떤 식물이나 동물이 먹을 수 있는지를 그들의 자연탐구 지능에 의존하여 알아냈다. 현대 사회에서는 기후 형태의 변화에 대한 감수성과 같은 것을 자연탐구 능력을 잘 나타내주고 있다. 자연 친화 지능이 높은 사람은 자연 친화적이고, 동물이 나 식물 채집을 좋아하며, 이를 구별하고 분류하는 능력이 높다. 산에 가더라도 나뭇잎의 모양이나, 크기, 지형 등에 관심이 많고, 이들을 종류대로 잘 분류하기도 한다.

3. 다중지능 이론의 요약

지능	핵심 성분	상징체계	좋아하는 행동
언어지능	언어의 소리, 구조, 의미와 기능에 대한 민감성	표음 문자(한글, 영어 등)	독서, 작문, 이야기하기, 낱말 게임 등
논리수학 지능	논리적, 수리적 유형에 대한 민감성과 구분 능력	컴퓨터 언어(파스칼 등)	실험하기, 질문하기, 퍼즐 맞추기, 계산하기 등
공간지능	시공간적 세계를 정확하게 지각하고 최초의 지각에 근거해 형태를 바꾸는 능력	표의 문자(한문 등)	디자인하기, 그리기, 마음속으로 공상하기, 낙서하기 등
신체 운동지능	자기 몸의 움직임을 통제하고 사물을 능숙하게 다루는 능력	수화, 점자	춤추기, 달리기, 뛰기, 쌓기, 만지기, 몸동작하기 등
음악 지능	리듬, 음조, 음색을 만들고 평가하는 능력	음악 악보, 모르스 부호	노래하기, 음악 감상하기, 콧노래 하기, 박자 맞추기 등
인간 친화 지능	타인의 기분, 기질, 동기, 욕망을 구분하고 적절하게 대응하는 능력	사회적 단서(몸짓과 얼굴 표정 등)	통솔하기, 조직하기, 말하기, 사람 다루기, 모임 운영하기, 파티하기 등
자기성찰 지능	자기 자신의 감정을 충실하고 자신의 정서를 구분하는 능력	자아 상징(꿈과 예술 활동 등)	목표 세우기, 중재하기, 공상하기, 조용함, 계획 세우기 등
자연 친화 지능	자연을 관찰하고 즐길 수 있는 능력		동물이나 식물 키우기, 자연 감상하기, 텃밭 가꾸기, 동식물 관찰하기 등

4. 다중지능이란?

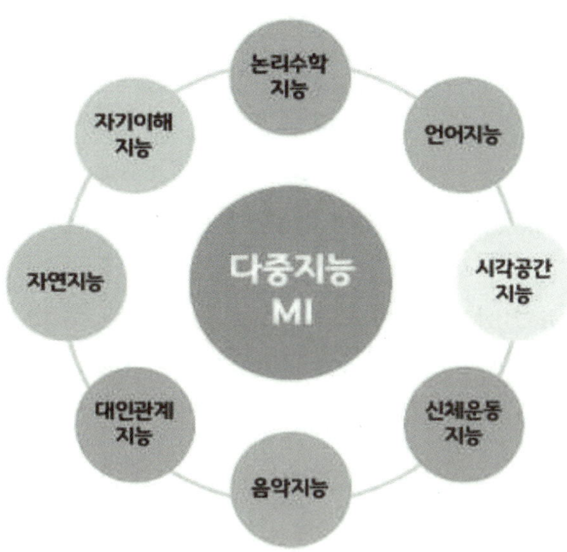

하버드 대학교 교육 대학원 심리학 교수, 전 미국 보스턴 의과대학 교수 신경학과 교수인 하워드 가드너가 1983년 다중지능 이론을 내세웠다. 음악 지능, 신체지능, 논리수학 지능, 공간지능, 언어지능, 인간 친화 지능, 자기성찰 지능, 자연 친화 지능 이렇게 8가지 지능이다.

인간 친화 지능은 대인관계를 잘 이끌어가는 능력으로 링컨, 처칠, 간디가 여기에 해당이 된다. 언어지능은 말과 글솜씨로 세상을 이해하고 만드는 능력으로 세익스피어, 유재석, 체인지 그라운드 고영성 작가, 신 박사님, 옹 이사님이 이 부분이 뛰어나신 분들이다.

- 논리수학 지능은 숫자나 규칙을 잘 익히고 만들어내는 능력으로 빌 게이츠, 안철수, 아인슈타인 이런 분들은 이 부분이 뛰어나신 분들이다.
- 신체 운동지능은 춤, 운동, 연기 등을 쉽게 익히고 창조하는 능력으로 모차르트, 조수미, 서태지 이런 분들은 이 부분이 월등하다.
- 공간지능은 도형, 그림, 입체 등을 구성하고 창조하는 능력이 뛰어나다. 피카소, 가우디, 월트 디즈니가 공간지능이 많이 발달하신 분이다.
- 자연 친화 지능은 환경을 인식하고 분석하는 능력이 뛰어나다. 파브르, 허준 이런 분들이 대표 인물들이다.

- 자기성찰 지능은 자신의 심리와 정서를 파악하고 표출하는 능력이 높은 것이다. 대표 인물로 프로이트, 성철스님, 이상 등이 있다.

인간은 누구나 8가지 지능을 가지고 있다. 환경과 경험으로 발달이 가능 하고 어느 부분 이 강점인가에 따라 그에 맞는 직업을 찾으면 더 자신에 맞는 재능을 높일 수 있을 것이다.

- 인간 친화 지능이 높은 분은 교사, 세일즈맨, 외교관, 정치가, 기자, 안내원의 직종이 유리하다.
- 언어지능이 높은 사람은 언론인, 변호사, 작가, 상담원, 통역사, 세일즈맨이 직업으로 좋을 것이다.
- 논리수학 지능이 높은 사람은 과학자, 경찰, 의사, 은행원, 판사, 프로그래머에 해당하는 직종이 자신 능력을 펼치는데 좋을 거다.
- 신체 운동지능 높은 분은 배우, 댄서, 운동선수, 경호원, 경찰 업무를 더 잘해 낼 수 있을 것이다.
- 공간지능이 높은 분은 화가, 건축사, 설계사, 선장, 운전사, 파일럿의 직종의 업무를 잘해 낼 것이다.
- 자연 친화 지능이 높은 사람은 조경사, 생물학자, 수의사, 동물 조련사, 환경운동가로 일하면 뛰어난 실력을 발휘할 것이다.
- 자기성찰 지능이 높은 분은 심리학자, 작가, 상담원, 성직자의 직종이 어울릴 것이다.
- 자신의 높은 지능 쪽으로 직업을 선택하면 이롭다고 여기고 자신이 갖고 계발하고 싶은 분야가 있으면 그 부분을 공부하고 강화하고 익혀서 또 새로운 직종을 선택해도 자신을 성장시키는데, 도움이 될 것으로 생각한다.

5. 다중지능 사이의 상호작용

◈ 다중지능들 사이의 상호작용

각각의 지능들이 서로에게 영향을 미치는 다양한 방식들이 존재한다. 여기서는 그중 세 가지를 소개하려고 한다. 즉 하나는 지능이 다른 지능을 중개하고 제한하는 경우, 하나는 지능 이 다른 지능을 보완하는 경우, 그리고 하나의 지능이 다른 지능을 촉진하는 경우이다.

(1) **병목**: 하나의 지능이 다른 지능의 작용을 제한하는 경우다. 취약한 지능들로 인해 강력한 지능들이 충분하게 발현되지 못하면서 발생하는 것으로 추측된다. 예를 들어 언어 지능이 취약 한 사람은 유창하게 말할 수 없다는 이유로 인간 친화 지능의 강점이 발현되지 못할 수 있다. 혹은 인간 친화 지능(자기성찰 지능?)이 취약한 사람은 자신의 기분이나 생각을 조절할 수 없거나 자신의 성격에 맞지 않는 높은 지위를 추구하기 때문에 논리수학 지능을 효과적으로 발휘하지 못할 수도 있다.
    병목은 다른 지능들을 압도하는 강한 지능으로부터 기인할 수도 있다. 전해지는 이야기에 의하면 피카소는 매우 강력한 공간지능으로 인해 숫자를 수량이 아닌 이미지로 간주했고 그 때문에 논리수학 지능을 계발하는 데 어려움을 겪었다고 한다. 그는 2를 코로 보았다.
    자기성찰 지능이 높은 사람은 타인의 생각과 행동을 자신의 관점에서 기인하여 생각하고, 인간 친화 지능이 높은 사람은 타인의 생각과 관점을 자신의 관점에서 기인하여 생각함으로 공감 능력이 뛰어날 수 있다!

(2) **보상**: 보상은 하나의 지능이 또 다른 지능을 보완하는 경우이다. 예를 들어 강한 언어 지능이나 인간 친화 지능은 다른 사람의 도움으로 친숙하지 않은 환경에서도 의도했던 방향을 찾을 수 있게 함으로써 공간지능을 보완할 수 있다. 혹은 강한 신체 운동지능은 몸짓과 표정을 통해 개인의 의도와 메시지를 전달함으로써 낮은 언어지능을 보상하기도 한다.
    보상의 장점은 지능의 여러 상이 한 조합을 통해 특정 직무가 어떻게 수행되는지를 입증해 줄 수 있다는 점이다. 즉, 어떤 사람은 연설문을 작성하는 언어적 강점을 통해 화술에서 탁월한 능력을 발휘하는 반면, 어떤 사람은 극적인 동작이나 무대에서의 침착성이라는 신체 운동적 강점을 통해 화술에서 탁월한 능력을 발휘할 수 있다. 또한, 어떤 사람은 목소리나 말의 리듬에 대한 음악적 감수성, 혹은 표정 등을 통해 화술에서 탁월한 능력을 발휘할 수 있다. 어떤 사람은 공식에 대한 논리 수학적 강점을 통해 회계에서 탁월한 능력을 보이는 데, 어떤 사람은 공간적 강점을 통해 회계에서 탁월한 능력을 보이기도 한다.

(3) **촉매**: 다른 지능을 작동시키거나 그 작동 방식을 변경시키는 것이다. 아인슈타인은 매우 강력한 공간지능 덕분에 다른 물리학자들과는 다른 방식으로 문제를 개념화할 수 있었다. 이는 직업의 세계에도 적용된다. 강력한 음악 지능을 통해 언어의 운율적 특성을 파악함으로써 더욱 민감하게 언어 관련 업무를 수행할 수 있다. 그러한 촉매적인 상호작용이 유리한 경우는 광고 음악 작곡가, 시인, 강연자 등이고 불리한 경우는 언론인 등이다. 그런 민감성으로 인해 시간에 맞춰서 보도를 완료하지 못하는 사태가 생길 수 있기 때문이다. 강력한 공간지능을 가지고 언어와 관련된 직업에 종사하는 사람은 언어적 상징에 민감할 수 있다. 이는 출판 편집자에게는 유리한데 연설문 작성자에게는 불리하다. 강력한 인간 친화 지능으로 인하여 말이 지니는 뉘앙스에 민감성을 보이는 사람도 있다. 상담사와 치료사에게 유리할 수 있다. 이상과 같은 촉매적인 상호작용을 인식함으로써 각각의 직업에 종사하는 사람들의 잠재능력을 유용하게 판단할 수 있다.

6. 자기성찰 지능(인성, 기본, 연결지능)

'자기를 이해하는' 지능은 자신을 얼마나 잘 이해하고 경영할 수 있는가와 관련된 것이다. 이 지능은 '인성 지능'에 속한다. 자기성찰 지능은 자기 자신을 알고 그 지식을 생산적으로 이용하는 능력이다.

여기에는 자신이 지닌 여러 가지 감정들과 특성, 장점, 약점, 호, 불호, 부족한 것, 바라는 것-(당신이라는 시계를 움직이게 만드는 톱니바퀴 하나하나) -을 인지하고 이해하는 능력이 포함된다.

자기성찰 지능은 당신을 웃게 만드는 것, 울게 만드는 것, 흥을 돋우는 것, 기를 꺾는 것, 두려움을 주는 것, 안심하게 만드는 것이 무엇인지 알려준다. 관리 능력이 있는 사람은 확인된 정보를 관리하고 개발하고 활용할 수 있다.

예를 들어 이런 질문에 대한 정확한 답을 찾는다. 우리는 목표를 달성하기 위해서 자신의 능력을 어떻게 쓸 수 있을까? 우리는 어떻게 발전할 수 있을까? 우리는 어떻게 좀 더 생산적으로 살 수 있을까? 자신에 대한 지식을 어떻게 이용하는 것이 다른 사람을 대하는 데 있어서 도움이 될까?

자기성찰 지능

♣ 자기성찰 지능의 특징

☞ 자기성찰 지능이란? 다중지능의 하나로, 자기 이해지능이라고도 하며 인간의 기본지능에 속합니다. 한마디로 자신의 마음을 이해하는 능력입니다.

: 스스로 자신을 정확하게 이해하며 자신의 감정에 접근할 수 있는 능력을 말한다. 자신의 감정들을 구별해서 행동의 방향을 결정하는 능력이며 이 능력은 자아훈련, 자기 이해, 자존감 형성을 위해서도 꼭 필요한 능력이다. 이 지능으로 자신에 대한 이해를 바탕으로 한 적극적인 행동을 하게 되며 자신의 느낌, 장단점, 특기, 관심 등을 파악할 수 있게 된다.

♣ 자기성찰 지능의 세부자질

: 결정 실행하기, 혼자 일하기, 자기통제, 목적 설정하기, 목적 달성하기, 시작하기, 평가하기, 감정하기, 계획 세우기, 조직하기, 기회 붙잡기, 내면 들여다보기, 자기 이해하기 등

♣ 자기성찰 지능이 요구되는 직업

☞ 직업안내/자기인식/변화관리 분야

: 신학자, 심리학자, 작가, 발명가, 예술인, 자기인식 훈련프로그램 지도자, 교사, 정치인, 심리 치료사, 사업가, 영업 사원, 정치가, 종교지도자, 광고인, 상담사, 연구원 등

♣ 대표적인 인물

: 장기려, 빅터 프랭클, 마더 테레사

7. 인간 친화 지능(사회성, 기본, 연결지능)

'대인관계를 맺는' 지능은 다른 사람과의 인간관계의 역동성과 그 결과를 얼마나 잘 이해하는가와 관련된 것이다. 이 지능은 '사회성 지능'에 속한다. 인간 친화 지능은 다른 사람들에 대해 알고 그들에 관련된 지식을 생산적으로 이용하는 능력이다. 여기에는 다른 사람의 감정과 동기, 특성, 장단점, 좋아하는 것, 싫어하는 것, 부족한 것, 바라는 것을 인식하는 능력이 포함된다. 다른 사람들에 대해 알기 위해서는 자신에 대해 알기 위해 노력하는 것만큼 노력을 기울여야 한다. 대인관계 지능은 사람들을 웃게 만드는 것, 울게 만드는 것, 흥을 돋우는 것, 기를 꺾는 것, 두려움을 주는 것, 안심하게 만드는 것이 무엇인지 알려준다. 대인관계 지능은 정보에 근거해 행동하는 능력이다. 어떻게 하면 자신이 지닌 지식을 이용해서 다른 사람들을 도울 수 있을까? 어떻게 하면 사람들과의 관계를 개선할 수 있을까? 어떻게 하면 자신이 아는 지식으로부터 이득을 얻을 수 있을까? 어떻게 하면 자신과 다른 사람들의 관계가 자신을 더 잘 아는 데 도움이 될 수 있을까? 이런 문제를 해결하는 능력이 대인관계 지능이다. 대인관계 지능이 뛰어난 사람들은 남들을 이끌고 조직하고 중재하고 마음을 나누고 교제하는 것과 관련된 상황을 분석할 수 있다. 예를 들어 마케팅에서는 고객의 욕구를 읽는 것이 중요하다. 잠재적인 고객의 구매를 방해하는 걱정이 무엇인지 아느냐 모르느냐 따라, 이윤을 올리느냐 손해를 보느냐, 매상을 올리느냐 마느냐가 결정된다. "언제 고객이 만족하고 언제 고객이 만족하지 못하는가? 고객이 왜 만족하지 못하는가? 어떻게 하면 고객이 만족하게 만들 수 있을까?"를 잘 아는 것이 중요하다. 대부분 직업은 다른 사람과의 교제와 관련된 것이기 때문에, 대인관계 지능은 대단히 중요하다.

인간 친화 지능

♣ 인간 친화 지능의 특징

☞ 인간 친화 지능이란? 다중지능의 하나로, 대인 관계지능이라고도 하며 인간의 기본지능에 속하며 다른 사람을 이해하는 능력입니다.

: 다른 사람의 기분, 의도, 동기, 느낌을 분별하고 지각하는 능력을 말한다. 특정 행위에 따르도록 사람들에게 영향력을 행사하며 감각과 대인관계의 암시를 구별해 내는 능력이다. 즉 타인을 이해하고 타인과의 인간관계를 잘 맺는 능력을 의미하며 사회적 지능 혹은 정서 지능이라고도 한다.

♣ 인간 친화 지능의 세부자질

: 봉사하기, 손님 맞기, 의사소통하기, 감정 이입하기, 거래하기, 가르치기, 코치하기, 상담하기, 조언하기, 타인 평가하기, 설득하기, 동기 유발하기, 물건 팔기, 모집하기, 고취 시키기, 광고하기, 격려하기, 감독하기, 조화시키기, 위임하기 등

♣ 인간 친화 지능이 요구되는 직업

☞ 대중들과의 상호작용하는 분야

: 교사, 정치인, 종교지도자, 사회학자, 학교 교장, 사회 운동가, 웨딩플래너, 배우, 이벤트 사업가, 외교관, 정신과 의사, 사회 복지사, 유치원이나 어린이집 교사, 경찰관, 비서, 가정방문학습지도사, 펀드매니저, 선교사, 간호사, 호스피스, 여행가이드, 스튜어디스, 호텔리어, 신학자, 심리학자, 작가, 발명가, 철학자, 정신분석학자, 성직자, 철학자, 정신분석학자, 성직자, 작곡가, 기업가, 예술인, 심리 치료사, 심령술사, 역술인, 자기인식훈련 프로그램 지도자 등

♣ 대표적인 인물

: 간디, 강호동, 이순신 장군, 마더 테레사

8. 언어지능(기본, 연결지능)

언어지능은 읽기, 쓰기, 말하기 등 언어와 관련된 것이다. 일반적으로 뜻과 뉘앙스, 구문, 화법, 그리고 맞춤법 등 단어와 관련되어 있다. 언어지능은 분명히 글로 쓰고 말하는 능력, 효과적으로 글을 읽어서 내용을 잘 이해하는 능력, 정확하게 내용을 전달하는 능력, 다른 사람들이 글이나 말로 표현하는 생각들을 분별하는 능력, 단어의 소리와 리듬, 패턴을 듣고 적당한 상황에서 알맞은 단어를 선택하는 능력, 그리고 묘사하거나 설득하거나 설명하기 위해서 단어를 사용하는 능력으로 나타날 수 있다. 언어지능은 학습의 기초일 뿐 아니라 모든 부문에서 유익한 것으로, 학교를 비롯한 교육의 장에서 특히 중시되고 있다.

예를 들어, 기업 환경은 말을 잘하고 글을 잘 쓴 사람을 높이 평가한다. 기업의 유능한 지도자들은 대부분 이런 재능을 가지고 있다. 글을 잘 읽는 것은 연구개발 및 의학 분야에서 아주 중요하다. 의사들은 의학의 발전 추세를 따라가기 위해서 많은 책을 읽어야 한다. 또한, 복잡한 과학적 자료를 사용자가 이해할 수 있는 언어로 옮길 줄 아는 기술자는 귀중한 존재다.

언어지능

♣ 언어지능의 특징

☞ 언어지능이란? 다중지능의 하나로, 인간의 기본지능에 속하며 말과 글을 이해하고 표현하는 능력입니다.

: 말과 글이라는 상징체계에 대한 소견과 단어를 효과적으로 사용하는 능력을 말한다. 언어의 실용적 영역을 조작하는 능력이며 단어의 소리, 리듬, 의미에 대한 민감성 및 외국어 습득, 구사 능력으로 나타난다. 즉 읽기, 글짓기, 말하기, 듣기 등에서 어휘들을 효과적으로 사용하는 능력이다.

♣ 언어지능의 세부자질

: 말하기, 통보하기, 지시하기, 작문하기, 언어화하기, 외국어 구사하기, 해석하기, 번역하기, 가르치기, 강의하기, 토론하기, 논쟁하기, 듣기, 교정하기, 편지하기, 단어 처리하기, 파일 정리하기, 보고하기 등

♣ 언어지능이 요구되는 직업

☞ 의사소통을 다루는 분야

: 홈쇼핑 호스트, 작가, 사서, 방송인, 기자, 언어학자, 연설가, 변호사(논리 수학능력), 영업 사원, 정치가(인간 친화 지능), 설교자, 학원 강사, 외교관, 성우, 번역가, 통역사, 문학평론가, 방송 프로듀서, 판매원, 개그맨, 경영자, 아나운서, 시인, 리포터, 홍보담당자, 스크립터, 언어학, 연구원, 게임해설가, 출판 편집자, 카피라이터 등

♣ 대표적인 인물

: 세종대왕, 유재석, 세익스피어

9. 논리수학 지능(연결지능, 특수지능)

논리수학 지능은 수와 논리에 관련된 능력을 말한다. 이 능력에 바탕을 둬 대상을 관찰하고, 수를 헤아리고, 순서를 매기고, 계산하고, 측정하고, 문제를 인식하여 해결하는 작업이 진행된다. 또 규칙을 정립하고, 추상화를 진행하고, 패턴을 파악하고, 여러 가지 사실의 개념과 관계를 정립하고, 추리를 진행하고, 과학적 지식을 실행에 옮기는 일도 이루어진다.

언어지능을 겸비한 논리. 수학 지능은 학문의 세계뿐 아니라 기업 환경(금융이나 회계), 경찰 업무(조사), 과학(연구). 그리고 컴퓨터 운용(프로그래밍)에서 특히 높이 평가된다.

논리수학 지능

♣ 논리수학 지능의 특징

☞ 논리수학 지능이란? 다중지능의 하나로, 기호와 규칙을 찾고 만드는 능력입니다.

: 숫자나 명제 등의 상징체계를 잘 익히고 효과적으로 사용하는 능력을 말한다. 즉 논리적 사고와 추리력 그리고 수학적 사고력을 의미하며 숫자를 효과적으로 사용하는 능력이라 할 수 있다. 범주화, 분류, 추론, 일반화, 가설검증, 계산 등이 해당 된다.

♣ 논리수학 지능의 세부자질

: 융자하기, 예산 세우기, 경제 조사하기, 가설 세우기, 평가하기, 회계 계산하기, 셈하기, 통계자료 이용하기, 추리하기, 분석하기, 계열화하기 등

♣ 논리수학 지능이 요구되는 직업

☞ 재정/회계/과학/분야

: 엔지니어, 수학자, 물리학자, 과학자, 은행원, 컴퓨터 프로그래머, 구매 대리인, 생활설계사, 공인회계사, 회계감사원, 회사원(경리 · 회계 업무), 탐정, 의사, 수학 교사, 과학교사, 법조인, 측량기술자, 데이터베이스 관리자, 금융자산 운용가, 투자분석가, 정보기관원 등

♣ 대표적인 인물

: 아인슈타인, 에디슨, 이국종, 뉴턴, 갈릴레이

10. 공간지능(시각 공간, 특수지능)

공간지능은 마음속에 공간적 영상을 만들고 그것을 효과적으로 사용할 수 있는 능력이다. 공간은 넓을 수도, 좁을 수도, 구체적일 수도, 비유적일 수도 있다.

천체물리학자는 우주의 광대한 외계 공간에서 계획을 세우고 계산을 한다.

체스 선수는 자신의 눈앞에 있는 공간을 보고 가까운 미래에 그 공간에서 일어날 변화를 예견한다. 안무가는 일정한 공간에서 이루어지는 무용가의 움직임을 구상한다. 학교의 교장은 다음 학기의 일정을 세우고, 기업의 간부는 특정기간동안 실행할 판매 계획을 세우며, 건축가는 형태와 기능을 고려하여 설계도 안에 공간을 배치한다. 작곡가는 공간지능과 음악적 지능 등 둘 이상의 지능을 사용해서 현재 작곡하고 있는 음표를 머릿속에서 '듣고' 악보 위에 그린다. 소설가는 공간지능과 언어지능을 결합하여 사용한다. 이런 지능들은 모두 독립적이지만 서로 다른 지능을 훌륭하게 보완할 수 있고, 또한, 여러 가지 지능들을 함께 활용할 수 있다.

공간지능

♣ 공간지능의 특징

☞ 공간지능이란? 다중지능의 하나로, 시각 공간지능이라고도 하며 모양과 방향을 이해하고 창조하는 능력입니다.

: 시각적, 공간적 세계를 정확하게 지각하는 능력을 말한다. 시공간적 아이디어를 시각화하거나 그림으로 표현하며 공간적 행렬(구조)에 자신을 적절하게 위치시키는 능력이다. 즉 삼차원상의 형태와 이미지를 정확게 지각하고 이해하는 능력이다.

♣ 공간지능의 세부자질

: 그리기, 칠하기, 시각화하기, 시각적 표현 창조하기, 설계하기, 상상하기, 창안하기, 묘사하기, 색칠하기, 도자기 만들기, 그래프 그리기, 지도 그리기, 사진 찍기, 장식하기, 필름 현상하기 등

♣ 공간지능이 요구되는 직업

☞ 직항해술/운송/광고/그래픽 관련 분야

: 파일럿, 응용미술, 컴퓨터 그래픽, 3D 에니메이션, 산업디자인, 조각가, 항해사, 디자이너(인테리어, 게임, 헤어디자이너, 웹, 무대 등), 엔지니어, 화가, 건축가, 설계사, 사진사, 코디네이터, 공예가, 미술 교사, 탐험가, 택시 운전사, 화장품 관련 직업, 요리사, 외과 의사, 치과의사, 큐레이터, 서예가, 일러스트레이터, 도시계획가, 목공기술자, 선박설계 기술자, 만화가, 영화감독, 웨딩드레스 디자이너 등

♣ 대표적인 인물

: 이상봉, 피카소, 찰리 채플린

11. 신체 운동지능(특수지능)

신체 운동지능은 몸을 써서 문제를 해결하거나 창작품을 생산하는 능력이다. 신체 운동지능을 활용하는 대표적인 사람들은 자신의 몸을 이용해서 활동을 수행하는 무용가, 외과의사, 운동선수, 화가 등이다.

훌륭한 피아니스트는 음악 지능, 공간지능, 운동지능을 결합하여 사용하고, 운동선수는 공간지능과 신체 운동지능을 결합하여 사용한다.

최근에 〈제퍼디〉(Jeopardy)라는 텔레비전 퀴즈 프로그램에서 몇 달 동안 100명이 넘는 경쟁자를 물리쳐서 엄청난 양의 지식을 과시한 우승자가 있었는데, 그는 다른 경쟁자들보다 앞서 정답 신호를 울리는 날카로운 운동지능까지 겸비하고 있었다.

신체 운동지능

♣ 신체 운동지능의 특징

☞ 신체 운동지능이란? 다중지능의 하나로, 몸으로 표현하고 창조하는 능력입니다.

: 몸의 지체 전체를 사용하여 아이디어와 느낌을 표현하는 능력 및 손, 발, 입 등을 사용하여 사물을 만들고 변형시키는 능력을 말한다. 즉 신체 전체나 부분을 완벽하게 통제하고 사용하며 물체를 솜씨 있게 다루는 능력이다. 자극에 대한 감수성, 촉각적 능력, 균형, 손재주 등의 신체적 기술을 적절하게 활용하는 능력을 의미한다.

♣ 신체 운동지능의 세부자질

: 물건 분류하기, 균형 잡기, 들어 올리기, 옮기기, 걷기, 달리기, 도자기 만들기, 복구하기, 깨끗이 하기, 싣기, 배달하기, 제작하기, 수리하기, 조합하기, 설치하기, 조작하기, 적응하기, 인양하기, 수행하기, 노래 부르기, 흉내 내기 등

♣ 신체 운동지능이 요구되는 직업

☞ 운동선수/예술가/기술자

: 안무가, 무용가, 엔지니어, 운동선수, 스포츠 해설가, 체육학자, 외과 의사, 공학자, 물리치료사, 레크레이션 지도자, 무용 교사, 배우, 체육 교사, 보석 세공인, 군인, 스포츠 에이전트, 경락 마사지사, 발레리나, 산악인, 치어리더, 경찰, 체육관 관장, 경호원, 뮤지컬 배우, 조각가, 도예가, 사회체육지도자, 정비 기술자, 카레이서, 파일럿, 용접기술자, 모델, 무술가, 마술사 등

♣ 대표적인 인물

: 김연아, 박지성, 강수진, 소렌스탐, 박세리, 안정환

12. 음악 지능(사회성, 특수지능)

음악 지능은 음악을 이해하고, 창조하고, 생산하는 능력과 관련이 있다. 악보를 읽고, 연주하고, 작곡하고, 해석하고, 평가하는 능력, 그리고 리듬과 음색, 고저, 가락, 화성, 연주 표현 등의 여러 가지 재능과 관련된 능력을 포함한다.

여러 가지 재능이 어떤 수준으로 어떻게 결합하고 있느냐는 다른 어떤 지능을 겸비하고 있느냐에 따라 결정되는 것으로, 사람에 따라 크게 달라질 수 있다.

음악 지능

♣ 음악 지능의 특징

☞ 음악 지능이란? 다중지능의 하나로, 음과 박자를 쉽게 느끼고 창조하는 능력입니다.

: 리듬, 음의 높이, 음색 진동 등을 만들고 음악에 대한 직관적 이해와 분석이 가능하여 기능적으로도 창조할 수 있는 능력을 말한다. 음에 대한 지각력, 변별력, 변형능력, 표현능력 등이 이에 해당이 된다. 음악적 형식의 자극을 이해하고 변별하며 표현하고 변환시키는 능력이며 음악의 리듬이나 멜로디, 음색, 음질 등에 대한 민감성에 관련된 능력이다.

♣ 음악 지능의 세부자질

: 노래 부르기, 악기 연주하기, 녹음하기, 지휘하기, 작곡하기, 즉흥 연주하기, 편곡하기, 각색하기, 듣기, 음 구별하기, 조율하기, 관현악 작곡하기, 음악 분석하기, 음악 비평하기 등

♣ 음악 지능이 요구되는 직업

☞ 오락/연예 분야

: 음악가, DJ, 성악가, 악기 제작자, 피아노 조율사, 음악 치료사, 악기 판매원, 작곡가, 스튜디오 기술자, 지휘자, 가수, 음악 교사, 음향 기술자, 음악비평가, 댄서, 반주자, 음악공연 연출가, 방송장비 운용원, 게임 음악 제작자, 국악인, 악기 조율사 등

♣ 대표적인 인물

: 정재형, 모차르트, 비틀즈

13. 자연 친화 지능(특수지능)

자연 친화 지능은 자연 세계를 분별하는 능력이다. 여기에는 풀, 나무, 나뭇잎, 포유류, 조류, 곤충을 식별하고, 풍경은 물론이고 구름의 모양, 해안 따위를 식별하는 능력이 포함된다.

이 지능은 환경보호 운동가, 공원 관리인, 도보 여행가, 정원사, 인류학자, 박물학자에게 유용한 능력이다. 자연 세계의 여러 가지 특징은 정글, 사막, 산, 바다에 국한되지 않고 평범한 일상생활에까지 이어진다. 따라서 여러 가지 패턴을 식별하고 탐지할 수 있는 자연 친화 지능은 소비자의 입장에서 제품의 브랜드며, 유형, 기능을 식별하는 데도 도움을 준다.

자연 친화 지능

♣ 자연 친화 지능의 특징

☞ 자연 친화 지능이란? 다중지능의 하나로, 자연 세계를 분류하고 파악하는 능력입니다.
: 자연에 적응하기 위한 감각사용 능력을 말한다. 자신의 환경에서 생존하고 적응할 수 있는 능력이며 각종 물건을 식별하며 느낌을 새롭게 창조하여 시각화하는 능력이다.

♣ 자연 친화 지능의 세부자질

: 강변이나 공원에서 휴지줍기, 여행하기, 탐험하기, 애완동물 기르기, 식물 기르기, 텃밭 가꾸기, 분재하기, 조류관찰하기, 천체관찰하기, 김치담그기, 장담그기, 요리하기, 동물훈련 시키기, 동·식물 그리기 등

♣ 자연 친화 지능이 요구되는 직업

☞ 환경/식물/섬유/생태계와 관련된 분야
: 환경운동가, 환경 분야 공무원, 여행가, 탐험가, 동물학자, 식물학자, 유전 공학자, 생물학자, 수의사, 농화학자, 조류학자, 천문학자, 고고학자, 한의사, 의사, 약사, 농장 운영자, 조리사, 동물 조련사, 요리 평론가, 식물도감 제작자, 원예가, 약초 연구가, 화원 경영자, 생명 공학자, 생물 교사, 지구 과학 교사, 애견 트레이너, 펫 시터, 나무치료사, 병아리 감별사, 동물원 관련 직종 등

♣ 대표적인 인물

: 김병만, 파브르, 제인 구달, 아문센, 리빙스턴, 엄홍길

14. 작업 롤 모델(다중지능별)

자존감이 매우 낮고 폐쇄형으로 세상을 적대적인 관점에서 보고 있지만 기본지능이 탄탄하여 개선 가능성이 높은 패턴

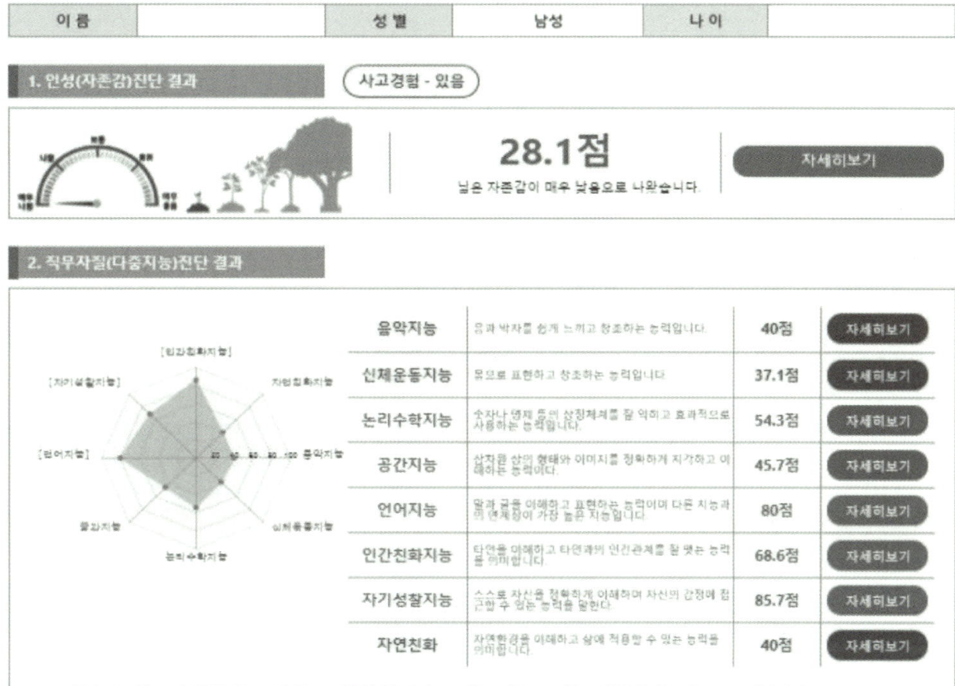

이 름		성 별	남성	나 이	

1. 인성(자존감)진단 결과 (사고경험 - 있음)

28.1점

님은 자존감이 매우 낮음으로 나왔습니다.

자세히보기

2. 직무자질(다중지능)진단 결과

음악지능	음과 박자를 쉽게 느끼고 창조하는 능력입니다.	40점	자세히보기
신체운동지능	몸으로 표현하고 창조하는 능력입니다.	37.1점	자세히보기
논리수학지능	숫자나 명제 등의 상징체계를 잘 익히고 효과적으로 사용하는 능력입니다.	54.3점	자세히보기
공간지능	삼차원 상의 형태와 이미지를 정확하게 지각하고 이해하는 능력이다.	45.7점	자세히보기
언어지능	말과 글을 이해하고 표현하는 능력이며 다른 지능과의 연계성이 가장 높은 지능입니다.	80점	자세히보기
인간친화지능	타인을 이해하고 타인과의 인간관계를 잘 맺는 능력을 의미합니다.	68.6점	자세히보기
자기성찰지능	스스로 자신을 정확하게 이해하며 자신의 감정에 접근할 수 있는 능력을 말한다.	85.7점	자세히보기
자연친화	자연환경을 이해하고 삶에 적용할 수 있는 능력을 의미합니다.	40점	자세히보기

님의 강점지능은 자기성찰지능, 언어지능, 인간친화지능 이며 약점지능은 신체운동지능, 자연친화, 음악지능 으로 나왔습니다.
각 지능별 설명을 자세히보기를 눌러 확인해 주세요.

3. 대인관계(의사소통)진단 결과

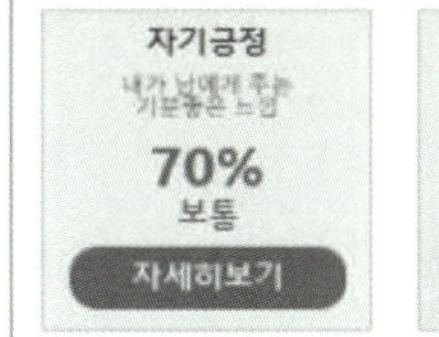

자기긍정
내가 남에게 주는 기분좋은 느낌
70%
보통
자세히보기

자기부정
내가 남에게 주는 불편한 느낌
20%
보통
자세히보기

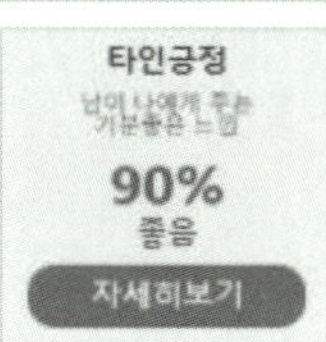

타인긍정
남이 나에게 주는 기분좋은 느낌
90%
좋음
자세히보기

타인부정
남이 나에게 주는 불편한 느낌
70%
나쁨
자세히보기

본능
내 자신이 느끼는 감정
50%
나쁨
자세히보기

종합결과

주의

회원님의 경우 직무자질과 대인관계 진단에서 한 쪽에 부적합한 결과가 나왔습니다. 상담을 통하여 문제가 있는 쪽의 원인을 파악하고 문제를 해결해 나간다면 목표달성에 좋은 결과를 만들어낼 수 있습니다.

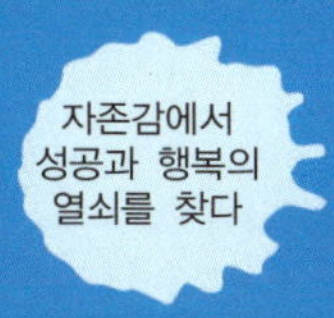

4

대인관계(버지니아 사티어)

1. 버지니아 사티어 가족관계 치료

가족의 행복을 위한 일치적 관계와 의사소통

버지니아 사티어(Virginia Satir, 1916년 6월 26일~1988년 9월 10일) 미국의 작가, 심리 치료사, 의사소통전문가, "가족치료의 어머니"로 간주 될 정도로 가족치료와 가족 상담의 창시자로 이 분야에서 탁월한 능력을 보였다. 뿐만, 아니라 NLP(Neuro Lingustics Programming)에서 주요 3가지 중심이론 중 하나이다. 그 밖의 심리 상담 분야에도 상당한 영향을 미쳤다. 그녀는 치료 연구를 통하여 변화과정 모델을 개발하였다. '가족 치유의 어머니'라고 불리는 버지니아 사티어는 미국 시카고 대학에서 정신 의료와 사회사업을 전공했고, 시카고 심리 분석연구소에서 다년간 임상 경험을 쌓았다.

그리고 50여 년에 걸친 가족치료 경험과 교육, 훈련 경험을 근거로 사티어 모델을 발전시켰다. 캘리포니아에 위치한 팔로 알토에 MRI(Mental Research Institute)를 설립했으며, 최초로 가족치료 훈련프로그램을 만들어 세계 여러 나라에서 가족치료 워크샵을 개최했다. 그녀는 다섯 살 때 어른이 되면 부모를 조사하는 탐정이 되어야겠다는 결심을 했는데, 눈에 보이지는 않지만, 가족들 사이에서 벌어지는 수수께끼 같은 일에 관심이 그때부터 시작되었다. 가족관계에 대한 수많은 상담과 연구를 통해 저자는 '가족은 세상을 압축해 놓은 소우주이다.'라는 결론에 이르게 되었고, 미궁에 빠진 가족관계를 변화시키는 해법을 찾아냈다. 또한, 모든 인간관계의 기초가 되는 가족관계가 변함으로써 자존감을 높이고 대인관계를 바꾸는 계기가 된다고 확신하고 있다. 한평생 심리 치료사이자 강사로, 그리고 저자로 활발하게 활동했다.

2. 가족치료의 콜럼버스

◈ 가족치료의 콜럼버스

버지니아 사티어는 1940년 초부터 치료적으로 사람들을 상담하는 일을 하였으며, 50년 이 상을 일한 70세 이후에도 인간의 영적 잠재능력을 개발하고 발전시키고 자 하는 높은 이상과 열정을 가지고 끊임없이 넘어진 사람들은 일으켜 세우는 일에 정열을 불태웠다. 즉 그녀는 넘어진 사람들과 성숙한 인간적 교류를 통해 삶의 고통과 절망 가운데 있던 사람들이 깨달아 알게 하여 주고, 발전시킴으로써 삶의 기쁨과 성취감을 경험하도록 하는데 일생을 바친 것이다.

사티어는 미국 시카고 대학에서 정신 의료와 사회사업을 전공하였고, 시카고 심리분석연구 소에서 많은 임상경험을 하면서 정통 프로이드식 심리치료의 영향권을 벗어나 캘리포니아 팔 오 알토 정신연구소(Mental Reserch Insitute)를 설립하여 최초로 가족치료 훈련프로그램을 고안했다.

그 후 세계 각국에서 가족치료 워크샵을 개최하여 실제 치료에 개입하고, 가족치료 훈련기관에서 가족의 역동성을 가르치는 동시에 가족 연구에 많은 관심을 가져 사람들이 그녀를 가족치료의 콜럼버스라 부른다.

◈ 넘어진 사람과의 진정한 만남

"넘어졌다는 것이 불행이 아니라 넘어졌으면서도 넘어진 줄 모르는 것이 더 불행한 것이 아니겠는가. 또한, 넘어진 것은 알면 일어나야 하고 서 있는 사람은 언제든지 넘어지지 말아야 할 뿐 아니라 넘어진 사람을 일으켜 줄 의무와 책임이 있는 것이다. 넘어진 사람을 일으켜 줄 사람은 넘어진 사람이 가진 잠재력을 끌어내어 그것이 스스로 성장할 수 있도록 넘어진 사람과 인간적인 진정한 만남을 가져야 한다."

3. 성장을 도와 변화·발전시키는 2가지 개념

첫째, 개념은 Aristoteles의 개념을 근거로 하는 직선적이며 단순한 원인-결과에 접근법에서 벗어나서 Alfred Korzybsky, Ludwing Bertlanvffy, Gregory Bateson의 체계론적 사고를 근거로 하는 것이다. 즉, 가족체계는 움직이는 모빌과 같아 한 개인의 변화는 전체 가족에게 영향을 미치고 전체 가족 구성원은 한 개인에게 상호 영향을 미치기 때문에 가족치료의 목표는 가족 구성원들이 자기 가치에 대한 안정된 감정을 발전시킴으로써 성장하도록 하는 것이다. 그 목표를 달성하기 위해서는 개인에게 의미 있는 대상과 의사소통이 방법으로서 만이 가능하다고 보았으며, 인간은 대화를 통해 상호존중과 신뢰할 수 있는 경험을 가질 수 있다는 것이다. 결국, 사티어는 이러한 경험에 의해서만 개인이 성장할 수 있는 잠재력을 개발하여 발전시킬 수 있다고 굳게 믿었다.

이와 같은 사티어의 가치신념은 부모가 자녀를 어떻게 키울 것인가 대해서도 깊은 통찰력을 제시해 준다. 즉 부모는 자녀가 가족 환경 내에서 경험할 수 있는 폭을 넓혀주어 자녀가 잠재능력을 발견하여 인간의 유사성과 차이점을 근거로 성장할 수 있게 한다는 것이다.

그녀는 실제로 주위에 있는 사람들을 사람답게 만들 수 있는 실체였으며 인간을 성공시킬 수 있는 양육적인 사람으로 잘 알려져 있다.

사티어는 이러한 개념들을 발전시켜서 1972년 그녀가 수년간 가족치료를 하며 겪은 수많은 가족의 이야기가 담긴 책 '아름다운 가족'은 전 세계 많은 가족에게 극진한 찬사를 받았다. 이 책의 원제목은 "더 뉴 피플 메이킹(THE NEW PEOPLE MAKING)"으로 가족들의 전체적인 삶의 문제를 섬세하고 감동 어린 메시지로 펼쳐 보여, 많은 사람에게 기쁨과 위안을 안겨주었다. 그녀는 이 책을 "가정에 충실하지 못한 아내, 절망하는 남편, 점점 더 불량스럽게 변해가는 딸, 그리고 정신분열증을 앓고 있는 아들을 가진 가족"을 위해 헌증을 하겠다고 밝혔다.

둘째, 개념은 Soren Kierkegard, Matin buber, Johann Heidegger가 주장한 긍정적인 실존주의를 기초로 하고 있다. 이 개념은, 인간은 긍정적인 에너지를 가지고 있으며 그 에너지는 역기능적인 대처방법을 높은 자기존중 감정의 상태에서 자기 자신을 돌볼 수 있도록 변화시킬 수 있다고 본다. 사티어의 이러한 신념과 가정은 삶에 대해 긍정적인 사고를 갖도록 하여 주면, 치료적 접근법에 희망을 주고 가능성을 준다.

즉 인간에 대한 존엄성과 존재가치, 인간의 욕구와 잠재력에 대한 신성시, 성장과 변화를 위한 희망과 가능성 등을 강조하며, 무궁한 가능성과 동기를 제공하여 주고 있다.

사티어의 가족치료 접근법의 주요 개념은 가치체제(Value system), 성숙(maturation), 자기존중(self-esteem), 의사소통(communication), 가족 규칙(Family rule)으로 구성되어 있는데 이 요소가 바로 건강한 가족관계나 인간관계를 맺는 열쇠가 된다. 사티어는 결국 이러한 모든 개념을 통합하여 자신의 생을 마치는 1988년까지 '인간에 대한 희망'이나 '사람을 성장시키는 신념'을 버리지 않은 채 넘어진 사람들은 일으켜 사람을 사람답게 만드는 일에 최선을 다한 것이다.

4. 경험적 가족치료 모델의 이론적 기초

사티어는 행동이론보다 현상학 이론의 영향을 많이 받았다. 그러나 그녀의 이론은 다양한 이론에 기초하였는데 구체적으로 자아심리학, 행동이론, 학습이론, 의사소통이론과 일반체계이론 등 이었다. 특히 사티어가 지향하는 가족치료의 방향은 인간의 역기능을 기능적인 것으로 바꾸는 것으로, 역기능의 근원을 인간의 자아존중감, 의사소통 및 대처유형, 가족 규칙, 그리고 지역사회와의 연계성에서 발견하였다.

1. 기본전제

1) 인간의 내면

• 인간존재의 비유: 빙산

사티어는 인간의 내면을 빙산에 비유했다. 행동이나 말은 보이지 않는 내면의 감정과 그 감정에 대한 감정, 지각, 기대, 열망, 자기 가치감 등의 영향을 받아 드러나는 것으로, 각자가 어릴 적부터 배운 상황에 대처하는 방식이다.

따라서 행동이나 말이 내면과 일치하기 위해서는 자신의 내면에서 일어나는 것을 자각할 수 있어야 한다. 부모가 의사소통을 잘하지 못하면 부부갈등을 해결하지 못하고 부부갈등은 자녀에게도 영향을 끼쳐 가족관계에 크고 작은 문제가 발생하게 된다.

• 대처방식

외부로부터의 스트레스는 사람들의 마음 전체에 부정적 영향을 미친다. 부정적 경험이 크면 클수록 자존감이 낮으면 낮을수록 사람들은 손상된 자존감을 반사적으로 의사소통 방식이 튀어나오게 되는데 이 방식을 생존방식 또는 대처방식이라고 부른다. 이러한 대처방식은 평상시에는 드러나지 않고 있다가 스트레스를 받아 내적항상성이 깨지게 되면 드러나게 된다

• 감정에 대한 감정

사람은 항상 감정을 느끼고 있다. 아무 감정이 없는 것 같아도 자세히 들여다보면 감정이 존재한다. 조용한 감정이라든가 평온한 감정이라든가 감정이 없는 것 같은 감정을 느끼고 있다. 우리 관심의 초점이 감정에 주어지지 않기 때문에 자각하지 못해서 그렇지 감정은 거기 그렇게 있다. 감정은 인간을 움직이게 하는 힘을 가지고 있다. 따라서 감정을 자각하고 인정하고 다루는 것이 매우 중요하다.

많은 사람이 부정적 감정을 표현하기를 두려워하고 때로는 그러한 감정을 느낀다는 자

체를 부인하려 하거나 차단하려 한다. 결국은 부정적 감정뿐만 아니라 긍정적 감정까지도 느끼지 못하게 되어 생기가 없는 삶을 살게 된다.

특히 어린 시절에 부정적 감정을 일으켰던 상황과 비슷한 상황이 현재 처하게 되면, 그와 비슷한 강력한 감정이 치밀어 올라오면서 현재에 반사적 반응을 하게 된다. 대부분 사람은 상황에 반응하면서 느끼는 감정에만 주목하는 데 사실 그 감정에 대한 판단으로 또 다른 감정을 느낄 수 있다.

• 지각체계

사고나 가정, 신념, 사고방식, 가치, 의미부여, 해석 등 모든 인지적 활동이 포함된다. 다른 말로 하면, 지각체계는 자기 자신과 다른 사람과 이 세상을 이해하는 관점들의 집합체인 것이다. 지각체계에 따라 상황에 대해 경험하는 것이 다르다. 똑같은 상황이라 하더라 도 자신이 비난받는다고 해석이 되면 부정적 감정이 올라올 것이고 자신을 칭찬하는 것이라고 해석이 되면 좋은 감정이 느껴질 것이다.

가끔 사람들은 감정 체계와 지각체계 사이에서 갈등을 일으키곤 한다. 아침에 늦잠을 자고 싶은 마음이 굴뚝같았지만(감정 체계) 회사에 늦으면 안 된다고 생각했기(지각체계) 때문에 일찍 일어났다면 지각체계가 강한 영향력을 가진 것이고, 회사에 늦으면 안 된다는 생각을 했어도 더 자고 싶은 마음을 뿌리칠 수 없어서 늦잠을 잤다면 감정 체계가 더 강한 영향력을 가진 것이다. 물론 지각체계 내에서도 다양한 가치들이 서로 갈등을 일으킬 수 있다. 그럴 경우에는 가장 우세한 가치가 드러나게 된다.

예를 들어 회사에 늦으면 안 된다는 생각보다는 회사에 늦더라도 내 몸의 요구에 따름으로써 건강을 챙기는 것이 더 중요하다는 생각이 더 강하게 작용한다면 늦잠을 자는 쪽을 선택할 수 있는 것이다.

지각체계는 사람마다 다르기에 같은 상황에서도 다양한 감정, 해석, 의미부여를 하 게 되고 이에 따르는 반응이 나타날 수 있다. 이같이 지각체계는 우리의 감정과 언행에 지대한 영향을 끼친다.

• 기대

우리는 여러 가지 기대를 가지고 이 세상을 살아간다. 내가 나 스스로에 대해 갖는 기대가 있는가 하면 내가 다른 사람에게 혹은 다른 사람이 나에게 거는 기대도 있다. 만일 나의 부모 나 상사 혹은 친구가 이러이러했으면 하고 바란다면 그것은 타인에 대한 기대를 가지는 것 이다. 다른 사람에 대한 기대 역시 그 자체는 잘못된 것이 아니지만 그 기대가 내 기대에 맞지 않을 때 부정적 경험을 하게 되어 심각한 갈등이 빚어질 수도 있다.

상대방이 내게 갖는 기대와 내가 나 스스로에게 기대는 같을 수도 있고 다를 수도 있다. 그러나 자신에 대한 기대뿐만 아니라 다른 사람이나 상황에 대해 갖는 기대가 다 충족될 수는 없다. 문제는 이러한 기대들이 충족되지 않을 때 우리의 감정과 말과 행동이 어떤 식으로든 영향을 받는다는 것이다.

우리는 살아가면서 갖게 되는 기대를 모두 충족시킬 수는 없다. 그리고 우리가 원하는 기대를 채울 수 없을 때 우리는 크고 작은 상처를 입게 된다. 그러나 충족시키지 못하는 기대를 놓아 버리거나 혹은 그 기대를 충족시킬 수 있는 대체적인 방안을 찾아 문제를 해결하지 않는다면 좌절된 기대 때문에 생기는 슬픔, 실망, 분노, 두려움, 무기력감 등의 영향에서 벗어나기가 어렵다.

• 열망

인간이라면 누구나 사랑하고 싶고 사랑을 받고 싶고 안정을 받고 싶고 안전감을 느끼고 싶고, 삶의 의미와 목적을 갖고 싶고, 자유롭게 살고 싶고, 옳다고 승인받고 싶은 힘을 느끼려고 한다. 이렇게 모든 인간이 보편적으로 갖고 태어나는 간절한 소원을 열망이라고 한다. 열망은 기대보다 훨씬 더 깊은 차원의 바람이다. 우리가 가지고 있는 다양한 기대는 바로 이 열망에 뿌리를 두고 있다. 이러한 열망을 충족시키기 위한 구체적인 표현이 바로 기대이다. 그러나 자신이 기대한 바가 채워지지 않아서 열망이 충족되지 못했다면 다른 방법을 찾아야 할 것이다. 흔히 사람들은 어떤 한 가지 방법만이 자신의 열망을 충족시켜줄 것이라고 굳게 믿는다. 그러나 살아가다 보면 우리가 알고 있는 방법이 아닌 다른 방법으로도 열망 이 충족되는 경험을 자주 하게 된다. 보편적인 열망을 충족시키며 산다는 것 그것은 자신의 삶을 정직하게 사는 것이고 의미 있는 삶을 사는 것이며, 나와 타인을 존중하는 삶을 사는 것이다.

2) 인간관

아브라함 매슬로우(Maslow)는 1940년 중반에 자신의 판정을 나누기 시작했고 칼 로저스(Rogers)는 같은 맥락에서 인간의 내적 과정과 자기 초점의 성장이론을 발전시켰다. 사티어는 이런 그들의 영향을 통해 연구와 실험을 통해 자신의 성장모델을 형성하였다. 또한, 그녀는 개인의 인간관계뿐만 아니라 치료사와 내담자와의 관계에서도 평등성과 동등한 가치를 주장했다. 그녀의 성장모델은 변화와 그 변화를 확장해 가면서 성장할 수 있는 인간의 능력에 바탕을 두고 있다. 사람과 함께 자신의 느낌과 차이점을 발견하고 자유롭게 표현할 수 있도록 돕는 것이 이 인간관의 중요한 요소이다.

사티어는 치료기법의 근거가 되는 인간에 대한 3가지 개념의 틀을 가지고 있다.

첫째, 인간이 존재하는 세상에 대한 철학이며,
둘째, 서로 영향을 주는 영향력과 개인이 성장하고 발전하는 방법에 대한 신념이며,
셋째, 학습과 변화에 관한 이론이다.

모든 사람은 생존하고 성장하려는 욕망 속에서 타인과 친밀한 관계를 맺으려 하고 사회가 병들었다거나 나쁜 행동이라 진단하는 내담자의 행동은 고통을 호소하는 신호이지 결코 나쁜 행동이 아니라고 사티어는 주장했다. 그리고 인간의 생각과 감정은 밀접한 관계가 있어서 그가 모르는 것을 학습할 수 있으며 그의 상호작용 방식을 변화시킬 수 있다고 주장하였다.

특히 어린아이가 태어나면 어린아이는 백지상태이며 양육자에 의해 자아존중감에 영향을 미친다고 보았다. 그렇기에 1차 양육자인 어머니가 그 아이를 안아주거나 눈빛을 마주쳐 준다거나 아이들의 주장과 의견을 존중해 주고 지지해 주면 아이는 자아존중감이 자라고 자기 가치가 높아진다.

또한, 인간은 성취하기 위하여 적절하게 적용할 수 있으며 기본적으로 선하며 악하지 않다는 것을 전제로 하고 있다. 그리고 인간은 잠재능력을 발전시키고자 하는 욕구가 좌절되거나 방해받을 때 질병이냐 증상을 나타내게 된다고 주장하였다. 때문에, 내담자의 문제행동은 환경 특히 부모에 의해 왜곡되게 성장했기 때문이라고 주장한다.

3) 역기능 가족

사티어는 역기능 가족을 정서가 말살된 분위기의 가족이라고 하였다. 이런 가족들은 냉담하여 강요된 정중한 분위기에서 생활한다. 지루함과 슬픔을 느끼며, 따뜻한 우정이란 거의 없고, 가족은 단지 의무적으로 또는 습관적으로 함께 살 뿐이다. 서로의 감정 교류나 긍정적인 영향력을 주지 못하는 관계인 것이다.

부모들은 자녀에게 재미를 느끼지 못하고 자녀는 자신에게 가치를 부여하지 않게 되고 부모를 보살피는 것을 배우지 못한다. 가족 간의 활동결핍으로 가족 구성원들은 서로 피하 게 되고 결국 가족 밖의 일에 몰입한다.

역기능 가족에는 4가지 가정의 문제를 발견할 수 있다.

첫째는 자아존중감이 낮다. 그들은 타인들에게 기대할 수 있는 것을 크게 기대한다거나 기대한 것을 얻을 수 없을까 봐 크게 두려워한다. 그들은 다른 사람들이 자신을 속이고 짓밟고 올라서거나, 헐뜯고 경시한다고 생각한다.

둘째는 의사소통이 직접적이지 않고 모호하며 솔직하지 못하다. 그것은 이중 메시지를 주고받으며 의사소통이 이루어지기 때문이다. 이것은 불신, 개인적인 낮은 자아존중감 또는 좌절로 빠져들 수가 있다. 가족 구성원들은 숨 막히는 감정 속에서의 파괴적 의사소통의 역할을 강조했으며 거절의 위협을 극복하기 위해 사람들이 많이 사용하는 네 가지 유형을 사용한다.

그것은 회유하여 다른 사람이 화를 내지 못하게 하고 비난하여 다른 사람이 자신을 강하다고 느끼게 하고 계산을 하여 위협을 무해 한 것인 양 다루고 자기 가치를 허언 장담과 지적인 개념 뒤에 숨긴다. 또 주위를 혼란 시켜 위협을 무시하고 마치 위협이 존재하지 않는 것 처 럼 행동한다. 진짜 자신을 숨기며 방어적 대화를 하는 것이다.

셋째는 가족 간의 규칙이 너무 엄격하고 인간적이지 못하며 타협이 불가능하고 절대로 바꿀 수 없다. 역할 규범이 잘못된 신념체계하에서 형성되었기 때문에 변화를 수용하지 않고 문제가 되는 병리적 현상을 일으킨다.

넷째는 사회와 유대를 맺는 것을 두려워하고 회유적이며 책임을 떠넘긴다. 가족 간의 활동결핍으로 가족 구성원들은 서로 피하게 되고 결국 가족 밖의 일에 몰두하게 된다.

4) 순기능 가족

순기능 가족이란 스스로 잠재능력을 발휘하는 가족 또는 살아가면서 부딪치는 문제나 좌절에도 불구하고 성장하는 건강한 가족을 의미한다. 덧붙여서 순기능 가족은 때와 장소를 이해할 능력이 있고 시간과 공간을 통해서 그들이 앞으로 발전할 수 있다는 인식을 가지고 있다.

이 가족은 생기 있고 양육적인 가족들이다.

첫째는 자아존중감이 높다. 사랑을 받는 사람은 누구든 변화에 개방적이다. 성실, 정직, 책임감, 정열, 사랑, 그리고 능력 모두는 자아존중감이 높은 사람들에게서 나온다. 자신이 중요하며 자신이 존재하기 때문에 세상은 더 살기 좋은 곳이라고 느낀다. 자신의 능력을 믿고 또 다른 사람에게 도움을 청할 수도 있다. 자신의 가치에 감사하며 다른 사람들의 가치를 인정하고 존중할 준비가 되어있다. 인간으로서 자신의 모든 것을 수용한다.

둘째는 가족 간의 의사소통은 직접적이고 분명하며 명확하고 솔직하다. 의사소통유형 가운데 일치 형에 속한다. 목소리는 따뜻하며 사람의 진심을 나타낸다. 그들의 의사소통은 서로 원만하고 충만하다. 또한, 생동감이 있고 서로 공개적이며, 활력이 넘친다.

셋째는 가족 간의 규칙은 융통성이 있으며 인간적이고 적절하며, 변화가 가능하다. 또한, 성장하는 부모는 변화의 불가피성을 깨닫고 그것을 받아들이고 창조적으로 사용하고자 노력한다. 가족의 구성원들은 스트레스 아래에서도 성장하기 때문에 문제를 문제로 보지 않고 오히려 성장할 기회라고 여긴다. 그래서 문제가 생기면 가족들은 자유롭게 다양한 역할을 하며 그들의 경험의 폭을 넓힌다. 또 가족 구성원들이 합의한 명백한 규칙이 가족 내에 존재하고 이러한 규칙은 상황에 적용할 수 있을 만큼 융통성을 가진다. 서로 성장함에 따라 가족 세계의 이동이 자유롭고 개방적이다.

넷째는 사회와의 유대는 개방적이며 희망적이고 선택을 기본으로 한다. 가족 구성원들이 자신들을 자유롭게 표현할 수 있는 분위기를 가진다. 서로 귀 기울여 주고 서로의 가족 구성원 등 표현의 자유를 가질 때 비로소 자신이 가치 있는 존재이고 사랑받는 존재라는 것을 안다고 하였으며 이런 경우에는 자존감을 가질 수 있다고 한다.

또한, 세대 간의 분리가 유지될 때에는 역할 융통성을 사용할 수 있으며, 이때에는 가족 구성원 모두가 각기 다른 역할을 다양한 시간에 해볼 수 있게 된다. 굳어진 삼각관계는 없고 마음대로 합류하거나 빠져나갈 수 있다. 건강한 가족은 개방적이며 그 조직 내의 다른 체계들과의 상호작용도 준비되어 있다. 그리고 어느 한 구성원도 항상 문제의 모든 책임을 지지는 않는다.

5. 자아존중감 개념

◈ 자아존중감(self- esteem)

자신에게 감사하고 우리 자신을 사랑할 때 에너지가 생산된다고 한다. 이 에너지를 긍정적이 고 조화롭게 사용할 때 각자의 내부에 있는 시스템이 평온하게 순환하여 인생에서 일어나는 문제에 창조적이고 현실적이며 정열적으로 대처할 수 있는 단단한 토대를 만든다. 자기 자신을 좋아할 때 품위가 있으며 정직하고 강인하다. 사랑이 있고 진실 된 인생을 살수 있는 기회를 가지게 되는 것이다. 이것이 바로 자아존중감이 높은 상태이다.

그러나 불안, 한계, 혐오감. 또 다른 어떤 부정적인 감정을 느낀다면 자아가 약해지고 좌절 한 사람이 되어버린다. 자기 자신에게 가치를 부여하지 못하는 사람은 다른 사람들 - 아내, 남편, 아들 또는 딸-이 자신에게 가치를 부여해 주기를 바란다. 이런 사람은 자아존중감이 낮은 사람인 것이다. 다른 사람을 통해서 자신을 찾으려 하기 때문이다.

사티어는 이 자아존중감이 바로 인간의 기본적 욕구이며 에너지의 근원이라고 하였다. 그리고 가족의 의사소통은 가족 구성원들의 자아존중감 형성에 영향을 미치게 되며, 부모의 양육 태도는 자녀의 자존감을 형성하는 데 있어서 절대적이다. 또한, 사티어는 자아존중감의 개념을 이론 체계의 가장 기초적인 개념으로 간주하였다. 성적 욕구보다 자존감에 대한 욕구가 더 원초적인 것으로 그녀는 보았다.

양육의 형태 중에 어떤 것은 비교와 복종에 기초하고 있다. 그러나 이것의 결과는 언제나 낮은 자아존중감으로 나타난다. 자녀에 대한 독특함을 인정하는 것은 자아존중감을 구성하는 하나의 중요한 기반이다.

부모들은 자녀들의 독특성을 발견하는 데 함께 참여할 필요가 있다. 사티어에 의하면 자아존중감은 유전자에 의해서 전해지는 것이 아니라 부모에 의해서 발달 초기에 학습된다고 보았다. 또한, 사티어는 자아존중감은 또한 아이에게 자신의 흥미를 자극할 수 있는 많은 기회를 제공하고 인내심 있게 아이가 우월감을 가질 수 있도록 가르칠 수 있다고 말하였다. 태어나면서 주어지는 것이 아닌 부모에 의해서 가르쳐지고 지도되는 후천적 양육에 의해 이루어지는 것이라는 말이다.

자아존중감에는 세 가지 요소가 있는데 이것은 자기, 타인, 상황이다.

이 세 요소 중 어느 한 부분이라도 온전하지 못하면 역기능적인 것이며, 개입의 목적은 이 세 부분이 보완되어 결과적으로 일치되는 것이다. 여기서 말하는 세 가지 요소에서 자기란, 자신에 대해 갖게 되는 애착, 사랑, 신뢰, 존중을 통해 갖는 자신에 대한 가치와 자신의 유일성을 말한다. 또한, 타인이란 다른 사람과의 관계에서 형성되어 다른 사람에 대해 느끼는 것으로 다른 사람과의 동질성과 이질성 그리고 상호작용에 대한 것을 말한다. 그리고 상황이란 주어진 여건과 맥락을 의미하는데 주로 부모나 원가족 삼인군에서의 상황을 말한다.

나를 중심으로 하는 자신에 대한 가치 다른 사람과의 동질성과 차이점 다른 사람과의 상호작용 주어진 여건 등을 말하는 것이다.

6. 성숙과 의사소통 유형에 대한 개념

1) 성숙

사티어는 이 성숙을 중요한 개념으로 보았다. 왜냐면 성숙은 모든 것을 판정하는 시금석(試金石)이기 때문이다. 사티어가 말하는 성숙의 상태는 바로 개인이 자기 자신을 책임지는 상태이다. 그것은 성인으로 도달되는 상태이며 자신과 타인 사이의 맥락을 정확히 지각한 위에서 선택과 결정을 할 수 있다. 그리고 그 선택과 결정에 따른 결과를 책임지는 사람인 것이다. 또한, 성숙의 기본 요소는 자아존중감의 획득이다. 다시 말하면 자아존중감이 획득되어야 성숙이 가능한 것이다. 이 성숙인은 내적 자기(in ternal se!!) 에서 오는 신호(signals)를 받으려 한다. 그래서 자기가 무엇을 생각하고 무엇을 느끼는가를 알려고 한다.

또한, 자신과 구별되는 다른 것의 존재를 위협으로 또는 갈등을 일으키는 것으로 보지 않고 오히려 학습과 탐구의 기회로 삼으려 한다. 자신의 의견과 남의 의견을 공개적으로 주고 받으며 검토하는 기술을 가지려 한다.

2) 의사소통유형

사티어는 스트레스의 부정적인 결과를 다루는 사람들의 방식에 4가지가 있다는 것을 관찰했다. 네 가지 유형(회유, 비난, 초이성, 산만)은 사람이 스트레스에 반응할 때 그리고 동시에 자신의 자아존중감이 떨어졌다고 느낄 때 발생한다. 자아존중감이 떨어졌다고 하는 것은 자기 가치가 떨어졌다는 것을 의미한다. 그때는 쉽게 다른 사람의 행동과 반응을 이용하여 자기 자신을 정의한다.

의사소통은 두 가지 의사소통으로 나누어진다. 언어적 의사소통과 비언어적 의사소통이다. 언어적 의사소통은 말 그대로 말로 하는 의사소통이며 비언어적 의사소통은 얼굴 표정, 몸의 위치, 근육의 상태, 호흡 속도, 목소리의 높낮이, 몸짓 등이 포함된다. 역기능적 가족에서는 이 두 가지의 의사소통이 상반되게 나타나며, 이중 메시지를 만들어낸다. 그러나 거의 대부분 이중 메시지 등 전달하고 있는 사람은 자신이 그렇게 하고 있다는 것을 깨닫지 못한다. 어떤 가족도 의사소통을 솔직하게 하지 못한다면 가족 구성원을 성장시키기 위해 필요한 신뢰와 애정으로 이끌지 못한다.

거절의 위협을 극복하기 위해 사람들이 많이 사용하는 4가지 의사소통유형을 살펴보겠다.

첫째, 회유형은 의사소통을 하는 데 있어서 자신이 무가치하다고 여긴다. 상대방이 자신에 대해 죄책감을 가지는 것을 자신을 아끼는 것 이라고 생각한다. 회유 반응은 자신을 위하여 자신의 욕구를 숨기는 것이다. 이들은 다른 사람의 의견에 동조하고 비굴한 자세를 취한다. 이들의 또 다른 특징은 어떤 갈등이나 다른 사람의 불편함을 견디지 못하고 자기 일처럼 시간, 돈, 생명까지도 주어가면서 상대방의 고통을 가볍게 해 주려고 노력한다. 더 나아가 일이 잘못되면 책임이 자신에게 있다고 생각하고 비난받아야 한다고 주장한다. 정작 자신은 스스로를 돌보거나 다른 사람들의 도움을 요청하지 못한다. 자기희생적이며, 다른 사람을 화나게 하지 않으려고 노력한다.

둘째, 비난형이다. 이 비난형은 회유형과는 정반대의 유형이다. 약해서는 안된다고 하는 의지를 나타내며 자신을 보호하고 다른 사람이나 환경을 괴롭히고 나무라는 것이다. 비난하기 위하여 다른 사람의 가치를 격하시키고 자신과 상황에만 가치를 둔다. 또한, 계속해서 잘못을 찾아내고, 상대방의 요청을 거절하는 경향이 있다. 비난하는 사람은 호흡이 빠르고 얇으며 근육과 내장기관들은 긴장해 있고 혈압이 올라가는 등 심리적인 반응을 보인다.

외면적으로는 공격적인 행동을 보이나, 내면적으로는 자신이 소외되어 있으며 외로운 실패자라고 느낀다. 따라서 내적인 힘을 지니고 살아가는 사람이 비난하는 사람에게 도전하면 이들은 쉽게 흔들리고 무너져 내린다. 날카롭게 비난하는 것도 실은 도움을 간청하는 것이다.

셋째, 초 이성형인데 이들은 자신이나 다른 사람을 과소평가하는 것이다.

지나치게 합리적인 상황만을 중요시하며 기능적인 것을 말하고 대부분 자료와 논리를 중요시한다. 어떤 감정도 나타내지 않으며 매우 정확하고 이성적이며 조용하고 냉정하고 차분하다. 초 이성형의 사람은 내면적으로 약해서 감정적으로 상처받기 쉬운 사람이 사용하는 역 기능적 의사소통유형이다. 결함 없이 말하고 생각하려고 하며 아주 자세히 말하고 길게 설명한다. 듣는 사람이 이해를 못해도 상관하지 않는다. 이들은 많은 사람들은 지성인으로 오해하게 된다. 실제로는 자신이 옳다는 것을 증명하고 갈등을 해결하고자 자료나 연구결과를 인용한다. 감정이 취약하므로 감정에서 상황으로 초점을 바꾸어 버리는 것이다.

넷째, 산만형은 일반적으로 즐거워하는 것이나 익살맞은 것과 혼합된 것으로 혼란한 것을 말한다. 초이성적인 것과 정반대의 것이다. 산만형은 내면적으로는 아무도 상관하지 않고, 현재 있는 곳이 자기가 있기에 적절하지 않다고 생각한다. 상대방이 농담을 하도록 하며 상대방이 농담하면 자신에게 관심을 가지고 있는 것이라고 생각한다. 그리고 자신과 주위 사람들의 욕구를 무시한다. 이들의 움직임은 부적절하고 지나치며 무의미하다. 또한, 마치 위협이 없는 것처럼 행동하므로 주위를 혼란 시킨다.

위의 4가지는 역기능적 의사소통이라면 일치형은 자유롭게 의사소통을 할 수 있는 유형이다. 일치형은 사티어 모델의 주된 개념 중의 하나이며 치료 목표로 삼고 있다. 기능적이며 원만함, 책임감, 정직성, 친근감, 능력, 창의성 그리고 현실 문제를 현실적인 방법으로 해결하는 능력을 가진 사람의 의사소통을 말한다.

이 일치형은 스스로를 방어하거나 다른 사람이나 상황을 통제하기 위하여 선택하는 것이 아니다. 일치형을 선택하는 것은 자기 자신이 되기를 선택하는 것이며 다른 사람들과 만나고 관계를 맺고 상호작용하기 위해서 선택하는 것이다. 자기 자신, 타인, 상황을 자각하고 돌 보는 자세로 반응하는 것이다.

7. 의사소통 유형의 이해

◈ 사티어의 의사소통 유형과 특성

사티어는 의사소통을 정보를 주고, 받는 과정으로서 중요시하였고 언어적, 비언어적 의사소통 과정을 중요시 하였으며, 메시지의 일치성과 불일치성에 많은 관심을 두었다. 그리고 의사소통은 사람을 상호 간에 상대방의 '자존심 수준'을 재는 계량기이며, 자존심의 수준을 바꿀 수 있는 도구로 보았다.

모든 의사소통 기술과 유형을 어려서부터 부모와 가족들의 훈련 과정을 통하여 학습된 것으로서 새로운 학습과 필요에 따라 변화할 수 있다는 것을 전제로 하였다. 사람들이 일반적으로 스트레스가 있는 상황에서 스트레스를 역기능적으로 처리하는 방법과 대인관계에서 거절당할 가능성이 있다고 느낄 때 자신을 역기능적으로 보호하는 방법을 역 기능적 의사소통 방법이라고 한다. 이러한 역기능적인 의사소통유형을 사용하는 사람들에게서 공통으로 나타나는 현상은 언어적 메시지와 비언어적 메시지의 의미가 일치하지 않는 형태, 즉 불일치한 이중 메시지를 동시에 전달한다는 것이다.

이러한 이중 메시지는 결과적으로 불신, 좌절, 거절로 인한 자존심의 상함, 자기 가치에 대한 의심 등의 경험을 반복하게 된다. 우리는 역기능적인 의사소통유형을 어느 한 가지만이 아니라 여러 가지를 함께 사용하기도 한다. 스트레스를 많이 받는 상황이나 대인관계에서 거절당할 가능성이 있다고 느낄 때는 여러 방식 중에서 특히 한 가지 방식을 주로 사용하게 된다.

◈ 의사소통유형의 사례(가족치료 모델과 사례)

밖에서 놀다가 집에 돌아와 배가 고프다고 밥을 달라는 아들에 대한 어머니의 반응을 상상해보자. 각 유형의 신체적 자세, 신체적 언어와 내면의 감정을 경험해보자.

- 회유형(무릎을 꿇고 한 손으로 가슴 위에 주먹을 쥐고, 다른 한 손을 들어 간청한다) 미안해, 우리 아들을 배고프게 하다니 엄마 노릇도 제대로 못하는구나!
- 비난형(등을 꼿꼿이 세우고 팔을 쭉 뻗고 손가락질을 하며 상대를 지적한다. 상대를 겁주기 위해 한 발을 내딛는 자세를 취한다.) 배 좀 고프다고 난리를 치냐? 배가 고프면 일찌감치 들어왔어야지. 네가 잘한 것이 뭐냐!
- 초이성형(팔짱을 끼고) 미안하다. 오늘은 엄청 바쁜 날이구나.
- 산만형(엉뚱한 곳을 쳐다보며) 저런, 무슨 일이야? 비가 오네.

- 일치형(아들과 눈높이를 맞추며) 우리 아들! 배가 고프구나. 엄마가 바빠서 아직 식사를 준비하지 못했어. 미안해, 엄마가 금방 밥해줄게.

내담자의 유형을 아는 것은 내담자와의 접촉시간을 줄여줄 뿐 아니라 상담에도 더 효과적이 다 사티어 모델에 있어서 접촉은 중요한 개념이자 필수 조건이 되고, 내담자와의 접촉은 첫 면담의 처음 4분 안에 주로 이루어지며 접촉은 상담 시간 내내 지속이 된다. 샤티어는 개인의 빙산을 사용하여 내담자의 대처 방식을 즉각적으로 파악하게 된다. 빠른시간 내에 심층적으로 내담자와 접촉할 수 있으며 일단 접촉이 이루어지면 내담자의 내적 체계에 들어갈 수 있고, 내담자의 변화를 가져오기 위해 빙산 전체를 사용할 수 있다.

사티어는 위에 언급하였듯이 자아존중의 3대 요소로 자기, 타인 그리고 상황을 들었다. 이 3대 요소 중 어느 한 면이라도 온전하지 못하면 역기능적이라고 하였다. 그러므로 궁극적인 목적은 이 세 부분이 순기능을 하도록 즉 일치적이 되도록 하는 것이다.

8. 의사소통 유형(회유형)

회유는 기뻐하는 것처럼 가장하는 것인데, 자아존중감을 무시하고 중요하지 않다고 하는 메시지를 다른 사람에게 주는 것이다. 회유 반응은 상대방에게 죄책감을 가지도록 한다. 상대방이 자신에 대해 죄책감을 갖는 것은 자신을 아끼는 것 이라고 생각한다.

또한, 어떤 갈등이나 다른 사람의 불편함을 견디지 못하고 자기 일처럼 시간, 돈, 생명까지도 주어가면서 상대방의 고통을 가볍게 해주려고 노력한다. 더 나아가 일이 잘못되면 책임이 자신에게 있다고 생각하고 비난받아야 한다고 주장 한다. 정작 자신은 스스로를 돌보거나 다른 사람의 도움을 요청하지 못한다.

회유형은 남의 기분을 존중하고 눈치를 본다. 자기를 희생하고 반대 의견을 말하지 않고 무조건 참는다. 화내는 것을 두려워하며 무력감, 나쁜 일이 자기 책임이라고 생각한다. 지나치게 겸손하며, 해보아야 소용이 없다는 생각을 하고 있다. 지나치게 남을 의식하며, 자기주장대로 결정하지 못하고 가족을 위해 산다고 생각한다. 그들은 '나는 가치가 없다', '나는 쓸모없는 존재다', '나를 사랑해줄 사람이 없다', '항상 사람들에게 잘해야만 한다', '다른 사람을 화나게 해서는 안된다', '누구도 해쳐서는 안된다', '모든 것은 다 내 탓이다', '당신이 원한다면 무엇이든 다 좋다', '나는 오로지 당신을 행복하게 해주고 싶을 뿐이다'는 메시지를 상대방에게 전달한다. 이들의 자원은 돌봄, 양육적임과 예민성이다.

단어	정서	행동
동의하는 단어 사용 :	구걸하는 마음 :	의존적 순교적임 :
"나의 잘못이다."	"나는 힘이 없다."	지나치게 착한 행동.
"네가 없으면 나는 아무것도 아니다."	"나는 어떻게 할 수 없다."	사죄하고, 변명하고, 우는
"나는 너를 행복하게 하기 위해 존재한다."	변명하는 표현과 목소리. 약한 신체적 자세.	소리를 하고 모든 것을 제공한다.
내적 경험	**심리적 영향**	**신체적 영향**
아무것도 아닌 것 같이 느낀다. "나는 아무 가치가 없다."	신경과민, 우울증, 자살적 성향, 자멸적 성향	소화기관의 고통 위장장애, 구토, 변비, 편두통, 당뇨
자아 개념	**DSM- V**	**자기, 상황, 타인**
자아가치감의 결핍	기분장애, 불안장애	자기가 무시되어 있다.
자신감의 결핍	섭식장애, 강박성 장애	
자아와 미접촉	의존성 인격장애	
자신에 대한 기대에 초점		

9. 의사소통 유형(비난형)

비난형은 회유형과 정반대 유형이다. 비난형은 약해서는 안된다고 하는 의지를 나타내며, 자신을 보호하고 다른 사람이나 환경을 괴롭히고 나무라는 것이다. 비난하기 위하여 다른 사람의 가치를 격하시키고 자신과 상황에만 가치를 둔다. 적대적이고 독재적이고 잔소리꾼이고 혹은 폭력적으로 보인다. 타인을 무시하는 성향을 갖고 있어 타인의 말이나 행동을 비난하고 통제하며 명령한다. 외면적으로 공격적인 행동을 보이나 내면적으로는 자신이 소외되어 있으며 외로운 실패자라고 느낀다. 따라서 내적인 힘을 지니고 살아가는 사람이 비난하는 사람에게 도전하면 이들은 쉽게 흔들리고 무너져 내린다.

비난형은 자기주장이 강하고 고집이 있으며 체면 중시를 중시한다. 다른 사람에게 복종과 충성을 요구하고 욕하고 잘 싸운다. 편견이 강하며 명령적이고 지시적이다. 다른 사람의 말을 듣지 않는 데다 상대방을 무시하고 남의 탓으로 돌린다. '내가 제일 잘 안다. 내가 제일 고참이고 내 말이면 다 통한다', '한번 말을 했으면 그만이지 어떻게 후퇴하는가?', '죽어도 사과 못해', '하라면 하지 말이 많다.', '나는 내 주장대로 사는 사람이다', '웬 여자가 말이 많고 따지느냐, 마누라가 극성이 맞으니 될 일도 안된다.'라고 말한다. 그들은 호흡이 빠르고 얇으며 근육과 내장기관들은 긴장해 있고, 혈압이 올라가는 등의 심리적 반응을 보이므로 근육 긴장과 요통, 긴장성 두통과 같은 신체적 증상을 보인다. 이들의 자원은 주장성, 지도력 그리고 에너지이다.

단어	정서	행동
반대하는 단어 사용 :	비난적	공격적,
"너는 아무것도 제대로 하지	"나는 여기서 우두머리이다."	심판,
못한다."	힘이 있어 보이는 입장	명령,
"문제가 무엇이냐?"	융통성이 없음, 분노.	약점발견
"모든 것은 네 탓이다."	무시하고 싶다.	
내적 경험	**심리적 영향**	**신체적 영향**
소외됨	편집증, 강박적, 강제적, 사회적으로 위축, 반사회적,	근육 긴장과 등의 통증
"나는 외롭다."	지나치게 긴장, 이탈 행동,	혈액순환의 문제와 고혈압
"나는 실패자이다."	살인할 수 있는 성향	천식, 관절염
"부자연스럽다."		
자아 개념	**DSM-V**	**자기, 상황, 타인**
자아가치감의 결핍	행위장애, 반항성 장애	타인이 무시되어 있다.
성공적이지 못함	경계선 인격장애	
자아와 미접촉	망상성 인격장애	
통제결핍, 무기력한	충동조절 장애	
타인에 대한 기대에 초점	아동에 대한 신체적, 성적학대 및 태만	
	성인에 대한 신체적, 성적학대	

10. 의사소통 유형(초이성형)

초 이성형은 자신이나 다른 사람을 과소평가하는 것이다. 지나치게 합리적인 것은 상황만을 중요시하며 기능적인 것을 말하고 대부분 자료와 논리를 중요시한다. 위험은 있어도 호언장담으로 자신의 가치를 세우려고 노력한다. 어떤 감정도 나타내지 않고 매우 정확하고 이성적이며 조용하고 냉정하고 차분하다. 그래서 초 이성형은 지식인으로 오해된다. 실제로는 자신이 옳다는 것을 증명하고 갈등을 해결하고자 자료나 연구결과를 인용한다. 이들은 내면적으로는 쉽게 상처받고 소외감을 느낀다. 감정이 취약하므로 감정에서 상황으로 초점을 바꾸어 버리는 것이다. 이들은 인정이 적고 비판적이며 비사교적이다. 또 완벽하게 하려고 하며 불평불만이 많다. 비판적 태도, 이유를 잘 따지고, 지나치게 합리적이며 지나치게 강한 자존심이 있다. 잘난 척하고 남의 장점을 인정하지 않는다. '왜 일이 되지 않는지 따져보자', '공과 사를 명확하게 분별해야 한다', '흥분하거나 서두르지 말고 한 번 곰곰이 생각하고 말해보자', '개구리 올챙이 적 생각을 해야지 자기가 언제부터 잘났다고 잘난 척해?', '두고 봐라, 내 말대로 절대 성공을 못 할 것이다' 등으로 말한다. 이들은 의사소통을 할 때 가능한 한 결함 없이 말하고 생각하려고 하며, 아주 자세히 말하고, 길게 설명한다. 듣는 사람이 이해를 못해도 상관하지 않으며 자신의 견해를 뒷받침하기 위해 조사 자료를 인용함으로써 자신이 항상 옳다는 것을 증명하기 원한다. 이들의 자원은 지성, 세부사항에 대한 주의집중과 문제해결 능력이다.

단어	정서	행동
극히 객관적인 규칙과 옳은 것에 관한 자료를 사용	완고, 냉담, 경직되고 굳은 감정, 고자세, 침착함.	권위주의자 행동, 강직, 원칙론적 행동
추상적인 단어와 긴 설명	"사람은 어떤 희생이 있어도	행동의 합리화,
"모든 것이 허구적이다."	냉정하고, 조용하고, 침착해야 한다."	조작적, 의도적, 강제적 행동
"사람은 지적이어야 한다."		
내적 경험	**심리적 영향**	**신체적 영향**
"나는 상처받기 쉽고 고립된	강박적, 강제적,	건조성 질병, 점액, 임파조직
느낌이다."	사회적으로 위축, 반사회적,	에 질병 발생, 암, 심장마비,
"어떤 감정도 표현할 수	지나치게 긴장	등의 통증
없다."		
자아 개념	**DSM V**	**자기, 상황, 타인**
자아가치감의 결핍	기분장애, 반사회성 인격장애, 강박성 장애	자기와 타인이 무시되어 있다.
자신감의 결핍	분열성 인격장애	
자아와 미접촉	자아애성 인격장애	
통제결핍 느낌	회피성 인격장애	
감정을 보일 수 없음	자폐증 장애	

11. 의사소통 유형(산만형)

일반적으로 즐거워하는 것이나 익살맞은 것과 혼합된 것으로 혼란한 것을 말한다. 말이 되지 않는 이야기를 하고, 매우 산만한 행동을 보이며, 매우 혼돈되어있는 심리적 상태를 보인다.

산만형은 초 이성형과 대조적이다. 따라서 쉬지 않고 움직이며 의논 주제로부터 관심을 분산시키고자 한다. 이들 내면은 현재가 자신이 머물기에 부적절하다고 여기는 극단적 심리적 불균형 상태에 있다. 그러한 불균형적 상태에서 어떻게든 균형을 유지하기 위하여 계속 산만하게 움직인다. 그것은 내면적으로 아무도 나를 걱정해 주지 않으며 나를 받아들이는 곳이 없다고 생각하여 무서운 고독감과 자신의 무가치함을 느끼는 것이다. 상대가 농담을 하도록 하며 상대가 농담을 하면 자신에게 관심을 가지고 있는 것이라고 생각한다. 그리고 자신과 주위 사람들의 욕구를 무시한다.

산만형은 상황에 맞지 않는 말을 한다. 일관성없이 말하며 정확한 답을 회피하고 솔직하지 못하다. 무책임하고 거짓말을 하며 난처할 때 농담하고 말할 때 딴전을 피운다. 화제를 자꾸 바꾸고 횡설수설하고 잡담을 잘한다. 적절하게 반응하지 못하며 말에 요점이 없다. 이들의 자원은 유머, 자발성, 창조성, 재미있음과 융통성이다.

단어	정서	행동
관계없는 단어 사용	혼돈스러운 감정	산만한 행동, 지나치게 활동적이며 방해 적 행동, 부적절한 행동
뜻이 통하지 않고 요점이 없음.	계속해서 움직임, 비스듬히 앉음.	
계속해서 "그냥 놔둬"라고 함	"나는 실제로 여기 있는 것이 아니다."	
내적 경험	**심리적 영향**	**신체적 영향**
"아무도 상관하지 않는다."	혼돈됨, 부적절한 느낌,	중추신경계 장애
"거기는 내게 적절한 곳이 아니다."	정신 이상적인 느낌	위장장애, 메스꺼움
균형이 없다. 끼어들어 주목받고자 한다.		
자아 개념	**DSM-V**	**자기, 상황, 타인**
자아 가치감의 결핍	과도 행동을 수반하는 주의력 결핍 장애,	모두 무시되어 있다.
자신감의 결핍, 자아와 미접촉, 통제결핍 느낌	충동조절 장애, 정신증적 장애, 해리성 장애	
진짜 감정을 보일 수 없음	양극성, 조증 장애	
아무도 개의치 않음	히스테리성 인격장애	
소속감이 없음	틱 장애, 학습장애	

12. 의사소통 유형(일치형)

일치형은 유일하게 기능적인 의사소통유형이다. 의사소통의 내용과 내면의 감정이 일치하는 것을 말한다. 매우 진솔한 의사소통을 하며 알아차린 감정이 단어로 적절하게 표현된다. 이 유형은 대처방식이라기 보다는 충만한 인간이 되어 전인성을 이루고자 하는 선택이다.

높은 자아존중감과 일치성은 보다 충분히 기능하는 인간을 나타내는 두 가지 중요한 지표이다. 일치형을 선택하는 것은 자기 자신이 되기를 선택하는 것이며 다른 사람들과 만나고 관계를 맺고 상호작용하기 위해서 선택하는 것이다. 자기가 하고 있는 일에 대해 알고 그 결과에 대해 받아들일 준비가 되어 있다.

존재에 대해서가 아니라 행동에 대해서 사과할 수 있고 사람을 비난하지 않고 행위를 평가하고 방향 제시를 할 수 있으며 메시지는 하나이고 직접적이다.

일치적 반응의 특징을 요약하면 첫째, 진실하다는 것이다.

둘째, 주어진 순간에 있어 사람의 진실을 대표한다는 것이다. 비난적 반응의 경우에는 무력함을 느끼면서도 화를 내거나 상심했으면서도 용감하게 행동한다.

셋째, 부분이 아니라 하나의 전체라는 것이다. 몸, 감각, 생각 및 감정 모두가 나타난다.

넷째, 일치형 의사소통을 하는 사람은 웬만함, 충만함, 생동감, 개방성, 그리고 활력이 있다. 자세는 자유로운 움직임이 있고 전체가 하나로 나타난다. 이들의 자원은 높은 자아존중감이다 사티어의 중요한 치료 목표는 자기 가치 수준의 향상으로 이를 위해 일치적인 의사소통을 돕는다.

단어	정서	행동
말의 내용이 신체 자세, 목소리의 음조, 내면의 느낌과 일치한다. 말이 감정들을 자각하고 있음을 나타낸다. 감정, 사고, 기대, 원하는 것과 싫어하는 것에 대해 정직하다.	정서표현이 말과 일치한다. 정서가 자유롭게 표현된다.	창조적이고 생동적이다. 개성이 드러난다. 유능하다
내적 경험	**심리적 영향**	**신체적 영향**
조화, 균형 높은 수준의 자기 가치	건강함	좋은 건강 상태
자아 개념	**DSM-V**	**자기, 상황, 타인**
능력 있는 자신을 감사히 여기기 자신의 독특성을 축하하기 가치의 동등성을 수용하기 생명력과 연결되기	건강함	모두 포함되어 있다.

13. 가족 의사소통의 형태

의사소통이 없으면 어떤 모양, 소리, 색, 움직임도 알 수 없는 혼돈의 세계에 갇혀 주위에서 무슨 일이 일어나고 있는지 전혀 깨닫지 못할 것이다. 주위에서 일어나는 그 어떠한 것도 알아차리지도 해석도 이해하지도 못하게 된다. 표정, 모습, 행동의 의미를 도무지 깨닫지 못하고 헤매게 될 것이다.

1) 가족의 의사소통의 정의

의사소통은 하나의 상징적인 것을 서로 교류하는 과정이다. 간단히 말하면 의사소통은 의미를 만들어내고 서로 공유하는 과정이다. 언어적 행동이나 말은 가장 일반적으로 사용되는 상징이지만 얼굴 표정, 눈 맞춤, 몸짓, 움직임, 자세, 외모, 그리고 공간적 거리 등의 전체적인 비언어 행동도 역시 상징으로 사용되어왔다.

기본적으로 의사소통이란 일반적으로 대화를 말하는 것이며 그 대화란 서로 마주 대하여 직접 이야기하는 것이고 무엇을 하고자 하여 마음먹은 바를 뜻으로 서로 대화하는 가운데 막힘이 없이 잘 통하게 되는 것을 말한다.

특히 버지니아 사티어는 의사소통을 인간 사이의 오가는 모든 것을 덮어주고 영향을 미치는 거대한 우산이라고 했다. 즉 이 세상에 태어난 이상 의사소통은 다든 사람들과 어떤 관계를 맺고 무슨 일을 겪는가를 결정하는 최대의 단일 요인이라고 말할 수 있다.

각 개인의 의사소통 방법이나 형태가 이루어지고 나타내어지는 첫 번째 장소는 바로 가정이다. 그리고 가족의 의사소통을 통해 자녀들은 부모의 의사소통 방법을 배우게 되고 그 부모도 그 위의 부모에게서 배운 의사소통 방법을 통해 가족과 또는 다른 사람들과 의사소통을 하는 것이다.

2) 가족의 의사소통의 요소

가족의 의사소통은 응집과 적응력, 의사소통 이 세 가지를 포함하고 있다. 우리는 태어나면 서부터 가족 안에서 거리감과 친밀감을 유지하는 방법을 배운다. 그것은 응집력을 나타내며 그런 경험을 통해 가족 구성원들이 서로에게 가지고 있는 정서적 유대감과 한 개인이 경험하는 개인적 자율성의 정도를 나타낸다. 가족의 응집력은 가족원들 간의 의사소통에 영향을 주고 또한 영향을 받는다.

가족원들이 응집의 모습들을 발전시키고 그것을 유지 혹은 변화시키는 것도 의사소통을 통해서 가능해진다. 적응은 부부나 가족체계가 상황적이거나 발달문제에 대응하여 권력 구조, 역할 관계, 그리고 관계의 규칙을 변화시키는 능력으로 정의할 수 있다. 가족은 변화를 늘 맞이하는데 결혼, 임신, 출산, 부모 됨, 다시 부부만 남게 되는 상태로 돌아오는 예측 가능한 발달을 거쳐 나가면서 끊임없이 재구성된다.

대부분 잘 기능하는 가족은 스트레스가 매우 심한 경우를 제외하고는 극단적이지 않다. 이 두 가지, 즉 응집과 적응은 모두 의사소통을 통해 전달되고 변화하거나 유지하게 된다. 가족의 의사소통에는 서로 간의 메시지 체계와 상호 영향을 준다. 충분히 이미지를 만들고, 가족이념을 향해 상호작용의 양식을 발전시키는 것과 가족의 경계선, 가족 안에서의 생물학적 문제를 다루는 것들을 통해 서로 건강한 가족 상호 의사소통의 방식에 영향을 준다.

가족 구성원 등은 자기 가족에 대한 이미지와 가족원들 각각에 대한 이미지를 발전시킨다. 이러한 이미지는 다른 가족 구성원들과 상호작용하는 방식을 결정짓는다. 자기 가족에 대한 이미지는 그 가족이 자기에게 무엇을 기대하는가, 그것에 어떠한 의미가 부여되는가, 그리고 그것을 얼마나 중요한가 하는 것을 구체적으로 나타내준다. 두 사람의 서로에 대한 이미지가 일치하고 그것이 한동안 일관성이 있을 때 두 사람 모두에게 편안하고 예측 가능한 의사소통 방식이 나오게 된다.

14. 가족 의사소통의 형태(부모-자녀)

부모 자녀 간의 의사소통은 부부간의 의사소통과는 다르다. 왜냐 하면 부부는 서로 성인인 대등한 관계이지만 부모 자녀는 성인인 부모가 미성년인 자녀를 양육하는 관계이기 때문이다. 고든(T. Gorden)은 부모가 자녀에게 의사소통하는 전형적인 방법으로 다음과 같은 12가지 유형이 있다고 하였다.

1. 명령, 지시하기는 자녀의 느낌이나 요구는 중요하지 않고 부모의 느낌이나 요구에 따라야 한다는 유형이다.
2. 경고, 위협하기는 자녀에게 공포심을 느끼게 하여 복종하게 만드는 유형이다.
3. 훈계, 설교하기는 외적인 권위나 의무를 강조하는 유형이다.
4. 충고, 제언하기는 자녀 스스로 해결할 능력이나 판단이 있다고 믿지 않는 유형이다.
5. 강의, 논쟁하기는 논리나 사실로써 자녀를 가르치는 유형이다.
6. 판단, 비평, 비난하기는 자녀를 부정적으로 평가하는 유형이다.
7. 칭찬, 동의하기는 자녀의 능력을 인정하고 긍정적으로 대하는 유형이다.
8. 비웃기, 창피 주기는 부모가 자녀를 빈정대거나 조롱하여 자녀의 자존심을 상하게 하는 유형이다.
9. 해석, 분석, 진단하기는 부모가 자녀를 분석하고 자녀의 동기가 무엇이며 왜 그렇게 행동하는가에 대하여 알고 있다고 말하는 유형이다.
10. 재확인, 동정, 지지하기는 자녀의 문제로 인하여 부모 역시 불안을 느끼며, 부모 자신의 불편함을 이야기하며 뚜렷한 대안없이 위로하는 유형이다.
11. 캐묻기, 질문하기는 부모가 자녀를 불신하거나 의심한다는 것을 전달하게 되는 유형이다.
12. 물러서기, 농담하기, 딴 데로 돌리기는 자녀에게 관심이 없거나 자녀의 감정을 존중하지 않거나, 자녀를 거부하는 것으로 자녀에게 전달될 수 있는 유형이다. 자녀를 거부하는 것으로 자녀에게 전달될 수 있는 유형이다.

부모가 자녀와 의사소통할 때에는 이상의 12가지 유형 중에서 명령이나 지시, 경고나 위협, 훈계나 설교, 강의나 논쟁, 판단이나 비평 또는 비난, 비웃음이나 창피 줌, 해석이나 분석 또는 진단, 캐묻기, 다른 데로 돌리기보다는 충고나 제언, 칭찬이나 동의, 동정이나 지지하는 방법이 더 바람직스러울 것이다. 그러나 부모나 자녀가 문제를 느낄 때 위의 12가지 전형적인 대화 방법들 모두가 자녀들로 하여금 말을 중단하게 하거나 죄의식 또는 열등감을 느끼게 하거나 자존심을 상하게 하거나 방어하게 하거나 분노를 폭발하게 하거나 수용되지 못하고 있다는 느낌을 갖게 하는 부정적인 영향을 나타내므로 부모 자녀 간에 효과적이고 지속적인 대화를 하기 위해서는 수용의 방법, 나 메시지 전달법, 무패 방법 등이 적용되어야 한다고 고든은 주장한다. 너 - 메시지는 "너는 잘못했어.", "너 때문에 일이 안돼!"라는 식의 말을 하게 된다. 이러한 말은 자녀의 잘못된 행동을 고쳐나가는 데 도움이 되지 못하고 상호 간에 마음만 상하게 된다. 너 - 메시지는 명령, 경고, 설교 등의 형태로서 자녀는 무엇을 해야만 하는가? 또는 자녀에게 자기가 얼마나 나쁜 아이인가? 라는 식의 해석을 하게 하는 경우가 많다. 그러나 나-메시지는 아동의 행동에 대해 부모 자신이 어떻게 느끼는지를 전달함으로써 부모의 입장 및 느낌을 알려 줄 수 있을 뿐만 아니라 자녀가 어떤 감정을 품고 있을 때 자신의 감정을 표현할 수 있는 효과를 가지게 된다. 자녀의 행동을 비판하거나 야단치고 다스리려고 하기보다는 나 메시지를 보내며 자녀의 협동을 구하는 것이 좋다. 부모가 자녀에게 협조를 기대하고 신뢰하는 의미가 전달되면 부모 자녀 간의 의사소통을 원활하게 된다. 그러므로 자신의 감정에 대한 책임은 자신에게 있다는 것을 인정하면서 자신의 느낌과 자신에게 미친 영향을 솔직하게 전달하는 나 메시지 방법이 많이 활용된다. 뿐만 아니라 의사소통은 가정 안에서 생활을 통하여 학습되기 때문에 가족 배경은 의사소통 행동에 가장 중요한 시험 장소가 된다. 그렇기에 가정을 형성하는 것은 바로 부모의 삶의 방식과 가치관, 그들의 생활의 테두리 안에서 이루어진다. 이러한 태두리 안에서 부모와 의사소통을 하며 부모로부터 큰 영향을 받으며 살아가게 되는 것이다.

15. 병리적 의사소통의 특성

의사소통은 가족 구성원 간의 정보 교환을 통해 관계를 형성해 나가는 모든 행동을 의미한다. 즉, 의사소통에는 그 내용뿐만 아니라 전달과정이 중요한 의미를 갖는다. MRI 의사소통 이론가들은 의사소통의 원칙에 대해 다음과 같이 주장했다.

1. 인간의 모든 행동은 의사소통으로 언어적, 비언어적 행동을 포함한다.
2. 의사소통에는 정보를 전달하는 내용과 정보가 전달되는 방식을 나타내는 관계의 두 차원이 있다
3. 가족 구성원 간의 의사소통 패턴은 가족 내 규칙을 통해 유지된다.
4. 모든 의사소통은 그 맥락 속에서 이해되어야 한다.
5. 의사소통은 상보성과 대칭성의 원칙을 갖고 있다.

모든 가족은 가족 특유의 규칙이 있으며 이 규칙은 그 가정 내에서의 가르침과 가치관과도 직결되며 가문의 전통과도 연관될 수 있다. 어떤 규칙은 가정에 꼭 필요하고 어떤 규칙은 해가 된다. 문제 가정에서는 흔히 과거에는 필요했으나 현재에는 바람직하지 못한 규칙들이 지속이 되는 경우를 본다. 가정의 잘못된 규칙은 잘못된 신념이나 정보에서 생길 수 있다. 이런 잘못된 신념이나 정보로 인해 가족 구성원이 매우 제한된 생활을 할 수도 있고, 구성원 간에 뜻하지 않은 거리감이 생길 수 있다.

대부분 가족의 규칙은 분명히 명시되지 않지만, 가족원 간의 반복적인 관계를 통해서 은연중에 기대되고 그에 따라 행동하게 한다. 기능적인 가족에서는 질서와 안정성을 유지시키는 규칙과 함께 변화하는 환경에의 적응을 허용하는 규칙이 공존한다.

사티어는 가족이 자신들의 규칙을 인식하도록 도왔고, 특히 감정의 교환을 내포하거나 가족의 고통을 초래하는 규칙을 강조했다. 그리고 가족 간에 얘기하기를 꺼리는 가족의 비밀 등으로 인해서 문제해결을 위한 현실적인 행동을 취하지 못하게 한다고 하였다. 역기능적 가족은 역기능적 규칙을 따르며 가족의 기능을 향상시키기 위하여 이러한 부적절하고 비효율적인 규칙은 수정되거나 제거되어야 한다는 것이다.

가족원간의 의사소통유형은 가족과 외부 간의 경계의 유연성과 경직성, 하위체계 간의 경계선 상태, 위계질서, 규칙, 가족 발달 단계의 위기 등이 표현되는 통로다. 의사소통 스타일의 변화는 가족관계의 변화를 초래하고 또 가족관계의 변화는 의사소통 스타일의 변화를 초래한다. 문제 가족에서는 이중 메시지가 많이 발생한다. 이중 메시지란 말하는 내용과 말하는 사람의 표정, 행동, 억양 등이 서로 모순되는 경우다. 부부 사이에도 이중 메

시지가 많을수록 그만큼 부부갈등이 커질 수밖에 없다.

가족치료에서 강조하는 역기능적인 의사소통의 유형 중 가장 대표적인 것은 '이중구속(doubl e bind)'이다. 이중구속은 팔로 알토 집단이 개발한 개념으로 가족원간에 논리적으로 상호 모순되고 일치하지 않는 두 가지 메시지를 동시에 전달하는 것을 의미한다. 부모가 자녀에게 전달하는 이중 메시지가 대표적인 예다. 예를 들어 청소년 자녀에게 "네가 스스로 원하는 일을 생각해 봐라"라고 얘기하기보다는 "나는 네가 반드시 스스로 원하는 일을 하도록 할 것이다."라는 메시지를 반복한다. 그러면 자녀는 자기 스스로 원하는 일을 찾아야 할지 부모가 그러한 일을 찾아줄 것인지 혼돈스러워 정작 행동에 옮기기 어려울 것이다.

베이트슨을 포함한 초기 의사소통 이론가들은 정신분열증 가족을 연구하는 과정에서 가족 간의 메시지가 상호 모순되어 혼란을 발생하는 경우를 발견하였다. 부모의 이중 메시지에 자녀들이 어떻게 반응해야 좋을지 모르는 것을 보고 이중구속이 지속 되면 정신분열증을 유발할 수 있다고 보았다.

가족 내 문제가 되는 또 다른 유형의 의사소통으로는 한쪽의 일방적인 순응을 요구하는 보완적 의사소통과 겉으로 보기에는 평등한 관계로 보이나 서로 너무 팽팽하게 경쟁하는 대칭적 의사소통이 있다.

이 두 유형 모두 가족갈등 특히 부부갈등을 발생할 수 있는 의사소통이라 한다.

의사소통 이론가들은 의사소통이 가족원의 행동 장애를 설명하는 주요 요인이라고 생각했고, 이런 의사소통 패턴을 유지하려는 성향을 가족의 항상성 개념으로 설명하였다. 의사소통, 가족 규칙, 순환적 인과성, 항상성 등 가족치료의 주요 개념은 서로 밀접하게 연결되었음을 알 수 있다.

역기능적 부부를 보면, 첫째, 부부 생활에서 정서적인 거리감과 고독감, 둘째, 한쪽 배우자는 신체적, 심리적으로 비기능적이고 다른 쪽 배우자는 과도할 정도로 기능적이다.

셋째, 부부갈등에 가족 외의 사람이 개입된 삼각관계가 있다거나, 넷째, 부부갈등에 1명 또는 그 이상의 자녀가 개입된 삼각관계로 보통은 자녀가 비기능적이 되는 것을 볼 수 있다. 이렇게 해결하지 못하는 부부갈등이 있으면 계속 부부갈등을 해결하지 못하게 하거나 악화시킬 뿐이다.

갈등을 초래하는 의사소통의 스타일은 다음과 같다. 말을 별로 하지 않고 화가 나면 말을 하지 않는다.

자신의 감정이나 의사 표현을 잘 하지 못하고 상대방의 무시하는 말을 자주 하며, 바가지를 긁는다.

결론이 나올 때까지 논쟁하며 화가 나도 혼자 참아 버린다. 가정 바깥일에 지나치게 열중하며 말의 서두(서론)가 길다. 과장된 표현을 잘 사용하면서 지나치게 말이 많고 또 큰

소리로 떠든다. 표정은 무표정하며 TV 보는 것에 너무 열중한다.

곤란하면 화제를 바꾸어 버리며 빈정거리기를 잘하며 고함을 잘 지른다. 화가 난 것을 숨기고 건성으로 들으며, 자기 이야기로 독점해 버린다. 자신이 옳다는 인정을 받아야 직성이 풀린다. 상대방에게 명령한다.

가끔 폭력을 행사하기도 한다. 또 상대방에게 욕설을 퍼붓기도 하며 '시끄러워!' '그만 둬!' '됐어' 등의 말로 대화를 중단시켜 버린다.

16. 의사소통의 걸림돌(한국적 특성)

우리나라의 가족의식을 가장 잘 표현하고 있는 것은 가부장적 가족주의에 입각한 확대가족의 가족구조였다. 사회문화적 관점으로 조명하여 가족 구성원의 표출하기 어려움을 살펴보자.

1) 부부관계

우리나라의 전통적 부부관계는 평등한 인격 존중의 관계보다는 권위주의적 구조로서 주종 관계이며 상하관계가 분명하다.

부부관계에서 남편은 부인의 행동을 통제하고 부인은 남편의 통제에 복종하는 것이 부부 생활을 유지하는 이상적 가치이념이다.

따라서 부부관계는 평등과 우애의 관계가 성립되지 않고 지배와 복종의 종속적 관계로 유지되어 있음을 지적할 수 있다.

그러나 산업화와 도시와의 과정에서 민주적 가치관의 유입으로 한국가족의 부부관계는 평등한 관계로 변화되고 있지만, 아직도 남존여비 사상이 상존하여 부부간의 권위와 자원배분이 불평등하고 남편이 우월적 지위를 차지하면 부인이 종속적 지위를 갖는 가부장적 위계 구조가 상당 부분 유지되고 있다.

2) 부모-자녀 관계

가족 내 자녀 문제의 주요 원인은 부부갈등에서 야기되는 것이다.

우리나라의 부모와 자녀의 관계는 급격한 사회변화로 세대갈등, 세대단절 현상을 초래하고 있으며 왜곡된 교육열로 부모의 권위가 상실되고 있다.

자녀들은 민주적 사고방식, 평등의식, 독립의식 등에 대한 교육으로 부모와의 가치관 차이로 인해 대화가 단절되는 경향이 있다. 즉 산업화와 핵가족화는 조부모, 부모, 형제, 친척 등의 영향력 및 가장의 권위나 지배권을 약화시키는 경향이 있다.

그러나 부모들의 의식구조는 가족의식이 뿌리 깊이 자리 잡고 있어서 자녀를 독립적인 인격체로 분리시키지 못하고 자신의 일부로 생각하는 경향이 있다.

자녀들은 자신의 문화를 가지고 있지만, 실질적인 경제력을 갖지 못하여 부모 세대에 의존할 수밖에 없는 자녀세대와의 갈등이 세대단절을 초래하게 된다.

3) 노부모 성인 자녀 관계

서양에서는 노부모와 성인 자녀 관계에 있어서 특별한 사회 규범 같은 것은 없지만, 우리나라에서 노부모와 성인 자녀와의 관계는 사회적으로 허용된 상호의무와 가족의 존속을 기초로 이루어져 있다. 즉 희생과 효(孝)가 지배 사상으로 작용한다.

의료기술 발달과 생활개선으로 평균수명이 길어짐에 따라 노부모-성인 자녀의 관계는 점점 길어지고 있으며 성인 자녀는 노부모에게 중요한 부양체계가 되고 있다.

우리나라 가족들은 자신이 태어나고 자라온 출생 가족인 원가족과의 정서적 미분화가 특징적으로 나타나고 있다.

결혼하여 분가한 후에도 부모의 지속적인 개입으로 인하여 원가족의 영향을 받으면서 똑같은 방법으로 결혼한 성인 자녀 가족에 개입하는 경향이 있다.

이같이 원가족의 지나친 개입은 가족 내에서 해결하지 못하고 원가족을 삼각관계로 끌어들여 갈등을 해결하려는 경향이 나타나고 있다.

특히 가족들 안에서 건강한 의사소통을 방해하는 걸림돌은 다음과 같은데 먼저 잘 듣기를 방해하는 걸림돌은 다음과 같은 것들로 정리해 볼 수 있다.

17. 의사소통의 걸림돌 요소

말 듣기 걸림돌은 다음과 같은 것들로 정리할 수 있다.

내용	설명
비교하기	자존감이 낮은 사람은 지속적으로 남과 비교하려 한다. 남이 나보다 못하다고 느끼는 순간 자존심이 상승하는 것처럼 경험하면서 기분이 좋아진다. 눈으로 는 이야기한 상대방을 쳐다보고 있으면서 마음으로는 비교하는 생각을 한다면 어떻게 상대방의 말을 제대로 들을 수 없을 것이다.
짐작하기	상대방의 말을 전체적인 맥락 속에서 이해하려 하기보다는 자기의 생각에 들어맞는 단서만 찾아내서 그것을 근거로 자신 생각을 확인하는 것을 말한다. 이들은 비언어적인 자료 즉, 상대방의 목소리 톤이나 얼굴표정, 자세 등에서도 단서를 잡아 자신 생각을 더욱 확고하게 한다.
대답할 말 준비하기	다음에 할 말을 생각하기에 바빠서 상대방의 말을 제대로 듣지 못하는 것을 의미한다. 자기주장이 강한 사람들은 자신의 뜻을 관철시키고자 하는 욕구 때문에 상대방의 말을 귀담아 듣기보다 자신이 할 말만 몰두해서 생각한다. 그래서 상대방의 말이 끝나기가 무섭게 자기주장을 쏟아붓기가 쉽다.
걸러내기	듣고 싶지 않는 말에 대해 귀를 막아 버리는 것을 말한다. 상대방이 분노나 슬픔, 불안에 대해 말할 때 그러한 감정을 인정하고 싶지 않거나, 그런 감정을 나 자신도 어떻게 다룰 수 없기에 회피하고 싶은 마음이 생길 수 있다.
판단하기	상대방에 대해 부정적인 딱지를 붙임으로써 그의 말을 듣지 않거나 왜곡해서 듣는 것을 말한다. 예를 들어 상대방을 어리석다거나 고집이 세다거나 이기적이라고 생각하는 사람은 그의 말을 제대로 들으려 하지 않을 것이다.
딴 생각하기	상대방의 말을 직면하기 싫을 때 다른 생각을 함으로써 그 상황을 회피하려는 것을 말한다. 일반적으로 우리는 현실이 힘들어지면 그 상황을 회피하고자 한다. 상대방에 대한 불만이 계속 쌓일 경우, 그의 말에 귀를 기울이기가 점점 더 힘들어지고 결국에는 그가 말하는 동안 딴생각을 하게 된다.
조언하기	다른 사람의 문제를 해결해 주고자 하는 욕구가 지나치게 강한 사람들에게서 나타나는 걸림돌로, 상대의 말을 충분히 듣지 않은 상태에서 성급하게 끼어들 어 사사건건 충고하는 것을 말한다.
언쟁하기	상대방의 말을 반박하고 논쟁하기 위해서만 그의 얘기에 귀를 기울이는 것이다. 언쟁하기는 문제가 있는 관계의 전형적인 의사소통 방법이다. 이 걸림돌을 사용하는 사람은 상대방의 생각을 전혀 들을 생각이 없기에 그가 어떤 이 야기를 해도 무시한 채 자기 생각만 장황하게 늘어놓는다.
옳아야만 하기	자신의 잘못을 받아들이려 하지 않고 잘못된 자존심을 내세우며 고집을 피우는 것이다. 자기를 있는 그대로 받아들일 수 없는 사람이 자신의 부족함을 지적해주는 말을 받아들이지 못하면, 결코 진정한 대화가 이루어질 수 없다. 그런 사람은 주제를 바꾸거나 변명을 하면서 자신을 방어하려 할 것이고, 결국 더 이상의 대화는 어렵게 된다.
슬쩍 넘어가기	상대방의 얘기가 마음에 들지 않거나 위협적으로 느껴질 때 주제를 바꾸거나 농담을 함으로써 대화를 피하려 하는 것이다. 다른 이들에게 유머가 있는 사람으로 보일지 모르지만, 사실 그의 유머는 건강한 것이 아니라 자기를 방어하기 위한 하나의 수단일 뿐이다.
비위 맞추기	상대방을 위로하기 위해서 혹은 두려움 때문에 너무 빨리 그의 말에 동의하는 것을 뜻한다. 비위 맞추기의 걸림돌을 사용하다 보면, 상대방의 얘기를 충분히 진지하게 듣고 반응할 수 없게 된다. 또 말하는 사람 편에서도 정말 상대방이 나를 지지하고 위로하는 것인지 아닌지 의심하게 된다.

내용	설명
동일시하기	상대방의 말을 나 자신의 경험에 비추어서 듣는 것을 말한다. 그러나 이 걸림돌을 사용하면서 듣다 보면 자기 얘기를 하느라 바빠서 정작 상대방이 얘기하려고 했던 것을 놓치게 된다. 듣는 사람은 상대방이 무엇을 느끼고 생각하는지에 귀를 기울여야 하는데 동일시 하기를 사용하면 말하는 사람이 상대가 아니라 내가 되어 버려서 상대방의 말을 제대로 들을 수 없다.

자기중심적인 의사소통 방법으로는 건강한 의사소통을 하기가 힘들다.

사티어의 역기능적 의사소통은 대부분 가족 안에서 자신을 중심으로 하고 있는 대화의 방법과 행동, 표정을 많이 사용하기 때문에, 상대방과의 의사소통을 막아버리게 된다.

물론 본인의 마음과 이해를 전달할 수도 없다. 어떻게 하면 역기능적 의사소통을 버리고, 일치적이며 건강한 의사소통을 할 수 있을지 방법을 간구해 보고자 한다.

말하기 걸림돌은 다음과 같은 것들로 정리할 수 있다.

내용	설명
나는 좋은 사람이야	자신이 좋은 사람이라는 것을 끊임없이 내세우는 말들은 자신의 낮은 자존감을 보상하기 위한 것으로, 이런 사람의 얘기를 계속 듣다 보면 쉽게 지루해질 수도 있고 거부감을 가질 수도 있다.
나는 강한 사람이야	자신이 심리적으로나 신체적으로 힘이 있는 사람임을 드러내고자 하는 의도를 가지고 대화를 하는 사람이 있다. 이들이 하는 주된 내용은 자신이 해낸 일과 현재 처리하고 있는 일들에 관한 것이다. 그러나 이들이 정말 원하는 것은 "나는 누구보다 강하고 열심히 일하며 중요하다."는 메시지를 전함으로써 다른 사람들로부터 칭찬을 듣거나 아니면 적어도 비난을 받지 않으려는 것이다. 이런 태도의 내면에는 타인의 거절을 두려워하고 자기가치에 대해 확신하지 못 하는 연약한 자아가 들어 있다.
나는 모든 것을 다 알아	어떤 자리에서나 자신이 아는 것을 주제로 삼아 이야기를 끌고 가려는 사람이 있다. 그 사람이 정말 의도하는 것은 다른 사람들에게 유익한 정보를 제공하는 것이 아니라 자신이 얼마나 많은 것을 알고 있는가를 증명하려는 것이다. 그래서 그가 하는 말은 다른 사람을 가르치거나 설교하는 것 같은 형태를 취한다.
나에게는 잘못이 없어	상황이 잘못되어 갈 때 그 원인을 외부에서 찾으려 하는 사람들이 있다. 이들은 대화를 하면서 다른 사람의 잘못을 지적하고 비난함으로써 자신의 책임을 전가하거나 자신이 항상 옳다는 것을 증명하려 한다. 이러한 태도는 낮은 자존감을 보상하기 위한 것이다. 이런 메시지가 일시적으로 자존감을 높여 줄 수 있을지 모르지만, 결과적으로는 주위 사람들에게 열등감과 방어하려는 마음을 갖게 하기에 좋은 의사소통은 이루어지기 어렵다.
너는 잘하는데 나는 부족해	항상 상대방에 대해서 칭찬하고 그의 의견에 동조하면서 자기 자신을 낮추는 사람은 주로 자존감이 낮고 우울하다. 때로 이들은 상대방이 화를 내지 못하게 하거나 불편한 요구를 하지 못하게 하려는 목적으로 이러한 태도를 취하기도 한다.
나는 불쌍한 피해자야	자신이 처한 상황에서 벗어날 수 없을 것 같을 때, 그 환경 자체에 초점을 맞춤으로써 자신이 지금 얼마나 불행하고 고통스러운지 증명하려는 태도이다. 그러나 거기에는 그 상황에 대한 자신의 책임을 회피하고 상대방의 도움을 유도하는 의도가 숨어 있다.
나는 약해서 보호 받아야해	자신이 얼마나 많이 다른 사람들에게 상처를 받았고 피해를 입었는지 끊임없이 얘기하는 사람들이 있다. 그들이 전달하고자 하는 메시지는 "나는 현실을 직면하기에는 너무도 약해서 특별한 보호가 필요해"라는 것이다.

18. 의사소통 회복을 위한 의사소통 모형

사티어가 말하는 의사소통을 잘 한다는 것은 자기 내면에서 일어나는 것을 자각하고 상황에 적절하게, 그리고 나와 상대를 존중하면서 정확하게 표현할 줄 안다는 것을 의미한다. 사티어의 이론을 바탕으로 의사소통을 어떻게 하는 것이 건강한 의사소통을 도우며 역기능적 의사소통으로 발전되는 것을 미리 차단할 수 있는지 증진 방안을 제시해 본다.

◈ 의사소통의 회복을 위한 사티어의 의사소통 모형

• 자기 존중감

자기 존중감은 사티어의 이론의 핵심적인 개념이다. 사티어는 자기 존중감이 없으면 웬만한 가족관계를 형성하기 어렵다고 보았다. 프로이드는 성적인 욕구를 인간의 가장 기본적인 욕구로 간주하고 있지만 사티어는 자존감에 대한 욕구가 성적인 욕구보다 더 근원적인 것이라고 하였다.

인간의 자기 존중감은 유전이 되는 것이 아닌 배워서 얻어지는 것이다. 그리고 그것을 습득하는 곳은 바로 가정이다. 따라서 가족은 부부가 함께 만들어 가는 건축물이라고 할 수 있다. 부모에게 있어서 가장 큰 도전은 바로 자녀를 선입견을 가지지 않고 양육하는 것이다. 비판자와 교정자가 되기보다는 발견자, 탐색자, 그리고 탐정이 되어야 한다.

세상에 나온 새로운 보물에 대해 배우기 위해 시간과 인내와 관찰을 아끼지 말아야 한다. 용기 있게 자신을 발견하는 일을 계속해야 한다. 변화와 성장으로 날마다 새로워져야 한다.

• 솔직한 마음이 담긴 의사소통

가정의 중심이라고 할 수 있는 부부는 서로의 의견을 솔직하게 표현할 수 있어야 한다. 어린 시절 성장 배경이 다르기에 의사소통의 문제가 될 수 있다고 본다.

결혼 전 서로 다른 가정 문화 속에 있었기 때문에 일을 결정하는 방법부터 우선순위를 결정하는 문제 등 다양한 생활 리듬이 서로 다를 것이다.

결국, 이런 다름은 갈등을 유발하게 되고 사소한 일로 부터 자유롭지 못하게 됨으로 서로 이견이 발생이 되는데 이것을 성격 차이라고 한다.

부부간의 서로 양보하는 일들 이 있을 수 있지만 고마운 마음을 가지게 하는 의도가 숨어 있는 배려라면 그것은 사랑이 아니라 자신의 양보와 배려로 배우자로 하여금 미안한 마음을 가지게 함으로 고마운 마음을 갖게 하는 의도적으로 부담을 주려는 행동이다.

사티어의 유형으로 보자면 회유형이다. 이것은 한국 가정의 아내들이 많은 양보를 통하여 남편에게 부담을 주는 사례들이라고 볼 수 있다.

사티어의 의사소통은 언어와 비언어로 이루어져 상호작용하고 있다고 보고 있다. 즉, 사람들 이 자기 의사를 주고받을 때 사용하는 갖가지 상징과 행동적인 암시를 포함하고 있다고 보았다. 의사소통을 통해 지속적인 상호작용을 이루어 가고 있으며, 이러한 의사소통을 효율적으로 서로 정보를 주고받는 지혜가 필요하다.

의사소통의 미숙으로 자기 의사를 분명하게 표현하는데 결점을 지닌 사람들이 있는데, 사티어는 의사소통에서 언어적 의사소통뿐 아니라 비언어적 의사소통을 강조했다. 몸짓, 표정, 움직임, 억양, 옷차림 등을 통하여 메시지를 전달하고 있다는 것이다. 그리고 시간, 장소, 대상, 환경 등의 상황 속에서 이루어진다. 이러한 요인들로 인해 의사소통은 복잡해지기도 한다.

사티어가 의사소통과 자존감의 관계를 더욱 강조하고 있는 것은 실제로 많은 가족들이 보편적으로 갖고 있는 핵심적인 문제가 바로 낮은 자존감과 부적절한 의사소통에 있다는 사실을 발견했기 때문이다.

• 변화

사티어는 모든 사람에게 변화의 가능성이 있다고 보았다. 외부적 변화는 한계가 있지만, 내면적 변화는 가능하다고 보았다. 모든 상담의 목적은 사람을 변화시키는 것이다. 과거의 사건 들은 이미 일어난 일이기 때문에 그것을 변화시킬 수 없다. 그러나 그 사건을 통해 영향을 받은 그 사람의 내적인 감정, 상처받은 마음과 같은 내면적인 변화는 가능하다는 것이다. 과거에 일어났던 부정적인 일들에 대해서 다른 관점을 가지고 보았을 때 그 때 그 사람은 성장하고 변화가 가능해진다.

• 성숙한 관계

사티어는 개개인의 성숙을 큰 변화로 보았다. 왜냐하면, 성숙한 인격을 가진 사람이 자신에 대해서도 책임을 질 수 있을 뿐만 아니라 의사소통에서도 건강하게 할 수 있기 때문이다. 인간이 성숙하기 위해서는 분별력이 있어야 한다. 자신의 감정에 치우치지 않고 지적 능력 감정과 자신 생각을 잘 정리할 수 있는 능력을 말한다.

위의 연구에서도 보았지만, 사티어의 성숙한 사람의 특징은 첫째, 자신의 감정을 파악할 수 있는 능력이 있다. 둘째, 자신의 견해를 다른 사람에게 명확하게 전달할 수 있는 능력을 말한다. 셋째, 자신은 물론 다른 사람을 용납할 수 있는 능력을 말한다. 넷째, 나와 다른 차이점을 지닌 상대에 대하여 어떤 위협을 느끼기보다는 어떤 것을 배우고 탐색하는 기회로 삼는 것을 말한다.

사티어는 개인의 성숙을 중요시하면서 성숙할수록 의사소통 능력이 발달한다고 주장하였다. 사티어는 부부가 갈등을 해결하는 데 있어서 다음 8가지를 제시하였다.

1. 갈등은 불가피하다는 것을 인정한다. 인정하게 되면 다음 단계로 방법을 찾을 수 있다. 인정하지 않는 것이 더 큰 문제를 발생한다.
2. 서로를 존중하는 태도를 갖는 것이다. 상대를 모욕하거나 무시하는 말을 삼가겠다는 태도를 가질 때 비로소 갈등은 줄일 수 있다.
3. 타협을 시도할 문제인지 아닌지 분별한다. 모든 갈등과 논쟁이 타협을 요구하는 것은 아니지만 상대방이 관심을 가진다는 것만으로 그 관심이 정당성을 얻지는 못한다. 예컨대 남편이 술을 취하도록 마시는 것을 좋아한다고 할 때 타협해야 할 문제가 아니라 남편이 절제해야 할 문제이다.
4. 문제로부터 감정을 분리해야 한다. 감정이 중요하긴 하지만 문제해결을 위해서는 상황을 객관적으로 볼 수 있도록 감정과 사실을 분리해야 한다.
5. 상대의 입장을 긍정적으로 바라본다. 내 입장을 관철시키려는 태도보다 상대방의 관심이 무엇인지 제대로 파악하려는 자세가 필요하다. 상대가 제시하는 방법에도 좋은 점이 있을 수 있다. 상대방의 방법을 택했을 때 얻을 수 있는 긍정적 부분들을 고려해 보는 것이 문제해결을 하는 데 도움이 된다.
6. 서로 동의할 만한 대안을 선택한다. 공평한 타협을 통해 두 사람 모두에게 도움이 되는 대안을 찾아야 한다.
7. 융통성을 발휘한다. 삶이란 다양한 측면을 지녔기 때문에 다른 길로 가다 보면 더 좋은 경험을 할 수도 있다.
8. 소신을 갖는다. 마치 해결책이 없을 것 같다고 미리 단정하고 실망하거나 포기하지 말고 소신을 가지고 최종적인 해결책에 도달하기 위해서는 여러 번의 시행착오와 교정이 따른다는 것을 알고 소신껏 시도해 보아야 한다.

사티어는 아이들에게 무조건적인 사랑과 무비판적인 태도를 시종일관 유지하는 것이 중요하다고 하였다. 이야기를 할 때 새로운 신체적 성장("난 키가 3cm 자랐어"), 새로운 기술(자전거를 타면서 "보세요, 엄마 양손을 다 놓았어요"), 새로운 시각, 새로운 의문, 그리고 새로운 농담 등을 포함한다. 이야기를 이렇게 마친 후에는 꼭 축하 파티를 해야 한다. 이런 과정은 사람들에게 자아존중감을 격려해 준다. 긍정적인 표현인 칭찬은 사람들을 세워주는 좋은 방법 중 하나이다. 그러나 잘못한 일에도 무비판적으로만 칭찬만 한다면 긍정적인 자아존중감이나 올바른 가치관을 세우기란 어려울 것이다.

그렇기에 인간이 인간으로서 성장하려면 일정한 기준의 행동을 몸에 익히지 않으면 안 된다. 아이가 그 일정한 기준에 맞는 행동을 바르게 해냈을 때, 비로소 그 행동에 대해서 칭찬을 한다. 어린아이들에게 예의범절을 가르치기 위해서, 또는 학습을 촉진 시키기 위해서 칭찬을 하는 것은 보통 이런 의미에서 사용되는 경우가 많다. 그러나 어릴 때는 칭찬이 교육을 위한 칭찬이었다면, 어른이 되었을 때는 그런 '학습을 촉진 시키기 위한 칭찬'은 필요로 하지 않게 된다. 오히려 "이 스웨터 손으로 뜬 건가요? 너무 예뻐요!"라든가, "당신은 시원시원해서 좋아요" 등 예쁘다든지, 좋다든지, 호감이 간다든지, 훌륭하다든지 등 자신이 느낀 좋은 감정을 전하기 위해 칭찬하는 경우가 많아지게 된다.

때와 장소에 맞게 칭찬하는 방법을 알게 된다면 가족 간에서도 서로 칭찬이 일어나게 될 것이다.

칭찬은 사람을 성장시킨다. 그냥 막연히 좋은 느낌을 상대방에게 전하는 것만이 아니라 "무엇이 어떻게 좋은지" 구체적인 정보를 전하는 것이 중요하다. 꾸중이나 부정적인 말은 그것에 대해서 구체적으로 어떻게 해야 하는지 알려주지 않기 때문에 좋은 결과를 내지 못한다는 것이다. 그러나 칭찬을 했을 때는 '이렇게 하면 되는구나'하는 방법을 알게 되기 때문에 칭찬은 그 사람으로 점점 더 성장하게 만드는 원동력이 된다. '칭찬은 마음속에 담아두는 것이 아니라 반드시 언어로 표현되어야 한다'고 한다. 이런 칭찬은 사람을 세워주는 힘을 갖고 있어서 성장하게 되는 것이다. 칭찬은 아무리 많이 해도 넘치지 않고, 할지라도 해가 되지 않는다.

그러나 칭찬을 할 때 주의할 점은 그 사람의 허물이나 단점이 있음에도 불구하고 장점만을 부각시켜 표현하기 때문에, 지나치게 되면 사실과 다르게 과장되어서 아첨이 되어버릴 수도 있다.

게리 채프먼은 특별히 5가지 사항의 언어에서 부부가 나누는 대화나 표현 방식을 크게 5가지로 나눌 수 있다고 하였다. 인정하는 말, 함께 하는 시간, 선물, 육체적인 접촉, 봉사로 나누었다.

그중에서 인정하는 말은 언어로서 사랑을 채우는 방법으로 칭찬이나 격려의 방법을 권한다. 감정적으로 사랑을 표현하는 하나의 방법은 격려하는 말을 쓰는 것이다. 인정하는 말은 다음과 같이 단순하면서도 솔직하게 표현될 수 있다. "그 원피스가 당신에게 썩 잘 어울리는군요" "어머, 당신 그 옷을 입으니 정말 멋있어요." "오늘 저녁 당신이 설거지를 해줘서 너무 고마워요" "쓰레기 치워 준 것 정말 고마워요" 부부가 서로 이런 대화를 나눈다면 분명 행복한 가정을 만들어 갈 수 있을 것이다. 또 좋은 표현의 방법으로 격려를 들 수 있다. 격려라는 말은 "용기를 불러 일으킨다."는 의미를 가지고 있다. 용기가 필요할 때 용기가 없으면 일을 성취하지 못한다. 그러나 격려의 말을 듣게 된다면 그 사람은 잠재력을 발휘해서 더 좋은 일로 해낼 수가 있다.

부인이나 남편에게 서로 본인이 원하는 것을 당장 하도록 압력을 가하라는 것이 아니라 상대방이 갖고 있는 관심거리를 파악하여 격려한다면 좋은 결과를 불러올 뿐만 아니라 서로의 감정은 더 사랑의 감정을 느낄 수 있게 될 것이다. 격려는 배우자나 자녀가 개선된 행동을 보이는 긍정적인 상황뿐만 아니라 부정적인 상황 속에서도 가능하다. 격려는 행동보다 존재 자체를 용납하는 표현이기 때문이다. 그리고 격려는 현재의 모습보다 미래에 초점을 맞추기 때문에 배우자와 자녀들을 향해 미래의 모습에 소망을 둔 격려의 말을 할 수 있다.

또 온유한 말이 있다. “오늘 설거지를 해줘서 정말 기뻐”라는 말은 딱딱거리거나 비아냥거리면서 말한다면 결코 그것을 사랑의 표현이나 대화로 받아들이지 않을 것이다. 그러나 분노가 올라와도 온유하게 표현할 수 있다. “오늘 저녁을 당신이 도와주지 않으니 실망스럽고 기분이 안 좋아요.”라고 솔직하고 부드럽게 말한다면 사랑의 표현인 것이다.

부부 상대방이 몹시 화가 나서 말을 함부로 할 때라도 당신이 그를 계속 사랑하기 원한다면 더 열을 내며 화를 부추길 것이 아니라 부드러운 말을 해야 할 것이다.

◈ 대화법

사티어는 일치형의 의사소통이 순기능적이자 건강한 의사소통의 방법이라고 보았다. 그 의사소통은 자신 안의 감정과 느낌을 정확하게 전달하고, 몸도 건강한 상태이며 자신과 타인과 상황을 모두 포함한 의사소통이다. 그렇기 위해서는 대화의 방법을 터득해야 가능한 일이다.

대화에 관계된 많은 방법들이 부부 대화법부터 가족의 대화법까지 많은 책을 쏟아냈다.

특히 가족 간의 의사소통이 부모에게서 나오고 자녀들이 그 의사소통의 방법을 가지고 배우자들과 대화하며 자신의 자녀들에게 그것을 들려주고 있다는 것이다. 사티어는 가정 안에서 역기능적인 의사소통과 대화 방법 때문에 역기능적 가족이 되며, 그것은 자녀들에게 학습되어서 또 다른 역기능 가족을 만들어 간다고 보았다.

직장에서의 대화나 여러 장소에서의 대화가 있겠지만, 특별히 가족의 대화는 의사소통이며, 감정과 생각을 나누는 것이다. 그리고 생각과 감정을 나누는 언어적 방법뿐만 아니라 비언어적인 부분인 말투나 어휘, 목소리의 높낮이와 속도에 따라 상대방에게 전달되는 의미에서 큰 차이가 난다.

1단계에서 5단계의 대화의 방법이 있다.

1단계는 형식적이고 의례적인 차원의 대화를 말한다. “철수야, 이제 가니?”, “벌써 오셨네요.”, “안녕하세요?”, “별일 없으시죠?”와 같은 대화를 1단계의 대화라고 한다. 상대방을 인정하고 알아준다는 의미와 다음 단계의 대화로 이어질 가능성이 있다.

2단계는 정보나 사실을 공유하는 차원의 대화이다. “야, 중간고사 시험 범위가 어디까지지?”, “네 양말은 두 번째 서랍에 있어”, “내일 출장 가면 3일 후에 올거야.”라는 생활하는

데 필요한 정보를 교환하므로, 집단 구성원 사이에 일상적인 협조가 가능해지고 소속감이 생기게 하는 의사소통이다. 이 단계의 대화는 피상적이고 사무적인 것이 특징이지만 공동 목표달성을 위해서 집단 구성원들 사이에 필수적으로 해야 할 정보 교환의 과정이다.

3단계는 생각이나 견해를 교환하는 차원의 대화이다. 자신의 솔직한 생각이나 견해 혹은 신념을 드러내어 상대방에게 표현하는 대화여서 '나와 너'의 인간 됨을 꽤 많이 노출시키는 대화이다. "여보, 술을 좀 줄여야겠어요.", "당신은 씀씀이가 나보다 더 헤퍼요.", "당신은 그 일을 정말 잘 처리했군요."라고 대화한다. 같은 생각이나 견해를 가지고 있는 사람들 사이에는 동질감이 생겨서 서로 매력을 느끼게 된다. 그래서 유유상종이라는 말로 오래전부터 설명되어왔다.

4단계는 사사로운 감정을 표현하는 차원의 대화이다. "자네가 일 처리하는 것을 보면 난 부러워, 정말 잘 했어.", "당신 씀씀이가 너무 커서 나는 걱정돼요.", "그 일을 당신이 잘 처리해서 아주 기분이 좋습니다. 당신이 자랑스러워요"라는 대화를 한다. "부럽다, 속상해요, 걱정돼요, 기분이 좋습니다, 자랑스러워요" 등은 말하는 이의 진솔한 감정을 표현한 것이다. 감정의 표현은 생각, 견해, 혹은 판단보다도 한층 더 진솔한 우리의 속마음을 보여주는 깊은 차원의 대화이다.

5단계는 서로 공감하는 차원의 대화를 말한다. 사랑하는 부부나 죽마고우 사이에는 이심전심으로 통하고 공감하는 깊은 대화가 일어날 수 있다. 가장 깊은 인간관계는 공감적 이해가 자주 일어나는 두 사람 사이이다. 상대방의 남다른 경험세계를 그사람의 입장에서 생각하고, 느끼고, 이해해 주는 단계가 5단계 대화이다. 마치 자신이 그 사람이 된 양 그 사람의 입장에서 세상을 보고, 생각하고, 느낄 수 있는 공감 능력을 가지고 있으면 다른 사람과 심리적으로 하나가 되는 체험을 할 수 있다. 서로 다른 두 사람이지만 공감하는 순간은 한 몸처럼 같은 경험을 공유할 수 있다. 같은 그림을 보고도 다른 견해를 가질 수 있다. 그러나 그것을 이해하고 인정하지 않으면 인간관계는 필연적으로 갈등과 불화의 연속이 될 것이다.

이런 단계별 대화에 대해서 자신을 돌아보고 가정에서 어떤 대화와 말을 하고 있는지 한번 점검해 본다면, 가정 안에서 우리의 대화는 좀 더 부드럽고 따뜻한 대화를 나눌 수 있을 것이다. 토머스 고든은 부모와 아이들과의 관계를 통한 부모 역할 훈련에 대해서 말하고 있다.

아이들은 부모의 언어적, 비언어적인 부분에 굉장히 민감하다. 부모의 말과 행동의 불일치를 금방 깨닫게 된다. 엄마가 실제로는 아이의 행동을 수용하지 않으면서 수용하는 것처럼 행동할 때 문제가 발생한다.

행동이나 말에서 오는 메시지도 받아들일 수 없기에 혼란에 빠질 수 밖에 없다. 이게 반복이 되면 아이들은 사랑을 확인받으려 하고 불안정성에 빠지고 만다.

베이슨은 이것을 이중 메시지라고 말하고 있고 사티어는 이 메시지의 불일치로 인해 역기능적 의사소통이 일어나게 되며 역기능적 가정이 발생하게 된다고 말한다.

아이들의 행동이나 말이 부모를 방해하거나 문제를 일으키게 만든다거나 하는 일이 다반사이다. 특히 아이들의 행동이 부모의 욕구를 방해할 때 이런 행동을 다루는 효과적인 방법이 필요하다. 부모도 욕구가 있고 나름의 삶이 있는데 그럼에도 불구하고 아이들 중심으로 가정이 돌아가게끔 내버려 둘 때가 있다. 그러다가 아이가 자라면 자랄수록 부모의 욕구에 대해서 전혀 신경 쓰지 않게 되는 것을 보고 부모들이 뒤늦게 후회하기도 한다. 아이가 그렇게 자라도록 내버려 두면 아이는 삶을 자기 욕구를 지속적으로 충족시키기 위한 일방 통 행로와 같은 것으로 생각하게 될지도 모른다. 부모는 자기 아이가 "고마워할 줄 모르고 이기적"이라고 속상해하고 화를 내게 된다.

여기서 고든은 나 메시지를 전달해야 한다고 주장한다.

대부분 부모는 자녀에게 너 메시지를 전달하고 있다. "그만해", "그러면 못써", "다시는 그러지 마라", "그만두지 않으면 혼날 줄 알아", "버릇없는 자식 같으니", "말 좀 들어라", "그러면 안되는거 알텐데" 이 말의 중심은 바로 '너'다.

그러나 나 메시지는 "피곤해서 놀고 싶지가 않아", "너 데리러 갔을 때 네가 거기 없으면 아빠는 힘이 빠진단다.", "부엌을 깨끗이 치워 놓았는데, 금방 다시 그렇게 어질러 놓으면 엄마는 정말 기운이 빠져"라는 말로 사용되어진다. 이 말의 중심은 바로 '나'이다.

나 메시지는 세 가지 구성요소를 갖추고 있다면, 아이가 자발적으로 자기의 행동을 수정할 가능성도 더 높아진다. 첫째, 받아들일 수 없는 행동의 설명, 둘째, 부모의 감정, 셋째, 아이의 행동이 부모에게 미치는 실제적이고 구체적인 영향이 그것이다. 행동과 감정, 영향을 모두 말하는 것이다.

너 - 메시지로 이야기할 때에는 부모의 감정이 받아들일 수 없는 아이의 행동에서 비롯되는 것이라는 인과 관계를 명확하게 하지 않는다. 그저 으름장, 명령, 아이를 깎아 내리 는 말들을 불쑥 내뱉을 뿐이다. "너 때문에 미치겠다", "게으른 녀석" 등 그러나 나- 메시지로 이야기할 때는 부모 스스로가 자신의 감정을 먼저 파악해야 한다. 자신의 감정이 어떤지 말해주어야 한다. 화가 났는지, 걱정되었는지, 불안한 건지, 아니면 당황한 것인지 파악하고 말해주어야 한다는 것이다.

"바로 집에 돌아오지 않았는데 전화해서 늦을 거라고 말해주지 않아서 걱정했어."

특히 아이의 행동이 부모 자신에게 어떻게 미치는지 실제적이고 구체적인 영향에 대해 말을 해줄 필요가 있다. 실제적이고 구체적인 영향이란, 아이의 행동으로 인해 돈 이 더 든다거나 시간이 걸린다거나 혹은 뭔가 하고 싶은 것을 못하게 된다거나 몸이 힘들거나 피곤하거나 아프거나 불편하다거나 하는 것 등을 들 수 있다.

나 메시지는 행동에 대한 대화이기 때문에, 실제적이고 구체적인 영향에 대해서 정확하게 말해주어야 한다.

19. 의사소통 유형검사

다음의 설문지를 통해 나의 의사소통 유형이 어떤 유형인지 살펴보자. (그렇다-1점, 그렇지 않다- 0점)

번호	문항 내용	점수
1	아무도 나에게 관심을 가져주지 않으며 나를 걱정해 주지 않은 것 같다.	
2	비교적 대화하는 사람의 기분을 맞추어 주려고 하는 편이다.	
3	감정이 없는 사람이라는 말을 듣는 편이다.	
4	다른 사람의 주장이 내 생각과 달라도 맞장구를 쳐주는 편이다.	
5	어디에서건 다른 사람에게 지는 것을 싫어한다.	
6	상대방의 질문에 적절하게 반응하지 못하며 정확한 답을 피하는 경향이 있다.	
7	반대 의견을 잘 말하지 않는 편이다.	
8	논쟁할 때 상대방의 실수나 결점을 잘 찾아내는 편이다.	
9	의견이 일치하지 않는 상황에 잘 대처하는 편이다.	
10	어떤 의견을 결정할 때 다른 사람의 눈치를 보는 경우가 많다.	
11	다른 사람을 지배하려고 할 때가 많으며 명령하거나 지시하는 편이다.	
12	논쟁할 때 감정은 잘 드러내지 못하는 편이다.	
13	다른 사람들과 대화 하는데 어려움을 느끼지 않으며 사람들과의 관계에 만족하는 편이다.	
14	지나치게 겸손한 경향이 있다.	
15	힘이 있고 강한 사람으로 인정받고 싶다.	
16	혼자서 화난 감정을 삭이는 편이다.	
17	의견이 대립이 될 때 내가 옳다고 주장하기 위해 조사 자료를 인용하는 편이다.	
18	다른 사람의 말이나 행동에 상관없는 반응을 하는 경우가 있다.	
19	다른 사람에게 말을 할 때 대체로 사리에 맞게 이야기하는 편이다.	
20	어떤 결정을 할 때 상대방의 감정을 고려하지 않는다.	
21	스트레스를 받는 문제에 대해서 되도록 관심을 가지지 않으려 한다.	
22	부정적인 느낌을 갖게 될 때에도 그 느낌을 솔직하게 상대방에게 표현하는 편이다.	
23	다른 사람에게 화난 모습을 보여주기 싫어하며 실제로는 기분이 나빠도 나쁘지 않은 척하는 편이다.	
24	상대방의 요청을 쉽게 거절할 수 있으며 상대방의 반응에 신경 쓰지 않는 편이다.	
25	대화하고자 하는 주제에 대해 사람들의 관심을 분산시키는 경향이 있다.	
26	다른 사람이 나에게 표현하는 느낌을 잘 믿고 받아들이는 편이다.	
27	주위 사람들에게 잘 대해주어야 하며 다른 사람을 화나게 하고 싶지 않다.	
28	내가 말하는 내용을 듣는 사람이 이해를 못해도 상관하지 않는 편이다.	
29	일관성이 없고 상황에 맞지 않는 말을 하는 경향이 있다.	
30	나의 생각을 분명하게 밝히며 해야 할 말을 자신 있게 하는 편이다.	
31	무슨 일이든 내가 먼저 사과하는 편이다.	

번호	문항 내용	점수
31	무슨 일이든 내가 먼저 사과하는 편이다.	
32	솔직하지 못하고 무책임하게 말을 하는 편이다.	
33	행동할 때 다른 사람을 지나치게 의식하는 편이다.	
34	불평불만이 많은 편이다.	
35	미리 생각하지 않고 되는대로 말하는 경향이 있다.	
36	상대방의 느낌을 잘 이해하는 편이다.	
37	상대방을 비난하는 말을 자주 한다.	
38	다른 사람에게 관심이나 따뜻한 표현을 거의 나타내지 않는다.	
39	지나치게 합리적이며 객관적인 경향이 있다.	
40	거절하는 말을 잘하는 편이다.	
41	윗사람이 꾸중하면 화가 나서 일일이 대꾸를 한다.	
42	나 자신의 감정을 잘 드러내지 못하는 편이다.	
43	내가 무슨 말을 할 때 상대방이 화낼까 봐 많이 염려한다.	
44	다른 사람이 나에게 충고하려고 하면 나도 상대방의 결점을 찾아내어 공격한다.	
45	다른 사람에 대해 별로 관심이 없는 편이다.	
46	다른 사람의 대화에 끼어들어 관심을 받으려고 하는 경우가 있다.	
47	상대가 어떻게 생각하든지 할 수 없는 일을 못한다고 거절하는 편이다.	
48	화가 나도 무조건 참는다.	
49	다른 사람으로부터 모욕을 당하면 당장 그 자리에서 강대를 골려준다.	
50	다른 사람에게 지나치게 화를 내는 경우가 있다.	
51	정직하게 "예", 혹은 "아니오"라고 말한다.	
52	까다로운 일에 대해 결정하기를 귀찮아한다.	
53	상대방이 이야기 할 때 귀 기울여 듣는다.	
54	상대의 생각을 더 잘 알기 위하여 상대의 의사를 묻거나 확인한다.	

- 비난형: 5. 8. 11. 32. 33. 34. 37. 4 1. 44. 49. 50
- 회유형: 4. 7. 10. 12. 14. 16. 2 1. 23. 27. 3 1. 43. 18
- 초이성형: 3. 15. 17. 20. 24. 38. 39. 40. 42. 45. 17
- 일치형: 2. 13. 19.22. 26. 30. 36. 5 1. 53. 54
- 산만형: 1. 6. 9. 18. 25. 28. 29. 35. 46. 52

* 어느 의사소통유형인지 번호를 확인하여 본다. 의사소통유형 중에 제일 많이 '그렇다' 점수를 받은 숫자가 많다면 그 의사소통유형이다.

20. 부모 자녀간의 의사소통 척도 질문지

다음 문항은 귀하가 평소에 가족과의 생활에서 느끼고 있는 점들에 관한 것입니다. 귀하의 가족에 가장 가깝다고 생각되는 문항에 ○표해 주십시오.

번호	문항 내용	전혀 그렇지 않다	드물게 그렇다	가끔그렇다	자주그렇다	거의 항상 그렇다
1	우리 가족은 서로 서로에게 도움을 청한다.	1	2	3	4	5
2	우리 가족은 문제를 해결할 때 자녀들의 제안을 받아들인다.	1	2	3	4	5
3	우리 가족은 서로 서로의 친구를 인정한다.	1	2	3	4	5
4	우리 가족은 자녀들도 자신들에 대한 규율에 대해서 발언권이 있다.	1	2	3	4	5
5	우리 가족은 가족끼리만 함께 일하기를 좋아한다.	1	2	3	4	5
6	우리 가족은 어느 한 사람만이 아니라 식구 중 누구라도 가족 내에서 주도적 역할(지도자 역할)을 할 수 있다.	1	2	3	4	5
7	우리 가족은 다른 사람들과 보다는 우리 가족끼리가 더 친하다.	1	2	3	4	5
8	우리 가족은 일을 처리하는 방법을 변화시킨다.	1	2	3	4	5
9	우리 가족은 가족끼리 여가 시간을 함께 보내는 것을 좋아한다.	1	2	3	4	5
10	부모와 자녀가 벌 받는 일에 대해서 토론한다.	1	2	3	4	5
11	우리 가족은 가족끼리 매우 친하게 느낀다.	1	2	3	4	5
12	우리 가족은 자녀들도 의사결정을 할 수 있다.	1	2	3	4	5
13	우리 가족은 행사가 있을 때 모두 참여한다.	1	2	3	4	5
14	우리 집에는 규칙이 바뀔 수 있다.	1	2	3	4	5
15	우리 가족은 가족끼리 함께 할 수 있는 일을 쉽게 생각해 낼 수 있다.	1	2	3	4	5
16	우리 집에서는 집안일에 대한 책임을 한사람씩 전적으로 말하지 않고 가족 내에서 바꿔가면서 한다.	1	2	3	4	5
17	우리 가족은 각자의 일을 결정할 때 가족들과 상의한다.	1	2	3	4	5
18	우리 가족 중 누가 주도적인 역할(지도자 역할)을 하는지 분명히 알기 어렵다.	1	2	3	4	5
19	가족 단결 및 단란은 매우 중요하다.	1	2	3	4	5
20	어떤 집안일을 누가 하는지를 말하는 것은 어렵다.	1	2	3	4	5
21	우리 가족은 서로에게 '사랑한다'는 고백을 모두 잘한다.	1	2	3	4	5
22	우리 가족은 서로에게 '감사하다'는 말을 모두 잘한다.	1	2	3	4	5

자존감이 보통이고 기본지능이 탄탄하며 대인관계가 원만한 교육관련 (강사) 직무가 가장 적합한 패턴

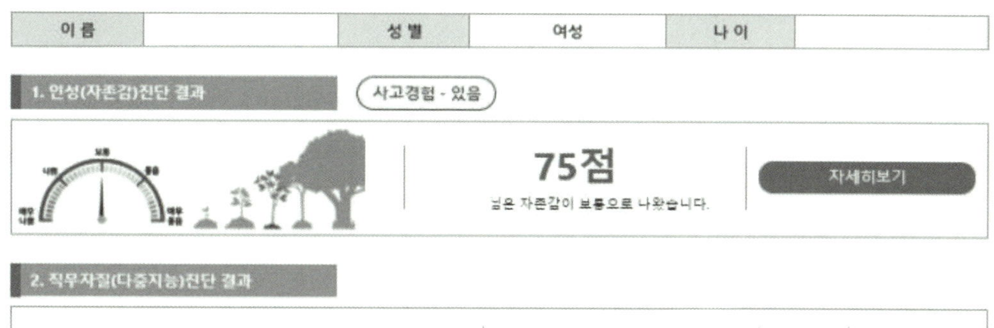

이 름		성 별	여성	나 이	

1. 인성(자존감)진단 결과 (사고경험 - 있음)

75점

님은 자존감이 보통으로 나왔습니다.

자세히보기

2. 직무자질(다중지능)진단 결과

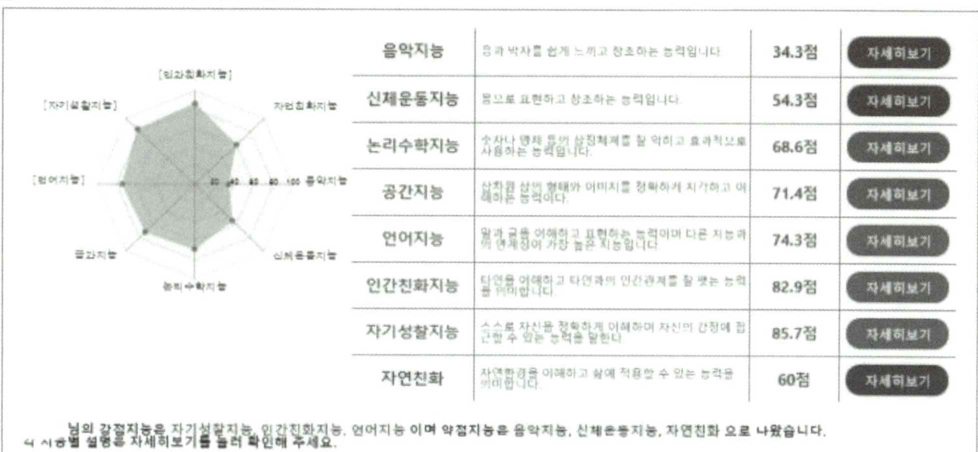

음악지능	음과 박자를 쉽게 느끼고 창조하는 능력입니다.	34.3점	자세히보기
신체운동지능	몸으로 표현하고 창조하는 능력입니다.	54.3점	자세히보기
논리수학지능	숫자나 명제 등의 상징체계를 잘 익히고 효과적으로 사용하는 능력입니다.	68.6점	자세히보기
공간지능	삼차원 상의 형태와 이미지를 정확하게 지각하고 이해하는 능력이다.	71.4점	자세히보기
언어지능	말과 글을 이해하고 표현하는 능력이며 다른 지능과의 연계성이 가장 높은 지능입니다.	74.3점	자세히보기
인간친화지능	타인을 이해하고 타인과의 인간관계를 잘 맺는 능력을 의미합니다.	82.9점	자세히보기
자기성찰지능	스스로 자신을 정확하게 이해하며 자신의 감정에 접근할 수 있는 능력을 말한다.	85.7점	자세히보기
자연친화	자연환경을 이해하고 삶에 적용할 수 있는 능력을 의미합니다.	60점	자세히보기

님의 강점지능은 자기성찰지능, 인간친화지능, 언어지능 이며 약점지능은 음악지능, 신체운동지능, 자연친화 으로 나왔습니다.
※ 지능별 설명은 자세히보기를 눌러 확인해 주세요.

3. 대인관계(의사소통)진단 결과

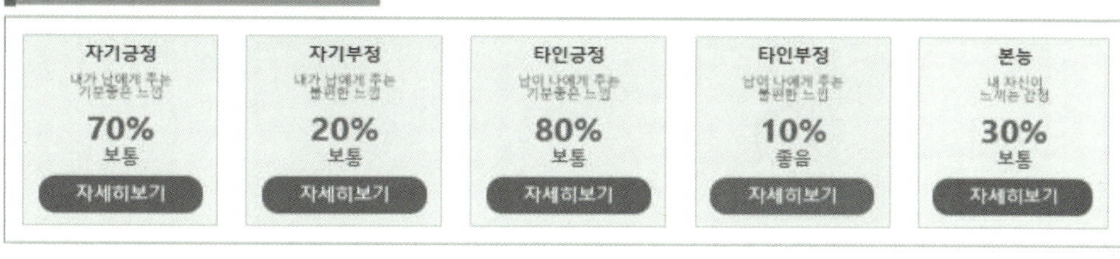

자기긍정	자기부정	타인긍정	타인부정	본능
내가 남에게 주는 기분좋은 느낌	내가 남에게 주는 불편한 느낌	남이 나에게 주는 기분좋은 느낌	남이 나에게 주는 불편한 느낌	내 자신이 느끼는 감정
70% 보통	20% 보통	80% 보통	10% 좋음	30% 보통
자세히보기	자세히보기	자세히보기	자세히보기	자세히보기

종합결과

안전

회원님의 경우 직무자질과 대인관계 진단에서 모두 좋은 결과가 나왔습니다. 앞으로 목표를 설정하여 전문적인 장점으로 이어진다면 시행착오로 인한 시간과 비용의 낭비를 줄이고 본인이 원하는 목표달성에 더욱 좋은 결과를 만들어 내질 수 있습니다.

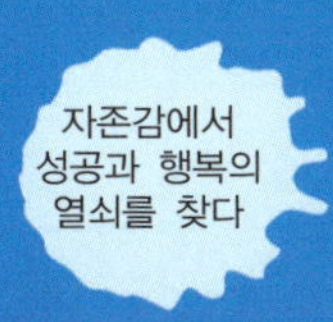

5

대인관계(TA교류분석, 스트로크)

1. 대인관계의 개념

대인관계란 두 사람 혹은 그 이상의 사람들 상호 간에 일어나는 관계이다.

대인관계는 사람과 사람과의 인격적 관계이며, 사람들 간의 역동적이고 지속적인 상호작용의 복합적인 패턴을 의미하는 것이다. 특정 개인이 타인에 대해 생각하고 느끼며 지각하고 행동하는 심리적 지향성이다.

Heider(1964)는 대인관계란 소수인, 일반적으로 두 사람 사이의 관계라고 보고 개인의 생각, 느낌, 기대, 지각, 행동 사이의 교환이라 하였다.

Swensen(1973)은 대인관계를 한 인간으로 생존하기 위해 정체감을 확립하고 건전한 성격을 발달시키기 위하여 타인들과의 상호작용하는 관계라고 하였다.

Clarkson은 대인관계를 인간 상호 간에 의식적으로든 혹은 무의식적으로 서로 영향을 미치는 것으로 특히 대인 간의 의사소통을 할 때 주고받는 인정표현에 의한 사람들 간의 은유적인 공감이라고 정의하였다. 따라서 대인관계 형성의 기본 요소인 대인간 의사소통 행동을 탐구함으로써 대인관계에 대한 이해가 가능한 것이다. 위의 정의들을 살펴보면 대인관계란 두 사람, 또 는 그 이상의 사람들 사이에서 이루어지는 역동적이고 지속적인 상호작용의 복합적인 과정이라고 강조하였다. 그러므로 사람은 경험하게 되는 대인관계에 따라 자기 성장뿐만 아니라 대인 관계능력에 영향을 받게 된다. 대인관계에서 중요한 것은 자신을 아는 것이고 타인과의 상호작용을 통해 변화를 시켜나갈 수 있다.

Berne은 인간의 적응문제를 대인간 의사소통의 과정에서 발생하는 것으로 분석하였다. 교류분석은 두 사람 사이에서 주고받는 교류를 분석하여 건강한 의사소통을 할 수 있도록 대인간 의사소통의 분석에서 출발한 이론으로 보고 있다. 특히 인격을 형성해가는 과정인 청소년들이 건강한 성격을 유지하면서 성장 과정에서 여러 심리적 갈등을 효과적으로 해결할 수 있도록 가정과 사회는 물론 한 개인을 사회 구성원으로 만들어 가는 학교는 학생들이 자신과 타인을 이해하고 수용하며 올바른 대인관계를 형성할 수 있도록 조력해야 한다고 하였다.

대인관계에 크게 영향을 미치는 심리적 요인은 첫째, 대인관계의 주체인 나의 심리적 특성 요인이며, 둘째는 인간관계의 상대인 너의 심리적 요인이며, 셋째가 나와 너 두 사람 사이의 일어나는 상호작용이며, 대인 동기, 대인신념, 대인기술이 인간관계에 개입되는 주요한 성격적 특성이라 한다.

이같이 상호작용은 두 사람의 언어적 또는 비언어적인 의사소통 과정이다. 이러한 반복적인 과정이 인간관계를 구성하는 중요한 상호작용 과정이라 하였다.

대인관계와 관련된 집단프로그램과 관련된 선행 연구를 살펴보면, 청소년과 중학생을 대상으로 의사소통과 대인 관계향상을 다룬 연구 등이 있었으며, 프로그램을 통한 대인관계의 효과성이 있었다고 보고하였다.

전문대학생을 대상으로 교류분석 집단프로그램을 실시하여 대인 관계능력 향상을 위한 집단상담은 대학생들의 자아 성장과 대인 관계능력 향상에 효과가 있었다고 밝히고 있다. 교류분석 집단상담이 초등학생의 자아존중감 및 대인관계 만족감을 향상시키는데 긍정적인 효과가 있다고 보고하였다.

교류분석의 효과를 측정하고자 한 선행 연구의 대부분은 자아개념이나 대인 관계에 대한 연구가 차지하고 있다. 교류분석 이론에 기초한 집단상담 프로그램으로 자아존중감과 대인관계 향상에 효과가 있었다고 밝혔다. 특히, 대인관계의 구성요소인 만족도, 신뢰감, 친근감, 민감성, 개방성, 이해성을 증진 시켰다고 보고 하였다.

2. 대인관계능력의 구성요소

대인관계의 구성요소를 살펴보면 대인관계를 만족감, 의사소통, 신뢰감, 친근감, 민감성, 개 방성및 이해성의 7가지 구성요소로 나누어 인간관계 변화척도를 구성하였다.

대인관계 구성요소를 좀 더 구체적으로 살펴보면,

첫째, 만족감은 서로가 바라는 관계가 형성되었을 때 느끼는 감정을 말하며, 상호작용에 있어서 정확한 지각력과 생산적 활동, 행위의 자발적 조정과 이행과 관련이 있다.

둘째, 의사소통은 마음먹은 바를 능동적으로 전달하고 수용하는 능력으로 언어적 · 비언어적으로 다른 사람의 감정, 생각, 의도 등을 서로 공유하는 것을 말한다. 의사소통은 대인관계의 시작이며 적절한 의사소통으로 인해 서로에게 공감적 이해를 가질 때 바람직한 대인관 계를 형성할 수 있다.

셋째, 신뢰감은 타인을 믿는 심리적 경향을 말하며, 바람직한 대인관계의 형성에 있어서 매우 중요하며, 상대방에 대한 믿음은 심리적 안정을 가져온다고 한다.

넷째, 친근감은 타인과의 친밀감을 나타내는 것을 의미한다. 타인과 친밀한 관계를 유지하는 것은 자신의 생존에 대한 안전을 확보하는 것으로 해석할 수 있다.

다섯째, 민감성은 느낌이 날카롭고 예민한 성질을 말한다. 타인이 보내는 신호에 빠르게 대응하는 것은 자신이 상대방을 중요하다고 인식하고 집중되어 있음을 보여주는 것으로 다른 사람으로부터 신뢰감 및 친밀감을 형성할 수 있는 바탕이 될 수 있다.

여섯째, 개방성은 자신 내면 및 행동을 상대방에게 솔직하게 드러낼 수 있는 능력을 말하며, 자신이 원하는 것을 정확히 전달함으로써 우리는 만족감을 얻을 수 있다.

일곱째, 이해성은 이성적으로 사리를 분별하는 것을 의미한다. 즉, 사람들은 서로의 행동에 대한 상호작용을 통해 서로에게 영향을 주는데, 이때 서로가 요구하는 것에 대해 정확한 판단을 할 수 있도록 하는 능력이 이해성이다. 서로에 대한 이해를 바탕으로 신뢰를 쌓을 수 있다

대인관계 향상을 위해서는 구성요소를 고려한 다양한 활동들이 긍정적인 영향을 미칠 수 있을 것이다. 그러므로 바람직한 대인관계는 자신을 상대방에게 적절히 표현할 수 있고, 상대방으로부터 이해와 우호적인 피드백을 받을 수 있는 관계이다. 또한, 다른 사람과 어울리는 데 불편함이 없으며 다른 사람이 나를 어떻게 볼 것인지에 대한 두려움이 없는 자유로운 관계로서 타인의 시선이나 비판에 지나치게 민감하지 않고 자기 자신 생각이나 욕구에만 매몰되지 않으며 자신을 넘어서까지 관심을 확장할 수 있는 심적 상태이다. 또한, 주변 사람들과 어울리는 성격 특성을 가지고 대인관계에서 어려움이 일어날 때 상황

이나 자신의 행동을 분석할 수 있는 능력을 가지는 것이다. 관계의 측면에서는 서로에 대한 이해의 폭이 넓고 서로의 성장을 진정으로 돕고 바라는 관계라고 할 수 있다.

본 연구에서는 인격을 형성해가는 중요한 시기에 대인관계의 어려움을 겪고 있는 중학생들에게 대인관계의 구성요소인 만족도, 신뢰감, 친근감, 민감성, 개방성, 이해성을 중심으로 스트로크 중심 TA 집단프로그램을 실제 적용해보고 훈련함으로써 대인관계를 능력을 향상시키고자 한다.

3. 청소년의 대인관계 특성

청소년 시기는 형식적 조작기(Piaget, 1999)의 시작이고, 신체적 성숙과 정서적인 발달, 소속감, 이성 교제가 발달과제이다. 또한, 집단정체감 소외감을 경험하기도 하고 동료의 압력을 받기도 하는데, 핵심징후로 나타나는 것이 고립감이라고 설명하고 있다.

이 시기의 있는 청소년들에게 발달 과업의 완수는 제대로 기능하는 인간으로 성장하는데 중요한 부분이다. Erison(1988)은 중학생부터 대학생 때까지의 심리 사회학적 발달 과업으로 자아 정체감 확립이 중요하며 자아 위기와 극복 과정을 성격발달의 주요 원인으로 생각하였다. 청소년들은 보다 동등하고 상호적인 친구 관계에 기반을 두고 다양한 방법을 통해 자신에 대한 지식을 확장하고 심화시켜 나가게 된다. 친구집단은 사회적 행동에 대한 기준, 개인적 관계의 추구, 소속감의 제공, 자아감의 통합에 영향을 주는 등 자신과 타인의 관계를 지각하게 해준다.

이같이 청소년은 신체적, 정서적, 사회적, 지적 그리고 정신적으로 급격하게 성장하고 변화하는 시기로 인생에서 가장 복잡한 과도기를 거친다. 중학생은 다양한 발달 과업을 수행해나가고 가정과 학교 지역사회, 대중매체를 통한 환경에 대한 영향을 받으며 사회적 상호작용 이 활발하게 시작되는 시기이다.

청소년의 발달 단계에서 수행해야 할 사회적 과제는 많은 사람을 사귀고 다양한 사람들과 관계를 맺고 함께 잘 지내는 방법을 배우는 시기이다. 이들의 대인관계의 특징으로는 부모나 가족으로부터 분리되어 친구나 자신에게 의존하려는 경향이 있으며, 우정이 가족 간의 사랑보다 중요하며, 또래 관계와 유대를 형성하고 집단 내에서 자신의 지위와 역할을 배우며 필요한 사회적 기술을 학습하게 된다.

그러므로 가족보다는 또래와 더 많은 시간을 보내게 되고, 사회적 만남의 증가와 다양성 때문에 많은 불안과 갈등과 혼란을 겪게 되면서, 대인 관계능력을 발달 혹은 정체시켜 나가기도 한다. 특히 교우관계는 가족과는 달리, 자발적으로 선택하기 때문에 자신과 또래 관계를 원하는 사람이 없다면, 소외되고, 외톨이가 될 수밖에 없다. 이 시기의 또래 집단은 자신의 가치를 확인하게 되고, 자신을 측정하고 점검하기 위한 거울의 역할을 하며, 자신의 존재가치를 확인할 수 있는 준거가 되기도 한다.

특히, 이 시기에 경험하는 대인관계는 개인의 성장과 적응적 삶에 중요한 영향을 미친다. 신체적으로는 2차 성장이 나타나고, 정서적으로 자기 욕구충족의 경향이 증가한다. 그러나 욕구충족에 대한 정보와 인식이 부족하여, 가족이나 사회, 문화적인 관습의 굴레에 묶여, 자신의 욕구충족이 저지되어 갈등과 분노, 질투 등 정신적 긴장도가 증가하기도 한다.

행동적으로는 자아 중심적 사고와 행동을 하게 되는데, 자신 생각이 옳다고 생각하며, 부모의 보호에서 벗어나 독립적인 개체로서 자기 나름대로 판단에 따라 행동하려 한다. 또 다른 한편으로는 부모와 형제 속에서 사랑과 안정감을 느끼고, 학교의 울타리 안에서 또래 친구들과 어울리며 의사소통하고, 상호작용하면서 정보와 의견을 교환하고 공유하는 사회적 기술을 습득하는 기제가 되기도 한다.

청소년 시기의 대인관계는 인간 상호 간의 신뢰감과 친근감을 구축하고, 서로를 이해할 수 있는 폭넓은 교류를 원만하게 유지하는 데 중요한 역할을 한다고 했으며, 청소년들은 또래 친구들이 자신을 좋아해 주기를 바라며, 그들로부터 인정받기를 원한다고 하였다. 그러나 많은 시간을 학교에서 보내며 입시 위주의 학업에 몰두할 수밖에 없는 청소년들은, 서로를 배타적 경쟁자로 인식하여, 마음을 나눌 친구가 없다는 것이 스트레스의 원인이 될 수 있다. 원만하지 못한 대인관계에서는 낮은 자존감과 심리 사회적 문제, 소외감, 나아가 학교폭력 및 청소년 비행문제로 이어질 수 있으며, 따돌림 대인관계 기피 등 여러 가지 어려움을 겪게 된다고 하였다.

현대 사회의 급격한 변화로 인한 가정의 구조 변화와 가족 붕괴로 인해, 대인관계의 가장 기본적인 대상인 부모와의 관계가 가정에서 제대로 이루어지지 않고 있다. 또한, 학교에서도 획일적 교육방식과 입시 위주의 수업으로 청소년의 사회성 향상과 또래와의 원만한 의사소통 및 대인관계 기술 습득이 미흡한 것이 청소년들의 현실이다. 청소년의 성장을 돕기 위해서 청소년의 대인관계 향상을 위한 다양한 프로그램 연구와 청소년 상담이 요구된다고 하였다.

청소년의 대인관계에 관한 선행 연구들을 보면 의사소통 훈련프로그램이 대인관계에 긍정적인 효과가 있었다고 하였으며, 애착 이론에 근거한 청소년의 대인관계 증진에 집단 미술치료 프로그램의 효과가 있었다고 보고하고 있다. 또한, 청소년은 학교에서의 대인관계가 중요하며 대인관계역량을 증진 시키고 훈련하기에 좋은 장소라고 말하며 학교에서 대인관계역량 집단 활동을 통한 대인관계역량 프로그램 개발이 절실히 요구된다고 하였다.

청소년 대상으로 대인관계 향상과 관련한 프로그램으로 효과성을 검증하였으며, 교류분석 집단프로그램이 초등학생의 자아존중감 향상에 효과가 있음을 보고하였다. 교류분석 프로그램에 대한 선행 연구로 TA 집단상담 프로그램이 전문계 고등학생들의 자아존중감과 의사소통 방식에 미치는 영향, TA 이론에 기초한 고등학생의 자기 존중감 및 대인관계 향상을 위한 집단상담프로그램개발, 초등학생의 자아개념 및 대인관계 만족도에 미치는 영향에서 TA 프로그램이 대인관계의 효과성이 있었다고 보고하고 있다. 청소년 문제와 관련한 부분에서 스트로크를 강조하였으며, 인간의 사회적 상호작용이 지속되는 것은 스트로크이며, 만약 청소년에게 다른 사람들로부터 인정 자극인 스트로크가 부족하면 스트로크 기아 상태에 빠지게 되며 학교폭력, 가출, 도벽, 약물 복용, 절도 등 수많은 문제행동들이 나타날 수도 있다. TA 집단프로그램은 전반적인 대인관계 변화 및 대인관계 하위요인들에 긍정적인 효과를 검증하였으며, TA 프로그램 효과성을 강조하였다.

본 연구에서는 중학생의 대인 관계능력 향상을 위해 Steiner의 스트로크 중심으로 경험과 훈련을 통해 긍정적이고 효율적인 대인관계를 형성하고 유지하여 가족, 친구, 교사와의 관계에서 상호존중과 상호작용으로 원만한 대인관계 향상에 도움을 주고자 한다.

4. 교류분석이론의 정의

교류분석(TA; Transactional Analysis)은 정신의학자 Berne이 창시한 상담 또는 심리치료의 한 분야로서 인간의 교류나 행동에 관한 이론 체계이다.

국제교류분석협회(International Transactional Analysis Association: ITAA)가 제안한 TA에 관한 정의를 보면 'TA란 하나의 성격이론인 동시에, 개인의 성장과 변화를 위한 체계적인 심리치료다.'라고 하였다. Clarkson(1993) 역시 TA란 인본주의적 가치체계 위에서 행동주의 심리학의 명료성과 정신분석학적 통찰의 깊이를 더한 정신 내적 및 대인관계 심리학인 동시에 심리치료 이론이라고 정의하였다.

TA는 자기 자신을 알고, 내가 다른 사람과 어떻게 관계를 맺으며 사는지를 알게 하고, 자신의 삶이 진행되고 있는 극적인 인생행로를 발견하는 방법으로 사용할 수 있으며, 과거의 결정과 행동을 평가하고, 자신이 변화해 가야 하는 바람직한 방향을 판단하게 해주고 이 방향으로 변화시켜 주는 실제적인 행동분석 과정이다.

TA는 세 가지 철학적 가정에서 출발한다(한국교류분석상담학회, 2012).

첫째, 사람은 누구나 OK라는 것이다. 인간은 누구나 인간으로 존엄성과 가치를 가지고 태어나며, 인간이 성장 과정 중에 자기 자신 또는 타인에 대해 not-OK의 감정을 띠기도 하지만 원래는 I'm OK, You're OK 자세를 가지고 태어난다는 것이다.

둘째, 인간은 누구나 사고할 능력을 가지고 있다. 뇌에 심각한 손상을 가진 사람 외에는 누구나 사고할 능력을 가지고 있다. 따라서 삶에서 자신이 원하는 것을 결정하는 것은 우리 각자의 책임이다. 각 개인은 자신이 한 결정에 따라 세상을 살아간다.

셋째, 사람은 자기 운명을 자기가 결정하며, 이러한 결정을 얼마든지 변화시킬 수 있다. 이는 부모와 같은 중요한 타인들의 기대와 요구에 영향을 받지만, 유아기에 결정된 것을 얼마든지 다시 변화시키고 바꿀 수 있다는 것이다. 이상과 같이 TA는 한 마디로 인간의 변화 가능성과 긍정성에 초점을 둔다고 볼 수 있다.

그러므로 TA는 인간의 사고, 감정, 행동을 긍정적으로 변화시키는데, 도움을 주어 건강한 인간관계와 의사소통을 통한 개인의 성장 및 자아존중감을 향상시킴으로 아동의 긍정적 발달에 기여할 수 있다.

5. 교류분석이론의 기초

Steiner(2009)는 TA의 개념들이 다른 치료양식에 어떠한 영향을 미쳐왔는가를 제시하고, 사회과학 분야와 다른 많은 치료와 교육적 방법 안에서 TA의 중심개념들이 어떻게 반영되고 있는가에 대한 확실한 증거들도 제시하였다. 동시에 현재까지 확장되어 온 TA의 많은 이론과 개념들을 5가지 이론 군으로 정리하였다. 이 5가지 이론은 상호 역동적으로 작용하여 자신에 대한 각성과 친밀성 회복을 통한 자율성 획득을 돕는 알기 쉬우면서도 배운 것을 즉시 사용할 수 있다는 이점을 갖고 있다. 동시에 인간의 삶에 있어서 절대적으로 필요한 욕구를 설명하는 이론으로 인간관계에서 친밀감의 형성과 관련된 인간행동에 관한 통찰과 실제 행동방식을 배우는데, 도움이 되는 정교한 이론 군이다. 이러한 연유로 본 연구의 프로그램에서는 Steiner의 5가지 교류분석 이론 군의 내용 중 스트로크 중심이론을 토대로 구성하였다. 그리고 전체 프로그램 내용을 관통하는 핵심 가치관은 TA에서 강조하는 인간에 대한 관점이자 철학이므로 Steiner의 5가지 TA 이론 군에 대한 구 체적인 내용을 살펴보면 다음과 같다.

1. OK 이론 군(The OK Cluster)

OK 이론 군은 기존 이론들 가운데서 다음의 말이 갖는 의미와 상호관련성을 찾을 수 있다. "긍정의 심리학", "순환적인 흐름", "인간 잠재력", "회복력", "우수성", "낙관주의", "주관적 평안 상태", "긍정적 자아개념", "자발적 치유", "돕고자 하는 인간 본성", "본성적인 치유능력", "마음의 치유능력" 등이다.

인간은 자아 정체성이 발달 되어 가는 과정에 있어서 생애 초기에 그들의 삶의 의미와 중요성이 무엇인가를 스스로 정의하게 된다. 삶을 기본적으로 친절하고 긍정적인 경험으로 보며, 자기 자신을 기본적으로 수용할 만한 사람으로 보는 것을 Berne은 "OK 상태"라고 하였다. 반면 자신을 긍정적 인간으로 받아들여질 수 없다고 보며, 어떤 면에서 늘 실패할 것이라는 결정을 내리고 자신을 인식하는 것을 "Not OK 상태"라고 하였다. 삶이 어떻게 결정되어 갈 것에 근거한 이러한 기대들은 그 개인의 실존적 자세가 된다. 사람들은 그들 자신과 타인들에 대하여 '수용(OK)'되거나 '수용되지 않는다(not OK)'는 것을 느낄 수 있다. 인간은 자기들의 언어, 사고, 및 기억에 있어서 선택적으로 긍정적 이려는 강한 경향이 있음과 심리적으로 건강한 사람들은 높은 수준의 긍정적 성향을 보이고 있음을 수많은 연구들이 보여주고 있다. 또한, 이들 연구에 의하면 OK-OK태도를 가진 경우 더 건강하고 인간관계를 잘 하며 살 수 있음을 보여주고 있다.

2. 스트로크 이론 군(The Stroke Cluster)

스트로크 이론 군은 기존의 각종 이론에서 사용하고 있는 '애착', '친밀감', '따뜻함', '부드러운 사랑의 돌봄', '소속의 욕구', '접촉', '친밀', '관계', '사회적 지지', 그리고 '사랑' 등과 상관관계를 가지고 있다.

Berne은 인정(recognition)이야말로 동기 우발적 깊은 의미를 가지는 생물학적 기본 욕구라 고 가정했다. 그는 '개인 간의 존재 인정 단위'를 하나의 "스트로크"라고 명명했고 다른 사람들과의 접촉과 인정은 인간관계의 본질적 부분이 됨을 강조하였다. 접촉이나 존재 인정 자극들은 한 개인의 삶에 필수적인 것이다. 스트로크 이론 군은 모든 연령층의 사람들은 적절한 수준의 접촉을 필요로 한다는 것과 스트로크를 서로 교환하는 것은 사람들이 일상생활을 하는 데 있어서 가장 중요한 활동의 하나가 됨을 강조한다. 따라서 이 스트로크 이론 군은 인간관계 상황에서 친밀감 증진의 핵심을 이루며 실제 상대가 어떤 스트로크를 원하는지, 싫어하는지를 파악하게 하고 상대의 욕구와 상황에 따른 적절한 스트로크를 인식하고 전달하는 기술을 배우는데 유용한 이론이다.

3. 각본과 게임의 이론 군(The Scripts and Games Cluster)

TA에서 "인생각본", "각본 결정", "재결단" 등으로 사용되는 개념들은 상기의 개념들과 함께 더욱 광범위한 행동과학 관련 문헌에서 사용되고 있다. 이는 TA가 인간관계에서 상대방에 대한 인지적 왜곡으로 인한 불협화음을 교정할 수 있다는 단초를 제공하고 있다.

Berne(1963)은 게임이란 각본들을 구성해가는 데 필요한 건축 벽돌과 같은 것으로 규정하고, 각본들이 진행해가기 위해서는 지속적인 게임 놀이가 필요하다고 가정했다. "게임"은 '숨겨 진 동기를 가진 일종의 이면적 교류로서 교류에 관여하는 두 사람 모두 또는 최소한 한 사람에게 부정적인 감정을 불러일으키는 교류의 한 유형'으로 정의하였다. Berne은 게임을 하는 사람들에게 역할을 부여하며 서로 역할을 바꿀 수 있음을 제안했다. Karpman(1968)은 게임에서 긴요한 역할들을 '구원자, 희생자, 박해자' 3가지로 좁혔다. 이는 정서적으로 밀착된 모자 관계를 설명하는 면에서도 유용성이 있다.

4. 자아상태와 교류 이론 군(Ego States and Transactions Cluster)

자아상태 개념들 사이의 교류적 상호작용은 TA 이론의 가장 독특한 특징이라 할 수 있다. Berne은 세 가지의 자아 상태, 즉 부모 자아, 어른 자아와 어린이 자아를 규정하고 각 자아는 중요한 기능을 가지고 있음을 가정하였다. Dusay(1972)는 많은 숫자의 잠재적 자아 상태를 5가지로 좁혀 정리하였다. 양육적인 부모, 비판적 부모, 어른, 순응하는 어린이,

그리고 자유로운 어린이로 구분하였다. 5가지 자아 상태를 이고그램 질문지(Egogram Chcek List: ECL)로 질문하고 그래프로 그린 것이 "이고그램"이다.

교류 이론은 인간관계에서 언어적, 비언어적 대화 주고받기에 관련된 이론으로 두 사람의 특정 자아 상태가 자극과 반응이 되어 두 사람 간의 스트로크가 상호 교환되는 것이다. 교류 시 각자의 부모 자아, 어른 자아, 어린이 자아 중 어느 상태에서 기능하느냐에 따라 상보 교류, 교차 교류, 이면 교류로 교류의 형태가 달라진다. 상보 교류는 자극이 지향하는 그 자아 상태로부터 반응이 나오며 자극을 보냈던 그 자아 상태로 반응이 다시 보내어진다. 따라서 이 교류는 자아 상태 간 평행적 교류이며 무 갈등교류라고 할 수 있다. 이 교류에서는 대화가 중단되지 않고 계속될 수 있는 장점이 있다. 교차 교류는 자아 상태 간 의사소통의 방향이 평행이 아니고 서로 어긋날 때를 말하는데 교차 교류 혹은 갈등 교류라 한다. 이 경우에는 언제나 시작한 특정 주제에 관한 의사소통은 즉각 중단되며 대화를 먼저 시작한 사람이 불쾌한 기분을 가지게 된다. 이면 교류는 교류에 관계된 자아 상태 중 겉으로 직접 나타나는 사회적 자아 상태와 실제로 기능 하는 심리적 자아 상태가 서로 다른 교류를 말한다.

5. 변화를 만드는 교류 이론 군(The Transactional Theory of Change Cluster)

TA는 본질적으로 성격의 정신 역동적 측면에 관심을 두고 성격과 변화에 관하여 연구하는 하나의 인지적-행동 이론이다. TA는 그 시작부터 계약적, 인지적, 행동적 집단 치료로서 고안된 것이다. 그 전제는, 만약 사람들이 자신의 교류 행동 특히 자신의 게임과 기본 각본을 알고 있으면 자신의 삶을 긍정적인 방향으로 수정해 갈 수 있으리라고 보는 것이다. 결과적으로 중요한 치료적 기능은 행동 변화를 위한 "허용"을 제공하고, "지금-여기에서" 좋은 관계적 현상유지를 위한 사회적, 내적 압력에 직면하여 변화를 계속해 갈 수 있도록 " 보호"를 제공해주는 것이다. 허용 교류의 의미는 "지도", "문제해결", "치료 전략", 그리고 "중재"라는 개념들과 연결되어있다. 보호는 "지지", "감정 이입" 그리고 "안전기지" 등의 개념들과 관련되어 있다.

6. 스트로크(stroke)

Steiner(2009)는 TA에서 스트로크를 쓰다듬기와 칭찬의 말로 사용한 '접촉', '친밀', '관계', '사회적 지지' 같은 개념들과 유사하게 보았다. 스트로크는 일종의 인정 자극으로 언어적 비언어적 의사소통 수단들에 의해 주어지는 존재 인정의 한 단위이다(Berne, 1964). 인간은 누구나 접촉과 인정욕구를 지니며, 타인과 스트로크 교환이 이루어질 때 자기 존중감 및 애정과 보살핌에 기초한 원만한 인간관계를 형성할 수 있다.

젖먹이 아기를 안아 볼을 부비거나 안아주고 업어주는 스킨십(skin ship)을 접촉 신체적 인정 자극이라고도 한다. 인간은 한평생 스토로크를 구하며 살고 있으며 어린이가 성장함에 있어 피부접촉이나 말, 행동에 의한 애정표현으로 변화한다. 어릴 때 부모나 주 양육자에 의해 어떤 스트로크를 받았는가에 따라 타인에 대한 스트로크의 주고받는 방법이 정해지며 인생의 태도에도 커다란 영향을 준다고 말할 수 있다. 스트로크는 다른 사람들에게 줄 수 있는 신체적인 것과 심리적인 것으로 나눌 수 있는데, 인간이 성장할수록 신체적인 것은 상징적인 것으로 대체한다. 상징적인 것은 말, 우호적 표현, 그리고 다른 비언어적인 의사소통 기술이다.

스트로크에는 사랑스럽고, 우호적인 표현, 자연스럽게 끌어안는 행위, 나도 할 수 있고 너도 할 수 있다, 나도-OK, 너도-OK등의 감정을 불러일으키는 긍정적 스트로크와 미워하는 표정과 나는 할 수 없고 나는 OK가 아니다 등의 감정을 전달하는 것이 부정적 스트로크로 나눌 수 있다.

부정적 스토로크가 아동의 성장에 방해가 되는 등 문제가 많지만, 스트로크가 전혀 없는 무관심 상태에 있는 것 보다는 부정적 자극이라도 받는 것이 낫다(이영화, 2004). Berne은 자극 없이는 살 수 없다는 사실을 강조하기 위해 다른 사람으로부터 인정을 받으려는 욕구를' 자극-기아(recognition-hunrer)'라는 말을 사용하였고, Thomas (1977)는 스트로크를 주는 것이 없다는 것은 바로 '심리적 죽음'을 의미한다고 말했다.

◈ 스트로크의 종류

• 신체적 스트로크와 언어적 스트로크

엄마가 젖먹이 아기를 안아 볼을 부비거나 안아주고 업어주는 스킨십(skin ship)을 접촉 신체적 인정 자극이라고도 한다. 말이 아직 통하지 않는 유아기에도 어머니들이 "안녕, 우리 아가" 등 말을 걸어본다. 이것을 언어적 인정 자극이라고 하며 직접적인 신체접촉에 의한 것과 구별해서 생각해야 한다. "정빈이는 참 예쁘구나." 하면서 머리를 쓰다듬는 것은 신체적인 것과 언어적인 인정 자극을 동시에 주는 것이다. 성장함에 따라 말에 의한 인정 자극이 많아지게 된다. 어른의 경우 "정말 오랜만이구나"하며 악수를 한다면 신체적인 것과 언어적인 인정 자극 욕구의 두 가지를 동시에 충족하는 것이다(우재현, 2006).

언어발달이 확실히 정립되지 않은 유아기에도 어머니는 직접적인 자극보다는 간접적인 자극 즉 안녕, 아가 또는 우리 공주님 등 언어에 의한 스트로크를 통해 상호작용을 하는데 이를 언어적 스트로크라고 하며 앞의 신체적 스트로크와 구별된다. 그러나 성장함에 따라 점점 신체적 스트로크에서 언어적 스트로크를 하는 횟수가 많아지게 되지만 여전히 이 둘을 동시에 사용하기도 한다.

사람은 살아가면서 끊임없이 스트로크를 주고받으며 살아가는 데 특히 유아기에는 신체적인 스트로크를 충분히 경험해야만 어른이 되어 정상적인 성격을 갖춘 사람이 된다. 이러한 신 체적, 언어적 스트로크는 스트로크를 받는 사람에게 긍정적이거나 부정적인 영향을 미칠 수 있다. 그리고 인간은 성장할수록 신체적 스트로크가 언어적 스트로크로 많이 대체된다.

7. 스트로크 종류와 유형

◈ 긍정적 스트로크와 부정적 스트로크

긍정적 인정 자극(positive stroke)은 인간의 생명을 최소한 유지 시키는 것이며, 서로 마음을 주고받는 교류이다. 경우에 합당한 칭찬과 승인, 마음을 주고받는 사랑의 행위 등을 포괄하며, 이것은 사람을 기분 좋게 만들고 사람의 의미를 느끼게 하며 건전한 정서와 지성을 갖추 게 한다. 이 긍정적 인정 자극으로부터 자타 긍정(I'm OK, You're OK)의 인생 태도에 이른다. 긍정적 스트로크를 받는 사람은 기쁨을 경험하게 되고, 인간행동의 근본적인 동기가 되는 소속의 욕구를 느끼며, 육체적 심리적 건강을 유지하게 된다.

Steiner(2009)는 또한 일상의 대인관계에서 긍정적인 스트로크는 보다 나은 대인관계의 방식이나 개선 방향을 찾을 수 있는 수단이 된다. 긍정적 스트로크를 충분히 받고 자란 아동은 타인으로부터의 칭찬이나 승인을 순순히 받아들이며 또한 자기가 속하고 있는 집단에 주어지는 칭찬도 자기의 기쁨과 똑같이 받아들일 수 있게 된다. 이처럼 긍정적 스트로크는 사람을 기분 좋게 만들고 삶의 의미를 느끼게 하며, 건전한 정서와 지성을 갖추게 된다. 긍정적 스트로크를 충분히 받고 자라면 타인으로부터 칭찬이나 승인을 순순히 받아들이고 이로 인해 자기 긍정- 타인긍정이라는 대인관계를 형성하게 된다.

부정적 인정 자극(negative stroke)은 인간의 부정성(not-OKness)을 유발하는 자극으로 한 인간이 지니는 중대한 문제를 대단하지 않는 일로 묵살해 버리거나 문제의 의미를 일부러 왜곡하는 것으로 관심의 결핍이나 잘못된 관심에서 유발된다. 이것은 "나는 틀렸다"(I'm not OK)는 인생 태도를 유발하지만, 인정 자극이 없는 상태(no stroke)보다는 낫다. "이 멍청한 놈아!" 하고 꾸중을 하는 것은 "부정적(negative) 언어적 자극이라는 것이다.

◈ 조건부 스트로크와 무조건 스트로크

조건적 스트로크는 특정 조건이나 기준에 부합할 때 긍정적 스트로크를 보내고 조건에 맞지 않거나 기준에서 어긋날 때 부정적 스트로크를 주는 것이다. 조건적 스트로크는 '어떤 행동 또는 일을 했는가? 에 달린 것이다. 그러나 무조건적인 스트로크는 상대방이 한 행동이나 일과는 관계없이 그 사람의 존재와 관련된 것이다. "심부름을 해주니 참 예쁘다" 고 말하는 것은 심부름을 한 행위에 대해서 칭찬을 표현하는 조건부 스트로크이다. 하지만 우리 정빈이가 같이 있어 주어서 엄마는 행복하네! 라든가 아무 말도 하지 않고 살며시 안아주는 행위는 상대의 존재 자체를 인정하는 무조건적인 스트로크이다.

무조건 스트로크는 좋은 경우라면 최고, 나쁜 경우라면 최악의 상태가 된다. 최고의 상태란 “네가 옆에 있는 것만으로 행복하다”는 것처럼 존재 자체를 인정하는 긍정적 스트로크를 받는 경우이며 최악의 상태란 “더이상 말해 봐도 난 갈 수 없어” 와 같이 말없이 상대에게 일격을 가하는 경우이다. 이에 반해 조건부 스트로크란 어떤 특정의 행위에 대해서 하는 긍정적 또는 부정적 스트로크이다.

8. 스트로크 결핍 시 나타나는 유형

Berne(1964)은 영아가 스트로크를 받지 못하면 척수가 오그라들고, 충분하지 못한 스트로크나 부정적 스트로크, 무관심은 발달 지체 또는 병에 걸리거나 죽게 되는 현상을 일으키게 된다는 것을 발견하였다.

Harris(1969)는 스토로크가 없을 때 심리적인 죽음과 같다고 했다. 즉, 고아가 활동이 느리고 발달이 더딘 것, 죄수가 독방을 싫어하는 것은 스트로크가 없기 때문이며, 숙제를 안 해 가는 학생은 스트로크를 받기 위한 반응이며, 스트로크가 지나치게 결핍되면 죽을 수도 있다는 것이다. 스트로크 기아 상태에서 문제행동을 일으키는 형태를 유형화해보면 다음과 같다.

- 소비형: 친구에게 돈을 잘 쓰거나 군것질을 많이 하거나 능력 이상 비싼 물건을 요구하고 그것을 함부로 다루거나 소모하는 형이다.
  * 개인상담 사례 중 남편이 불륜을 자주 하는 부인들이 쇼핑중독에 걸리는 경우가 많이 있음을 볼 수 있었다.
- 괴행형: 수업 중 괴이한 소리를 내어 웃음을 터트리거나 쉬는 시간에 괴상한 행동을 하여 친구의 시 선을 모으려 하거나 특이한 옷을 입고 나와 주의를 끌려고 한다.
- 중상형: 남을 감쪽같이 속이고 쾌감을 느끼거나 남을 비웃고 중상자기가 격상되는 느낌을 느끼는 형이다. * 늘 타인의 흉을 보는 경우이다.
- 향락형: 전자오락실이나 당구장, 클럽에 말초신경을 자극하는 짜릿함이나 후련함을 느끼거나 오토바이 등 위험이나 모험으로 스릴을 느끼는 형이다.
- 구애형: 선심이나 선물, 엄살이나 소란을 피워 관심이나 애정을 얻으려고 하거나 이성에게 접근하여 애정을 요구하는 형이다.
- 자학증: 환각제나 독극물을 복용하거나 문신이나 자기 몸에 상처를 내는 형이다.
- 가출형: 가정과 학교를 벗어나 보려고 하거나 자기 멋대로 독립생활을 하려는 형이다.
- 도벽형: 물건을 훔치거나 도난사고 뒤에 담임선생님이나 급우들에게 자극을 주려는 형이다. 경제적인 어려움과는 상관이 없다.
- 성인흉내형: 음주하는 성인 흉내나 도색 화 수집하고 성행위 등을 하는 형이다.
- 폭력형: 강자에게 도전하거나 집단이 뭉쳐 또래 집단을 형성하므로 암흑가에 군림해 보려는 형이다.

출처: 우재현(2005)

9. 스트로크 중심 TA프로그램

대인관계 향상을 위해 초등학생에서부터 대학생에 이르기까지 TA에 기초한 다양한 집단상담 프로그램을 통하여 집단 참여자의 대인 관계향상에 긍정적 영향을 가져왔다는 선행연구 들이 많았다.

스트로크 기법 중심의 교류분석 프로그램으로 초등학생들에게 집단프로그램을 통한 대인관계 만족도 향상시키는데 효과가 있었으며, 초등학교 고학년 아동들에게도 교류분석 상담이 가능함을 시사해 준다고 하였다.

스트로크를 주는 것이 없다는 것은 바로 '심리적 죽음'을 의미한다고 말할 만큼 스트로크의 결핍은 신체적, 정서적으로 해를 끼치며 오랫동안 그 영향이 지속됨을 강조하고 있다.

스트로크를 기반으로 한 TA 집단상담에서 고등학생의 자아존중감 및 대인관계능력 향상 연구에서 TA 집단상담프로그램으로 대인관계 변화 및 대인관계 하위요인들에 긍정적인 효과를 검증하였으며, TA 집단프로그램의 효과성을 강조하였다. 또한, 인간의 사회적 상호작용이 지속되는 것은 스트로크이며, 청소년 문제와 관련한 부분에서 스트로크의 중요성을 강조하였다.

TA 프로그램으로 의사소통 능력을 유의미하게 향상시켰으며, 초등학생의 아동의 자아개념을 향상시키기 위한 TA의 스트로크 이론을 적용한 프로그램의 효과에서 자아개념, 학업성취, 정서, 신체점수를 높이는데 효과가 있었다고 보고하였다.

TA 프로그램이 청소년의 가족 의사소통과 적응에 미치는 영향에서는 청소년의 적응 능력을 향상시키는 효과를 나타낸 것은 소집단으로 긍정적인 관심과 수용 및 정보 교환을 통해 자신과 가족, 사회적 관계를 되돌아보고 강점을 찾아 활성화함으로써 자신감이 향상되었기 때문이라고 볼 수 있으며, 학교 현장에서 프로그램을 통하여 청소년들이 가족과 원만한 의사소통을 유지하고 학교, 친구 및 자신의 삶에 적응할 수 있도록 지원하는 노력이 필요하다고 하였다.

TA 스트로크 중심으로 한 집단상담 선행 연구에서 대인관계 능력을 향샹시켰으며, 대인관계 만족도에 효과성을 보였다. 긍정적 스트로크를 받지 못했으면 부정적 스트로크들이 자리 잡고 있어서 자신을 부정적으로 보는 자기관을 형성하고 있을 가능성이 많다고 했으며, 이와 같은 주장은 스트로크 경험의 중요성을 시사하고 있으며, 인간은 살아가면서 지속적인 스트로크가 필요하고, 스트로크의 결핍은 신체적, 정서적으로 해를 끼치며 오랫동안 그 영향이 지속이 된다는 것을 나타내고 있다.

본 연구는 기존의 선행 연구들의 한계점을 보완하여 대인관계의 어려움에 있는 중학생을 대상으로 Steiner의 스트로크 중심으로 프로그램을 구성하여 상호작용 능력과 소통 능력의 기회를 갖게 하고, 친밀감과 대인관계 능력을 향상시킬 수 있도록 하는 것이다.

기존의 선행 연구들은 초등학생에서 대학생에 이르기까지 다양한 대상으로 집단이 구성되어 프로그램이 진행되었으며, 그에 따라 자아존중감, 의사소통 대인관계 향상에서 효과성을 검증하였다. 그러나 중학생을 대상으로 한 스트로크를 활용하여 대인관계를 다룬 선행 연구는 미흡한 실정이었다.

10. 대인관계 검사지

이 검사는 현재 여러분의 대인관계가 어떠한지를 알아보기 위한 것입니다. 각 문항을 읽어보고 자기 자신에게 가장 적당한 것 한 개를 골라 체크 하시기를 바랍니다. 깊이 생각하지 말고, 솔직하게 느껴지는 대로, 있는 그대로의 자신을 편안하게 살펴본다는 마음으로 대답을 해주시기 바랍니다.

번호	질문 내용	나에게 가장 적당한 번호를 하나 선택하세요
1	당신은 인간으로서 자기 자신에 대해 만족하십니까?	① 상당히 만족하지 못하는 편이다. ② 만족하지 못하는 편이다. ③ 그저 그렇다. ④ 만족하는 편이다. ⑤ 대단히 만족하는 편이다.
2	당신은 인간으로서 다른 사람에 대해 만족하십니까?	① 상당히 만족하지 못하는 편이다. ② 만족하지 못하는 편이다. ③ 그저 그렇다. ④ 만족하는 편이다. ⑤ 대단히 만족하는 편이다.
3	다른 사람이나 친구들은 당신을 어떤 사람으로 본다고 느끼십니까?	① 대단히 불만족하는 사람으로 볼 것으로 느낀다. ② 불만족하는 사람으로 볼 것으로 느낀다. ③ 잘 모를 것이다. ④ 만족하는 사람으로 볼 것으로 느낀다. ⑤ 대단히 만족하는 사람으로 볼 것으로 느낀다.
4	다른 사람들은 자기 자신을 스스로에 대해 어떤 인간으로 본다고 느끼십니까?	① 대단히 불만족하는 사람으로 볼 것으로 느낀다. ② 불만족하는 사람으로 볼 것으로 느낀다. ③ 잘 모를 것이다. ④ 만족하는 사람으로 볼 것으로 느낀다. ⑤ 대단히 만족하는 사람으로 볼 것으로 느낀다.
5	다른 사람들과 당신의 관계는 어떠하다고 느끼십니까?	① 대단히 원만하지 못한 편이다. ② 원만하지 못한 편이다. ③ 그저 그렇다. ④ 원만한 편이다. ⑤ 대단히 원만한 편이다.
6	당신은 다른 사람들의 욕구나 바라는 것을 어느 정도 알아차리십니까?	① 전혀 깨닫지 못하는 편이다. ② 다소 깨닫지 못하는 편이다. ③ 그저 그렇다. ④ 다소 깨닫는 편이다. ⑤ 아주 잘 깨닫는 편이다.

7	당신은 자기 자신에게서 일어나는 여러 가지 느낌을 잘 알아차리십니까?	① 전혀 알아차리지 못하는 편이다. ② 알아차리지 못하는 편이다. ③ 그저 그렇다. ④ 약간 알아차리는 편이다. ⑤ 대단히 잘 알아차리는 편이다.
8	당신은 다른 사람의 느낌을 잘 이해하는 편입니까?	① 전혀 이해하지 못하는 편이다. ② 이해하지 못하는 편이다. ③ 그저 그렇다. ④ 약간 이해하는 편이다. ⑤ 대단히 잘 이해하는 편이다.
9	당신은 다른 사람과 의사소통을 할 때 어려움을 느낍니까?	① 대단히 어려움을 많이 느끼는 편이다. ② 약간 어려움을 느끼는 편이다. ③ 그저 그렇다. ④ 어려움을 느끼지 않는 편이다. ⑤ 전혀 어려움을 느끼지 않는 편이다.
10	인간으로서 다른 사람에 대한 당신의 감수성은 어떠하다고 느낍니까?	① 대단히 느린 편이다. ② 조금 느린 편이다. ③ 그저 그렇다. ④ 예민한 편이다. ⑤ 매우 예민한 편이다.
11	다른 사람에 대한 당신의 관심이나 배려하는 태도는 어느 정입니까?	① 대단히 작은 편이다. ② 적은 편이다. ③ 그저 그렇다. ④ 많은 편이다. ⑤ 대단히 많은 편이다.
12	다른 사람에 대한 당신의 표현이나 개방성은 어느 정도입니까?	① 대단히 작은 편이다. ② 적은 편이다. ③ 그저 그렇다. ④ 많은 편이다. ⑤ 대단히 많은 편이다.
13	당신은 다른 사람의 이야기를 듣는 것이 어떻게 느껴집니까?	① 대단히 어려운 편이다. ② 어려운 편이다. ③ 그저 그렇다. ④ 쉽게 느껴지는 편이다. ⑤ 대단히 쉽게 느껴지는 편이다.
14	당신은 다른 사람을 잘 믿는 편입니까?	① NO. 거의 믿지 않는 편이다. ② NO. 믿지 않는 편이다. ③ 그저 그렇다. ④ YES. 믿는 편이다. ⑤ YES. 대단히 많이 믿는 편이다.

15	당신은 다른 사람에 대하여 갖는 친근감의 정도는 어느 정도입니까?	① 대단히 거리감을 느끼는 편이다. ② 거리감을 느끼는 편이다. ③ 그저 그렇다. ④ 친근감을 느끼는 편이다. ⑤ 대단히 친근감을 느끼는 편이다.
16	대인관계에 있어서 당신은 자신감이 있습니까?	① NO. 거의 없는 편이다. ② NO. 없는 편이다. ③ 그저 그렇다. ④ YES. 많이 있는 편이다. ⑤ YES. 대단히 많이 있는 편이다.
17	당신은 의견의 불일치가 생겼을 때 어떻게 합니까?	① 언제나 건설적으로 다루지 못하는 편이다. ② 건설적으로 다루지 못하는 편이다. ③ 그저 그렇다. ④ 건설적으로 다루는 편이다. ⑤ 대단히 건설적으로 잘 다루는 편이다.
18	당신은 다른 사람과 대화를 나눌 때 어려움을 느낍니까?	① YES. 대단히 어려움을 많이 느끼는 편이다. ② YES. 조금 어려움을 느끼는 편이다. ③ 그저 그렇다. ④ NO. 별로 어려움을 느끼지 않는 편이다. ⑤ NO. 전혀 어려움을 느끼지 않는 편이다.
19	당신은 다른 사람에 대하여 긍정적인 느낌을 잘 표현합니까?	① NO. 거의 표현하지 못하는 편이다. ② NO. 잘 표현하지 못하는 편이다. ③ 그저 그렇다. ④ YES. 잘 표현하는 편이다. ⑤ YES. 대단히 잘 표현하는 편이다.
20	당신은 다른 사람에 대하여 부정적인 느낌을 건설적으로 잘 표현합니까?	① NO. 거의 표현하지 못하는 편이다. ② NO. 잘 표현하지 못하는 편이다. ③ 그저 그렇다. ④ YES. 잘 표현하는 편이다. ⑤ YES. 대단히 잘 표현하는 편이다.
21	당신은 자신의 개인적인 관심사를 다른 사람과 나누고 싶습니까?	① 전혀 나누고 싶지 않다. ② 별로 나누고 싶지 않다. ③ 그저 그렇다. ④ 나누고 싶은 편이다. ⑤ 대단히 많이 나누고 싶은 편이다.
22	다른 사람이 당신에 대하여 긍정적인 표현을 할 때 잘 받아들입니까?	① NO. 대단히 잘 받아들이지 못하는 편이다. ② NO. 잘 받아들이지 못하는 편이다. ③ 그저 그렇다. ④ YES. 잘 받아들이는 편이다. ⑤ YES. 대단히 잘 받아들이는 편이다.

23	다른 사람이 당신에 대하여 부정적인 표현을 건설적으로 할 때 잘 받아들이는 편입니까?	① NO. 대단히 잘 받아들이지 못하는 편이다. ② NO. 잘 받아들이지 못하는 편이다. ③ 그저 그렇다. ④ YES. 잘 받아들이는 편이다. ⑤ YES. 대단히 잘 받아들이는 편이다.
24	당신은 다른 사람과 장래에 어떠한 대인관계를 맺고 싶은지 말할 수 있습니까?	① 어떻게 말해야 할지 전혀 모르겠다. ② 잘 말할 수 없다. ③ 그저 그렇다. ④ 약간 말할 수 있다. ⑤ 매우 충분히 잘 말할 수 있다.

자존감과 기본지능, 공간지능이 높으나 인간친화지능이 낮아서 유아독존 형태의 프로그램 개발 직무에 적합한 패턴

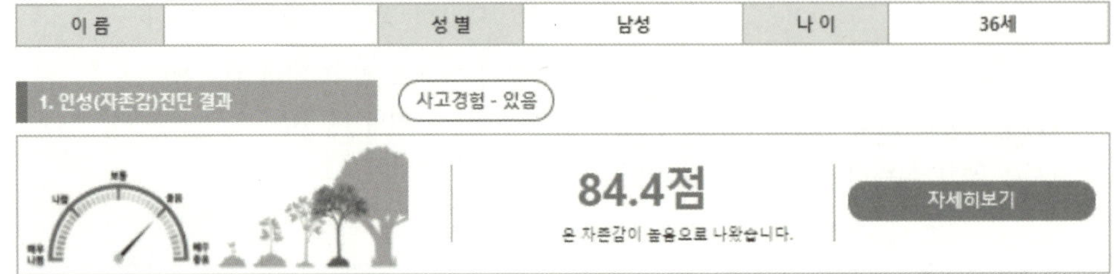

이 름		성 별	남성	나 이	36세

1. 인성(자존감)진단 결과 (사고경험 - 있음)

84.4점

은 자존감이 높음으로 나왔습니다.

자세히보기

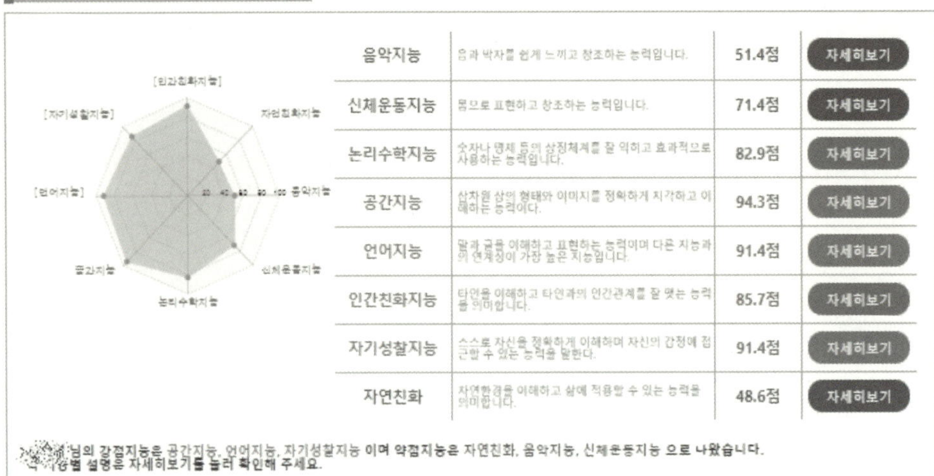

2. 직무자질(다중지능)진단 결과

음악지능	음과 박자를 쉽게 느끼고 창조하는 능력입니다.	51.4점	자세히보기
신체운동지능	몸으로 표현하고 창조하는 능력입니다.	71.4점	자세히보기
논리수학지능	숫자나 명제 등의 상징체계를 잘 익히고 효과적으로 사용하는 능력입니다.	82.9점	자세히보기
공간지능	삼차원 상의 형태와 이미지를 정확하게 지각하고 이해하는 능력이다.	94.3점	자세히보기
언어지능	말과 글을 이해하고 표현하는 능력이며 다른 지능과의 연계성이 가장 높은 지능입니다.	91.4점	자세히보기
인간친화지능	타인을 이해하고 타인과의 인간관계를 잘 맺는 능력을 의미합니다.	85.7점	자세히보기
자기성찰지능	스스로 자신을 정확하게 이해하며 자신의 감정에 접근할 수 있는 능력을 말한다.	91.4점	자세히보기
자연친화	자연환경을 이해하고 삶에 적용할 수 있는 능력을 의미합니다.	48.6점	자세히보기

님의 강점지능은 공간지능, 언어지능, 자기성찰지능 이며 약점지능은 자연친화, 음악지능, 신체운동지능 으로 나왔습니다.
지능별 설명은 자세히보기를 눌러 확인해 주세요.

3. 대인관계(의사소통)진단 결과

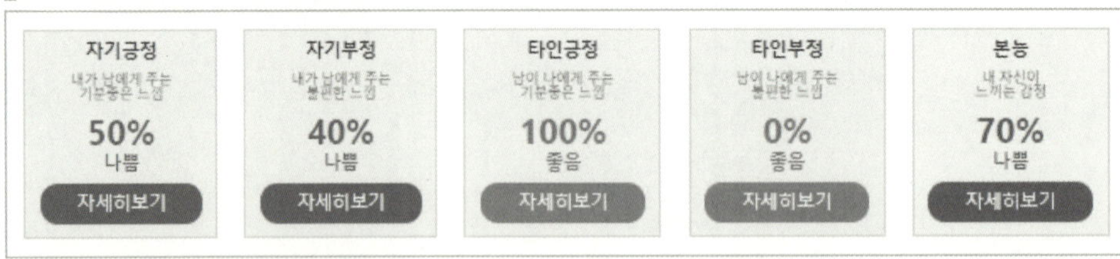

자기긍정	자기부정	타인긍정	타인부정	본능
내가 나에게 주는 기분좋은 느낌	내가 나에게 주는 불편한 느낌	남이 나에게 주는 기분좋은 느낌	남이 나에게 주는 불편한 느낌	내 자신이 느끼는 감정
50% 나쁨	40% 나쁨	100% 좋음	0% 좋음	70% 나쁨
자세히보기	자세히보기	자세히보기	자세히보기	자세히보기

종합결과

주의

님의 경우 직무자질과 대인관계 진단에서 한 쪽에 부적합한 결과가 나 상담을 통하여 문제가 있는 쪽의 원인을 파악하고 문제를 해결해 나간다면 목표달성에 좋은 결과를 만들어낼 수 있습니다.

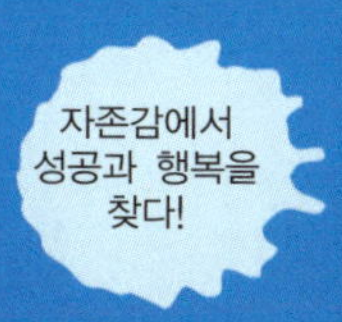

6

대인관계

1. 스트로크 실험 사례

◈ 당신의 대인관계 지수는?

1	2	2	0	3	1	4	1	5	0
6	1	7	0	8	2	9	0	10	1
11	2	12	1	13	1	14	0	15	0
16	2	17	0	18	2	19	1	20	0
21	1	22	1	23	2	24	0	25	0
A	8	B	2	C	8	D	2	E	1

2. 스트로크 해석

<긍정적인 스트로크를 주는 정도>

1. 92% 이상: 모든 사람에게 필요 이상으로 지나치게 긍정적인 스트로크를 주고 있다.
2. 81% 이상: 조직 내에서 적절한 수준으로 긍정적 스트로크를 주고 있다.
3. 53%~80%: 긍정의 스트로크를 주는 정도가 다소 낮음. 긍정의 스트로크를 좀 더 많이 주기 위해 노력해야 한다.
4. 52% 미만: 긍정의 스트로크를 주는 정도가 부족하다. 먼저 다가가 적극적으로 인사하고 표현해 줄 필요가 있다.

<부정적인 스트로크를 주는 정도>

1. 92% 이상: 지나치게 모든 사람에게 부정을 표현하고 있다.
2. 81% 이상: 조직 내에서 쓴소리를 전담한다. 상대방의 단점보다는 장점을 찾을 수 있도록 노력해야 한다.
3. 53%~80%: 상대방에게 칭찬보다는 주로 비난과 비평을 하고 있다.
4. 52% 미만: 조직 내에서 적절하게 부정의 스트로크를 주고 있다.

<긍정적인 스트로크를 받는 정도>

1. 92% 이상: 조직구성원들끼리 서로 칭찬, 격려, 지지해주며 충분한 스트로크를 주고받고 있다.
2. 81% 이상: 조직 내에서 적절한 수준으로 긍정의 스트로크를 받고 있다.
3. 53%~80%: 더욱 활발한 긍정의 스트로크를 받기 위해 노력해야 한다.
4. 52% 미만: 조직의 경직된 분위기를 바꿀 수 있도록 스트로크에 대한 인식의 전환이 필요하다.

<부정적인 스트로크를 받는 정도>

1. 92% 이상: 조직 내에서 부정의 스트로크를 지나치게 많이 받고 있다.
2. 81% 이상: 최근 고객, 상사, 동료들로부터 불만, 질책, 경고를 받아 의기소침 해있다.
3. 53%~80%: 상대방에게 칭찬보다는 주로 비난과 비평을 받고 있다.
4. 52% 미만: 조직 내에서 적절하게 부정의 스트로크를 받고 있다.

(본능)

1. 92% 이상: 지나치게 혼자 있기만을 좋아한다. 대인관계 스킬을 향상시키고 조직 안으로 들어가려는 노력이 필요하다.
2. 81% 이상: 조직 내에서 스트로크 교환보다는 혼자서 말없이 모든 것을 해결하려는 유형일 수 있다.
3. 53%~80%: 상대방과의 스트로크 교환이 적다.
4. 52% 미만: 상대방과의 스트로크 교환을 활발히 잘하고 있다.

3. 사례연구 – 스잔의 제2의 인생 Second Chance

이 이야기는 실제 있었던 일로 기록 영화로 만들어진 바 있다. 영화 제목은 "Second Chance"로 생모에게서 정신적, 신체적 스트로크를 받지 못한 스잔 이란 소냐가 발육 이상을 보며 병원에 입원하게 되었고 의료진의 충분한 스트로크 덕분으로 회복되었다는 내용이다.

[영화의 줄거리]

스잔이 아버지와 함께 병원에 온 것은 22개월이 되던 때이다. 정상 발육상태라면 걷기도 잘하고 말도 꽤 할 수 있는 나이였지만, 입원 당시 스잔의 체중 6.75kg, 신장 71cm로 미국 유아의 평균치에 비해 체중은 5개월, 신장은 10개월 된 아이에 불과했다. 물론 걷지도 못했고 "예, 예'하는 말조차 할 수 없을 정도였다. 더구나 누군가가 가까이 다가가면 울어버리고 포옹하거나 어루만지는 것을 싫어했다. 여러 가지 검사를 해보았지만 스잔의 신체에는 아무 이상도 없었다.

의학적으로는 도무지 발육 부진의 원인을 찾을 수가 없어 의사들은 당혹스러워했다. 그런데 엉뚱한 곳에 원인이 있었다. 스잔이 입원해 있는 3주 동안 부모가 한 번도 면회를 오지 않았고 이를 이상히 여긴 병원 관계자가 스잔의 부모를 방문하면서 밝혀졌다. 스잔의 부모는 젊은 학생 부부로 뜻하지 않게 태어난 스잔을 몹시 귀찮아했고 거의 보살피지도 않았다. 더구나 스잔의 엄마는 "우리 애는 반항적이라 안아주는 것도 싫어해요. 그냥 놔두는 것을 제일 좋아해요. 그리고 사실은 난 우리 애가 싫어요. 더이상 우리 애를 보살필 자신이 없어요"라고 말했다.

이런 면담 결과를 토대로 병원에서는 스잔의 병명을 "모성 애정 결핍 증후군"이라 결론내리 고 발육 부진의 원인을 부모로부터의 스트로크 결핍으로 보았다. 그래서 의사들은 전담 간호사를 배정하여 스잔의 대리모 역할을 하게 되었다.

대리모는 하루에 6시간 동안 수시로 포옹하기도 하고 눈을 마주치기도 하면서 정신적, 신체적 스트로크를 계속해서 주었다. 물론 대리모 이외의 병원 스텝들도 스잔에게 될 수 있는 대로 스트로크를 주려고 애썼다. 수 주일이 지난 후 스잔은 더이상 사람들이 가까이 다가가는 것을 싫어하지 않게 되었고 오히려 조금씩 반응도 나타내기 시작했다. 또한, 체중도 2.7kg이나 늘었고 신장도 5cm나 커졌다. 운동기능과 정서도 놀랄 만큼 발달하여 의사 표현도 할 수 있게 되었고 모르는 사람이나 낯선 물건에 대해서도 흥미를 보이게 되었다. 그리고 몇 달 후 스잔은 혼자서 병원을 걸어 나오는 것으로 영화는 끝난다.

4. 스트로크 유형과 사례

스트로크	비언어적(신체적)	언어적(정신적)
존재인지	접촉에 의한(직접적)	말에 의한(간접적)
긍정적(상대가 좋게 느낀다)	• 머리를 어루만진다 • 손을 잡는다 • 어깨를 두드려준다 • 가벼운 키스나 포옹	• 칭찬한다. • 맞장구 • 따뜻한 위로 • 안부 • 용돈 • 표창 • 휴가 • 보너스 • 승진 • 해외연수
부정적(상대가 나쁘게 느낀다)	• 때린다 • 걷어찬다 • 꼬집는다 • 밀어버린다 • 성희롱	• 험담 • 욕 • 꾸중한다 • 무관심 • 무시 • 흘겨본다
스트로크(존재인지)	조건적	무 조건적
	행위와 태도에 대하여	존재와 인격에 대하여
긍정적(상대가 쾌감을 느낀다)	• 심부름 고마워 • 좋은 일 했구나 • 용감한 행위다	• "우리 ○○이가 같이 있어 주어서 엄마는 행복하네!" • "네가 옆에 있는 것만으로 도 행복하다"
부정적 (상대가 불쾌감을 느낀다)	• 공부를 안하면 못써 • 또 깨뜨렸네 • 뭐야 그 태도가	• 이혼합시다 • 회사를 그만둬 • 녀석을 없애버려

5. 현실 스트로크 분석

당신이 받은 인상 깊은 Stroke를 구체적으로 예를 들어 보세요~

구분	누구로부터	언제	어느 장소에서	어떤 스트로크를	어떤 느낌
긍정적 스트로크	딸	최근 대화를 하면서	거실에서	아빠는 내 이야기를 잘 들어주어서 너무 좋아	딸은 나와 대화하는 것을 좋아하니 기분 좋다
부정적 스트로크	어머니	가장 최근	부모가 다투고 있을 때 조언을 하였다	어린애가 무슨 말 참견이야	화가 난다. 마음대로 해!

평소 상대방에게 자주 주고 싶은 당신의 Stroke를 구체적으로 작성하세요~

구분	누구에게	언제	어떤 스트로크를	상대방의 반응	당신의 기분
긍정적 스트로크	처 선배	출근 시 아침에 만났을 때	다녀올께! “안녕하십니까” “멋있는데! 잘 어울려요”	“다녀오세요” (맑은 목소리로) “안녕” “고마워. 기분 좋은데” (좋아하는 얼굴)	오늘 하루도 잘 될거야 인사하길 잘했다
부정적 스트로크	누이동생	내 것을 마음대로 사용할 때	내 것을 왜 함부로 사용하냐?	쓰면 어때!	무시당했다는 느낌

6. 발상의 전환 실습

단점으로 인식	장점으로 인식
1. 간사한	싹싹한, 애교가 있는
2. 고집불통	소신 있는, 끈기 있는
3. 나서는(설치는)	솔선수범하는, 활동적인
4. 소심한	신중한, 꼼꼼한
5. 엉뚱한	기발한, 재미있는
6. 수다스러운	말 잘하는, 달변가적인
7. 냉정한, 차가운	침착한, 이성적인
8. 거만한	포부가 큰, 자신만만한
9. 신경질적인	섬세한, 감성이 풍부한
10. 허황된	꿈이 많은, 상상력이 풍부
11. 경솔한	민첩한, 솔직한
12. 저속한	수더분한, 털털한
13. 게으른	느긋한, 여유 있는
14. 이기적인	현실적, 계산이 확실한
15. 강압적인	추진력 있는, 강력한

7. 긍정적 스트로크 사례연구

듣기 좋은 말(가정에서)			
NO	아내들의 대답	남편들의 대답	아이들의 대답
1	"사랑해. 여보!"	"나 한데는 당신이 전부예요."	"사랑해!"
2	"고생했어요. 여보!"	"여보, 저 임신했어요."	"장하구나!"
3	"정말 고마워."	"저 결혼 잘한 것 같아요."	"역시. 내 아들이야!"
4	"당신이 최고야."	"당신을 믿어요."	"너를 믿는다."
5	"당신이 더 예쁜데."	"애가 당신을 닮아서 똑똑해요."	"믿음직스럽구나."

NO	듣기 좋은 말(직장에서)
1	"역시 자네야!"
2	"당신이 담당자라니 안심이야!"
3	"칭찬은 고래도 춤추게 한다"
4	"칭찬에 대한 생각을 바꾸자."

8. 바람직한 스트로크 원칙

◈ 긍정적 스트로크 최대화 / 부정적 스트로크 최소화

1. 긍정적 무조건부 스트로크 중요 / 인간 상호 신뢰감 형성 기초
2. 긍정적 조건부 스트로크는 적절히, 구체적, 풍부하게 타이밍 맞춰서
3. 부정적 스트로크는 필요한 최소한도로 적게 특히, 무조건부 스트로크 추방
4. 부정적 스트로크는 조건부로 행동과 영향을 명확히 감정은 솔직히

◈ 스트로크 실험(시라큐스 대학)

	천장 높이	조명 밝기	에어컨 가동
A과	낮다	어둡다	엉망이다
B과	알맞다	밝다	적당하다

9. 스트로크 활용방안

1. 양: 같은 양의 스트로크를 준다.
2. 질: 질적 수준이 균형을 이루어야 한다.
3. 타이밍: 자극은 적절한 시점에 준다.
4. 경청: 적극적인 경청방법
5. 스트로크를 유도할 줄 알아야 한다.

◈ 스트로크 양적 활용방안

왔어요?
힘들죠?
교통이 많이 막혔다는데...

밥 줘~

3 : 1

안녕~! 휴일 잘 보냈어?

응~

2 : 1

안녕하십니까?
수고하십니다.
뭐 좀 여쭤 볼께요?

네~

3 : 1

◈ 스트로크 질적 활용방안

20년만에 초등학교 동창을 시내 백화점에서 우연히 만났다. 그때 반응은?

10. 스트로크 타이밍 활용방안

칭찬하는 방법

◈ 스트로크(적극적인 경청)

ACTIVE
LISTENING

◈ 스트로크 유도방안

스트로크를 주지 못하는 사람에게는 받을 수 있도록 유도를 해야한다!

11. 어머니의 스트로크 유형

어머니의 스트로크 유형이 아동의 자아존중감에 미치는 영향을 분석하였다.

이를 토대로 아동의 자아존중감을 향상할 수 있도록 효과적인 어머니의 스트로크 유형을 알아보고자 한다.

첫째, 아동이 지각한 어머니의 스트로크 유형은 인구 사회학적 특성에 따라 차이가 있었다. 한 부모 가정의 아동들이 양부모가정 아동들보다 부정적인 스트로크를 더 많이 받고 있으며, 어머니의 나이가 많을수록 아동은 긍정적인 스트로크를 많이 받는 것으로 드러났다. 또한, 가정의 경제 수준이 낮을수록 부모로부터 부정적 스트로크를 많이 받고 있는 것으로 나타났다. 하지만 아동의 성별, 출생순위와 어머니의 학력과 직업 유무는 어머니의 스트로크에 영향을 미치지 않는 것으로 드러났다.

둘째, 어머니의 노 스트로크를 받은 아동은 어머니의 부정적인 스트로크를 받은 아동보다 자아존중감이 낮을 것이다. 라는 가설은 기각되었다. 즉, 어머니의 노 스트로크를 받은 아동보다 부정적 스트로크를 받은 아동의 자아존중감이 더 낮은 것으로 나타났다. 아동은 무관심보다는 비난, 질책과 같은 직접적이고 부정적인 훈육을 받을 때 자아존중감이 더 낮은 것으로 나타났다.

셋째, 어머니의 스트로크 유형과 아동의 자아존중감의 상관관계를 살펴본 결과 어머니의 스트로크의 모든 유형이 아동의 자아존중감과 높은 상관관계를 나타냈다. 즉, 어머니로부터 긍정적인 스트로크를 많이 받을수록 아동의 자아존중감이 높아지며 부정적인 스트로크와 노 스트로크를 많이 받을수록 아동의 자아존중감이 낮은 것으로 나타났다.

넷째, 어머니의 스트로크 유형이 아동의 자아존중감에 미치는 영향을 조사한 결과, 아동의 자아존중감에 어머니의 긍정적 무조건적 스트로크가 가장 큰 영향을 미친다는 것이 확인되었다. 또한, 어머니의 부정적 언어적 스트로크가 아동의 가정적 자아존중감과 성격적 자아존중감에 영향을 미치는 것으로 나타났다.

따라서 본 연구는 어머니의 스트로크 유형이 아동의 자아존중감에 밀접한 영향을 미친다는 결과를 밝혔다. 또한, 아동의 자아존중감 하위요인 중 가장 설명력이 높은 변인이 가정적 자아로 나타나 어머니의 스트로크 유형이 아동의 가정적 자아존중감에 가장 큰 영향을 미친다는 것을 알 수 있다.

핵심어: 긍정적 스트로크, 부정적 스트로크, 노 스트로크, 교류분석, 자아존중감

자존감이 높고 논리수학지능과 인간친화지능이 높아서 서비스 업종 경영자에서 일반적으로 나타나는 패턴

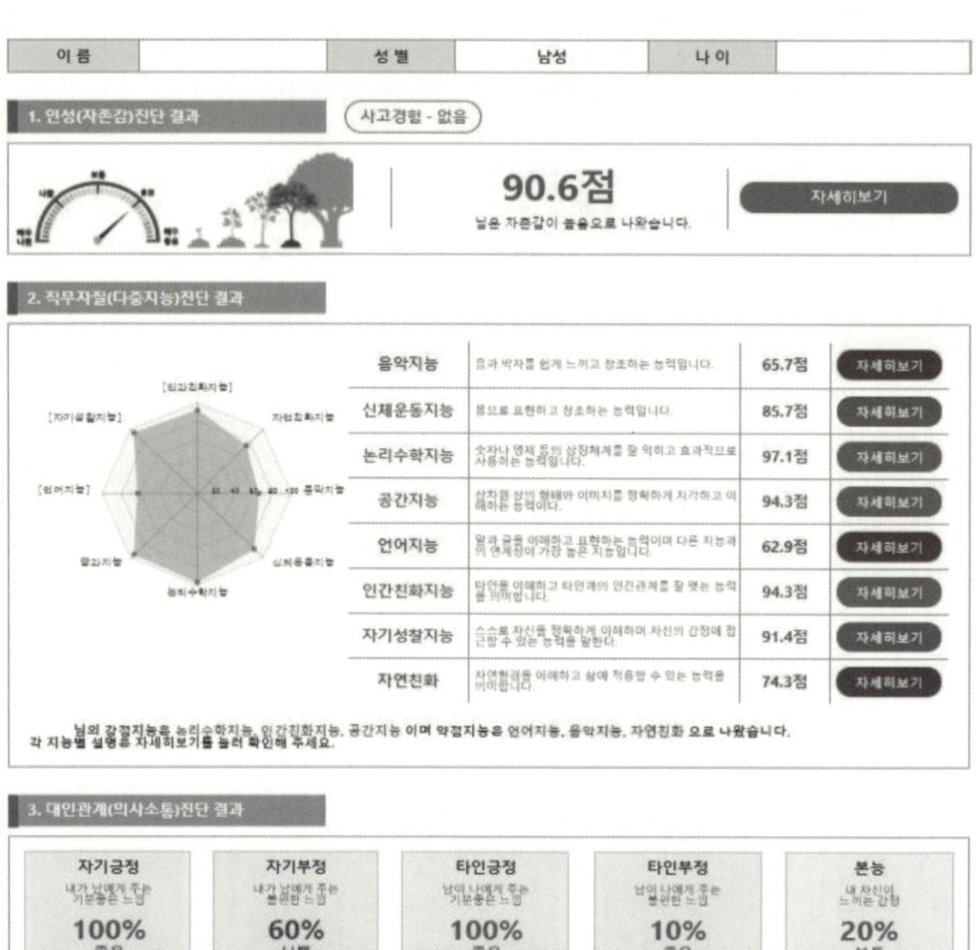

이 름		성 별	남성	나 이	

1. 인성(자존감)진단 결과 사고경험 - 없음

90.6점

높은 자존감이 높음으로 나왔습니다.

자세히보기

2. 직무자질(다중지능)진단 결과

지능	설명	점수	
음악지능	음과 박자를 쉽게 느끼고 창조하는 능력입니다.	65.7점	자세히보기
신체운동지능	몸으로 표현하고 창조하는 능력입니다.	85.7점	자세히보기
논리수학지능	숫자나 명제 등의 상징체계를 잘 익히고 효과적으로 사용하는 능력입니다.	97.1점	자세히보기
공간지능	상차원 상의 형태와 이미지를 정확하게 지각하고 이해하는 능력이다.	94.3점	자세히보기
언어지능	말과 글을 이해하고 표현하는 능력이며 다른 지능과의 연계성이 가장 높은 지능입니다.	62.9점	자세히보기
인간친화지능	타인을 이해하고 타인과의 인간관계를 잘 맺는 능력을 의미합니다.	94.3점	자세히보기
자기성찰지능	스스로 자신을 정확하게 이해하며 자신의 감정에 접근할 수 있는 능력을 말한다.	91.4점	자세히보기
자연친화	자연환경을 이해하고 삶에 적용할 수 있는 능력을 의미합니다.	74.3점	자세히보기

님의 강점지능은 논리수학지능, 인간친화지능, 공간지능 이며 약점지능은 언어지능, 음악지능, 자연친화 으로 나왔습니다.
각 지능별 설명을 자세히보기를 눌러 확인해 주세요.

3. 대인관계(의사소통)진단 결과

자기긍정	자기부정	타인긍정	타인부정	본능
내가 남에게 주는 기분좋은 느낌	내가 남에게 주는 불편한 느낌	남이 나에게 주는 기분좋은 느낌	남이 나에게 주는 불편한 느낌	내 자신이 느끼는 감정
100%	60%	100%	10%	20%
좋음	나쁨	좋음	좋음	보통
자세히보기	자세히보기	자세히보기	자세히보기	자세히보기

종합결과

주의

회원님의 경우 직무자질과 대인관계 진단에서 한 쪽에 부적합한 결과가 나왔습니다. 상담을 통하여 문제가 있는 쪽의 원인을 파악하고 문제를 해결해 나간다면 목표달성에 좋은 결과를 만들어낼 수 있습니다.

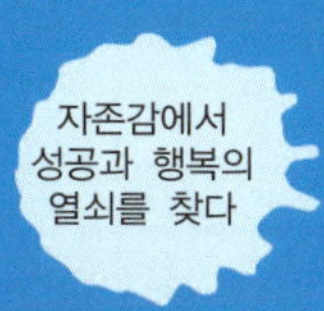

7

인간관계(이해와 수용)

1. 관점의 차이(고정관념과 편견)

휴먼인큐베이터 뉴스. 2021.00.00 오늘의 Hot News

오늘 새벽 5시 30분경 서울특별시 강남구 ㅇㅇ 빌딩 앞에서 국내 모 그룹의 마케팅이사인 김**씨가 20대의 항공승무원으로 추정되는 미모의 아가씨와 다정한 모습으로 나오는 것이 목격되었다.

기자가 주변의 사람들을 취재한 결과 김**씨가 20대의 항공승무원으로 추정되는 미모의 아가씨와 다정한 모습으로 나오는 모습이 여러 번 보았다고 한다.

2. 선택과 결정(직업윤리)

국내 K 통신사 강남지사에서는 2021년도 마지막 과장승진 인사를 할 예정이다. 승진 예정자 후보명단은 아래와 같다.

◈ 과장승진 후보명단

1. K 대리(영업부 영업1팀, 대리진급 7년차, 근속년수 15년, 고과등급B+) 부서 내 최고참
2. S 대리(영업부 영업1팀, 대리진급 2년차, 근속년수 12년, 고과등급S) 부서 내 능력자
3. P 대리(영업부 영업2팀, 대리진급 5년차, 근속년수 10년, 고과등급A) 부서 내 고참
   - 1번 대상자인 K 대리는 근속년수도 많고 영업부서 최고참 대리로 은근히 승진 1순위로 생각하고 있으며 강력한 경쟁자인 S 대리가 양보해주기를 바라고 있는 상태.
   - 2번 대상자인 S 대리는 영업부서 뿐만 아니라 강남지사에서 업무 능력을 최고로 인정받고 있으며, 지사장이 강력하게 추천하고 있으나 연공서열 차원에서 주변에서 양보를 권유받고 있는 상태.
   - 3번 대상자인 P 대리는 올해 승진에는 크게 욕심이 없으며, 단지 후보자격이 되어서 나온 상태로 22년도에는 기필코 승진을 하고 싶다는 의지를 밝히고 싶다.
     - 당신이 S 대리라면 어떤 선택을 할 것인가?
     - 또 선택이 조직에 미치는 영향은 어떤 것이 있을까?

3. 의사소통 – 7 ST 마음의 대화법

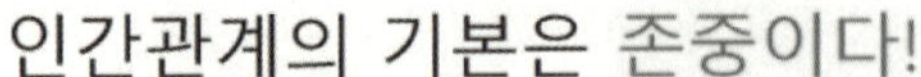

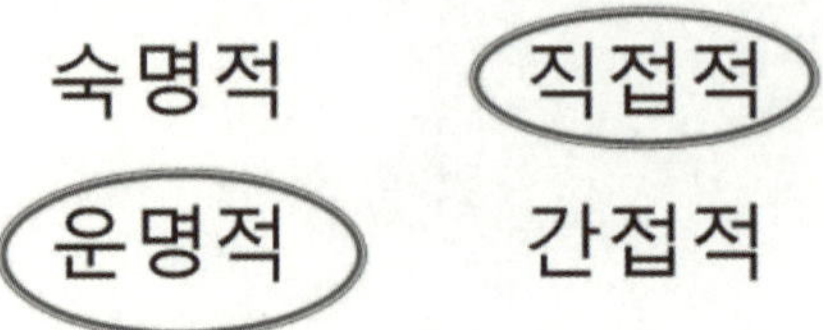

인간관계란 도대체 무엇인가? 인간관계에 대해서 알아야 세상의 흐름에 대해서 조금 알 수 있을 것이다. 우리는 살아가면서 생긴 잘못된 관계를 잘되도록 의사소통을 배우는 것이다. 두 사람 이상이 집단이라면 인간관계에 있어서 혼자만 있을 때는 인간관계가 형성된 것이 아니다. 두 사람 이상이 있을 때 인간관계가 성립되고 성립된 인간관계를 어떻게 하면 잘할 수 있을까? 사물 관계는 배제하고 인간관계는 숙명적인 관계와 운명적인 관계로 크게 나눌 수 있다. 우리가 잘 아는 부모 자식 관계는 숙명적인 관계. 삼촌과 나 사이도 숙명적인 관계이다. 하지만, 하루 생활 중에 가장 많은 시간을 함께하는 상사와 나 사이는 운명적인 관계, 동료와의 관계도 운명적인 관계이다. 그렇다면 숙명적인 관계와 운명적인 관계를 어떻게 하면 쉽게 구별 할 수 있을까? 숙명은 내가 선택할 수 없는 관계 즉, 혈연관계라고 보면 된다. 사주는 바꿀 수 없고 팔자는 내 마음대로 바꿀 수 있다는 말이 있듯이 숙명적 관계를 제외한 모든 관계는 운명적인 관계로 보면 된다.

운명적인 관계는 내가 선택을 하는 관계로 어떠한 결과가 생기더라도 남에게 책임을 묻는 일은 없어야 할 것이다. 인간관계에서 또 다른 관점으로 보면 직접적인 관계와 간접적인 관계로 나눌 수 있다. 우리가 직접 눈에 보이고 소통할 수 있는 것은 직접적인 관계이고, 직접 눈으로 볼 수는 없지만, 간접적으로 접할 수 있는 관계는 간접적 관계이다. 나는 지금 누구하고 마주 보고 있는가?

예수님과 소크라테스, 세종대왕의 경우 나는 직접 본 적이 없다. 하지만 인생을 살아가는데 큰 영향을 받고 있다. 이렇듯 우리는 숙명적, 운명적, 직접적, 간접적으로 여러 인간관계를 맺고 있다. 인간관계에서 부딪치는 많은 문제를 보면서 의사소통의 중요성을 이미 우리는 잘 알고 있다.

◈ 1단계: 자기 이름 소개

- Concept: 대인관계에 있어서 갈등은 필연적으로 발생을 하고 있다. 그러한 갈등의 해결 실마리는 관심에서부터 시작이 되어야 한다. 따라서 나와 다른 사람의 이름을 관심을 가지고 경청함으로써 이해가 생기게 된다.
- 소요시간: 30분
- 좌석 배치: 교육생 전원 둥근 원형으로 의자에 착석하여 배치(1인 1석)

◈ 2단계: 2인 열린 대화

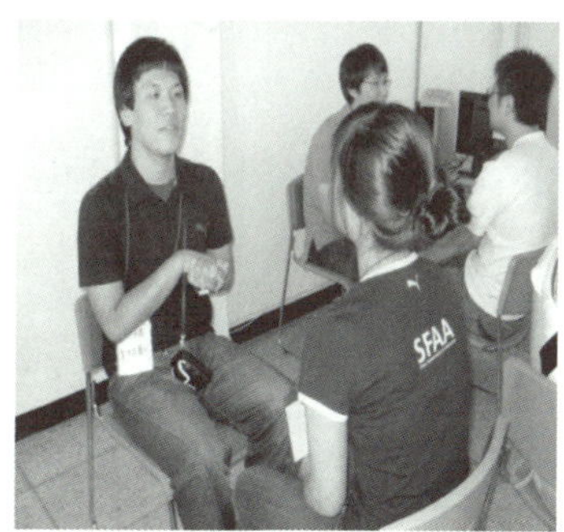

- Concept: 파트너와 질문을 통한 대화를 함으로써 좀더 서로를 알 수 있는 친숙한 분위기를 형성한다.
- 소요시간: 30분
- 좌석 배치: 둘이서 마주 보고 무릎이 닿을 정도로 가깝게 자리에 앉는다.

◈ 3단계: 3인 상호 이해게임

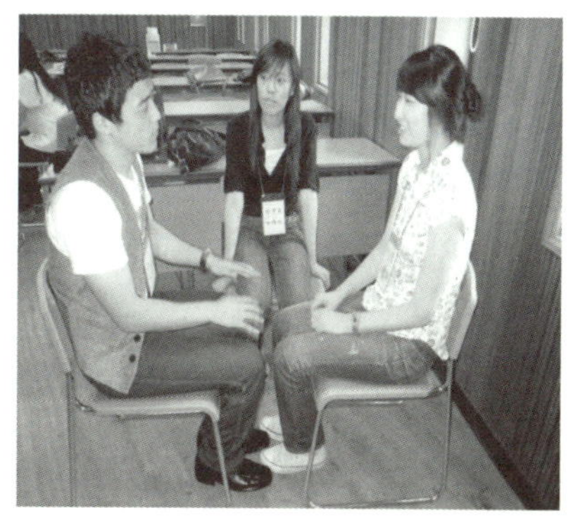

- Concept: 갈등을 풀 수 있는 적극적인 대화를 할 수 있도록 상황 설정을 하여 Game 식으로 단계 진행한다.
- 소요시간: 30분
- 좌석 배치: 3인이 한 조가 되어 두 사람은 마주 보고 한 사람은 중간에서 지켜본다.

◈ 4단계: 6인 심층대화

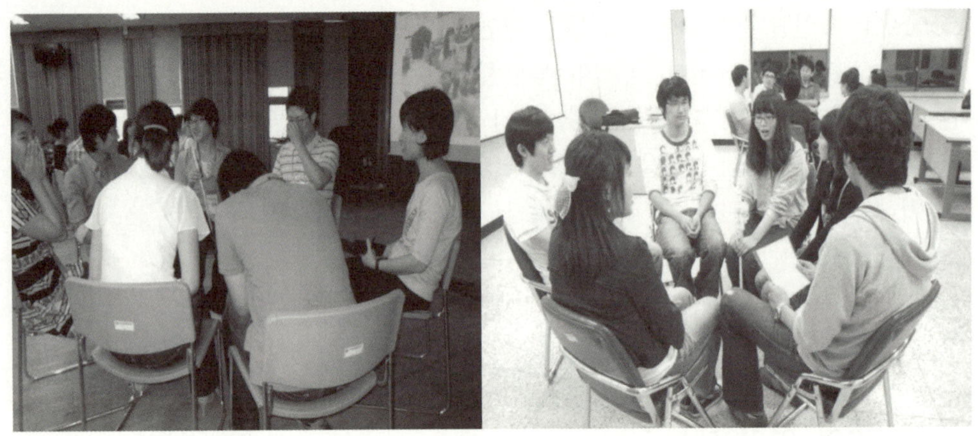

- Concept: 질문을 통한 서로에 대하여 좀 더 구체적으로 알 수 있는 질문과 대화를 한다.
- 소요시간: 40분
- 좌석 배치: 6명이 한 조가 되어 둥근 원형으로 앉도록 한다.

◈ 5단계: 6인 자유대화

- Concept: 질문지 대화를 통하여 다하지 못한 궁금한 사항을 추가로 질문 및 답변하는 대화법으로 개인적인 친목을 더 높인다.
- 소요시간: 5~15분
- 좌석 배치: 6인 원형 지속

◈ 6단계: 인상교환

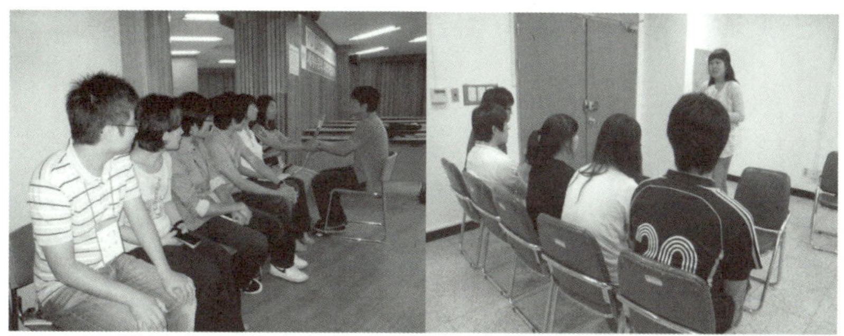

- Concept: 팀원 간 서로의 첫 인상에 대하여 대화를 하는 단계로 좋았던 점, 싫었던 점 등 모든 것을 허심탄회하게 솔직한 의견을 밝히는 가장 중요한 단계.
- 소요시간: 40분
- 좌석 배치: 팀장을 중심으로 팀원이 둘러싸는 반원형 좌석 배치

◈ 7단계: 생존게임 및 소감발표

- Concept: 나는 과연 살아남을 수 있을까? 프로그램을 실습한 후 처음 만났을 때와 마친 시점에서의 참여자 상호이해의 상태를 확인하고 피드 백을 주고받는다.
- 소요시간: 30분
- 좌석 배치: 참석인원 모두 둥근 원형

자존감이 낮고 자기성찰 지능이 높지만 기본지능이 약점으로 인간관계에서 상처를 많이 입는 패턴

이 름		성 별	남성	나 이	35세

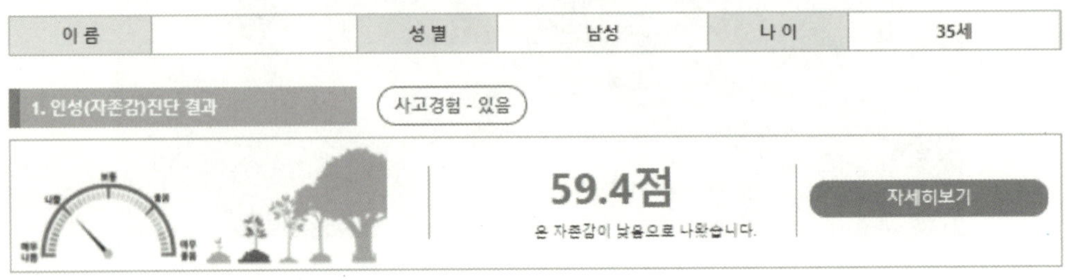

1. 인성(자존감)진단 결과

사고경험 - 있음

59.4점

은 자존감이 낮음으로 나왔습니다.

자세히보기

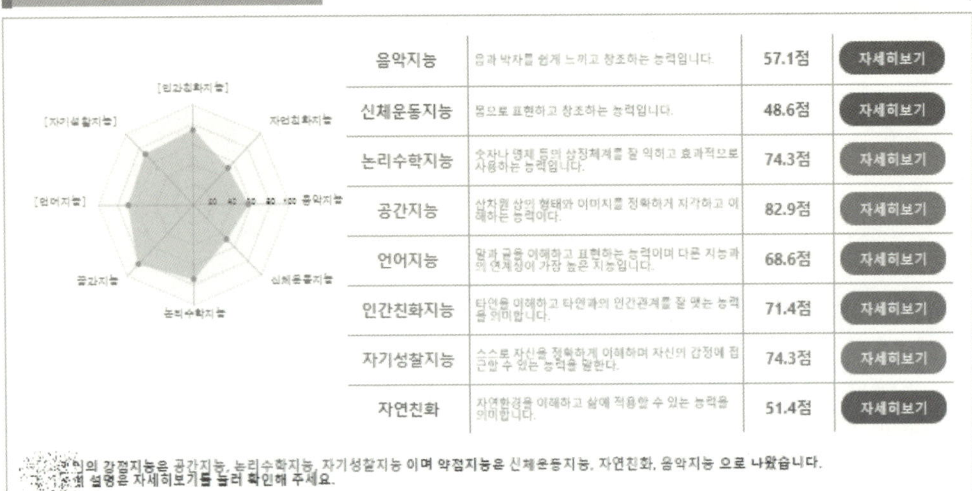

2. 직무자질(다중지능)진단 결과

지능	설명	점수	
음악지능	음과 박자를 쉽게 느끼고 창조하는 능력입니다.	57.1점	자세히보기
신체운동지능	몸으로 표현하고 창조하는 능력입니다.	48.6점	자세히보기
논리수학지능	숫자나 명제 등의 상징체계를 잘 익히고 효과적으로 사용하는 능력입니다.	74.3점	자세히보기
공간지능	삼차원 상의 형태와 이미지를 정확하게 지각하고 이해하는 능력이다.	82.9점	자세히보기
언어지능	말과 글을 이해하고 표현하는 능력이며 다른 지능과의 연계성이 가장 높은 지능입니다.	68.6점	자세히보기
인간친화지능	타인을 이해하고 타인과의 인간관계를 잘 맺는 능력을 의미합니다.	71.4점	자세히보기
자기성찰지능	스스로 자신을 정확하게 이해하며 자신의 감정에 접근할 수 있는 능력을 말한다.	74.3점	자세히보기
자연친화	자연환경을 이해하고 삶에 적용할 수 있는 능력을 의미합니다.	51.4점	자세히보기

님의 강점지능은 공간지능, 논리수학지능, 자기성찰지능 이며 약점지능은 신체운동지능, 자연친화, 음악지능 으로 나왔습니다.
설명은 자세히보기를 눌러 확인해 주세요.

3. 대인관계(의사소통)진단 결과

자기긍정	자기부정	타인긍정	타인부정	본능
내가 남에게 주는 기분좋은 느낌	내가 남에게 주는 불편한 느낌	남이 나에게 주는 기분좋은 느낌	남이 나에게 주는 불편한 느낌	내 자신이 느끼는 감정
50%	50%	80%	20%	40%
나쁨	나쁨	보통	보통	나쁨
자세히보기	자세히보기	자세히보기	자세히보기	자세히보기

종합결과

주의

회원님의 경우 직무자질과 대인관계 진단에서 한 쪽에 부적합한 결과가 나왔습니다. 상담을 통하여 문제가 있는 쪽의 원인을 파악하고 문제를 해결해 나간다면 목표달성에 좋은 결과를 만들어낼 수 있습니다.

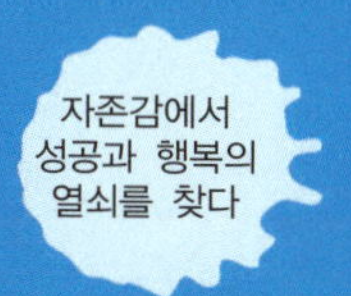

8

상담이론(상담언어)

1. 상담자 언어 반응 기법

대표적인 언어 반응으로 12가지를 활용하는 데 공감, 반영, 재진술, 요약, 지지와 격려, 자기개방, 직면, 질문, 충고. 조언, 해석, 정보 제공, 명료화까지 하나하나씩 살펴보자.

공감	반영	재진술	요약
지지와 격려	자기 개방	직면	질문
충고, 조언	해석	정보 제공	명료화

2. 상담자 언어 반응 기법(공감)

◈ 공감: 타인의 상황과 기분을 느낄 수 있는 능력

- 정의
  - 상대방의 느낌을 알고 주관적 세계를 감지하기 위해서는 상대가 말하는 내용을 잘 듣고 있을 뿐만 아니라 심층적 느낌까지도 이해하려고 노력한다는 사실을 내담자에게 보여주어야 한다.
  - 상대의 느낌과 내용을 가장 잘 대변할 수 있는 한 두 마디의 단어를 택해서 반영해 준다.
  - 내담자가 표현한 것을 상담자의 언어 표현으로 다시 돌려주는 것을 의미하는 것만은 아니다.
  - 시기적절한 침묵도 깊은 공감의 표현이 될 수 있다.
- 적용 방법
  - "당신은 ~라고 느끼는군요", "당신은 ~하는군요", "당신의 심정은 ~하겠군요"
  - 비언어적인 표현도 병행한다.
- **사례 제시**: 어머니와의 갈등에 관해 이야기하는 여학생
  - **내담자**: "선생님 있잖아요. 엄마가 저번에 꾸중하실 때 제가 "이제 잔소리 좀 그만하세요"라고 말했거든요. 엄마가 제가 어제 말을 좀 잘 듣는다고 생각하실 때에는 잔소리를 줄이시겠다고 약속하셨는데, 정말 며칠 전부터 약속을 지키시더라고요. 제가 TV를 보다가 엄마 뭐라고 하시겠다 싶어 공부하러 들어가야지 하는 생각을 하기도 전에 잔소리를 하셨는데, 며칠 전부터는 기다려 주시는 것 같아요. 이렇게 금방 엄마가 변할 줄은 상상도 못했어요.
  - **반응 1**. 엄마가 약속을 정말로 지켜주셨기 때문에 ㅇㅇ가 굉장히 기분이 좋은가 보구나.
  - **반응 2**. 엄마가 ㅇㅇ가 기대한 이상 변하셨구나. 그래서 한편으로 놀라면서도 또 한편으로는 기쁜 ~~것 같구나~~.

예를 하나 들어보자. 어머니와 갈등을 겪고 있는 여학생의 이야기이다. 먼저 내담자의 반응을 읽어볼까~ (지문 내담자 상황 제시)

이렇게 이야기하는 여학생이다. 그러면 상담자는 첫 번째 반응을 볼까? (상담자 반응 1 제시 → 이름) 이런 표현을 할 수 있다.

두 번째 반응을 볼까~ (상담자 반응 2 제시) 이렇게 이야기를 해주면 된다.

잘 이해가 되는가? 다음에 예가 나온다면 여러분이 한번 연습해보실 수 있을 것 같다.

3. 상담자 언어 반응 기법(반영)

◈ 반영: 공감과 비슷한 의미의 표현으로 좀 더 심층적으로 이해해 주는 것

두 번째는 반영이라고 되어있는데 공감과 거의 비슷한 의미의 표현이라고 할 수 있다. 반영은 좀 더 심층적인 감정까지 이해해 주는 건데요. 공감하고 자주 혼동이 되기도 한다.

- **사례 제시**: 학업에 대한 고민을 털어놓는 학생
  - **내담자**: "선생님 전처럼 성적을 올릴 수 있을 것 같지 않아요. 제가 바보가 되었나 봐요. 1학년 땐 그런 성적을 받기가 어렵지 않았던 것 같은데 저기 이젠 1학년 때 같지 않잖아요. 다른 애들이 공부를 더 열심히 하고 그래서 지금은 절대 해낼 수 있을 것 같지가 않아요.
  - 반응. ㅇㅇ아, 너는 내가 아무리 노력해도 전만큼 잘 하지 못할 것 같아 (　)한 거구나.

학업에 대해서 고민을 털어놓는 학생의 예시가 나와 있다. (내담자 예시 제시) 내담자에게 상담자는 이렇게 답변할 수 있다. (반응 제시)라고 말이다.

자 이때 상담자는 내담자가 성적을 올릴 것 같지 못하다는 마음 밑에 있는 두려운 감정, 불안한 감정 "아. 내가 이렇게 해서 과연 잘할 수 있을까? 앞으로 대학을 진학한다거나 이런 것까지 생각했을 때 두려움이 크겠지요~ 이런 마음까지 알아내어서 반영해 주는 것이 공감이나 반영 반응이라고 할 수 있다. 공감이나 반영은 말하지 못할 감정까지도 알아주는 것을 의미한다.

- **사례 적용**: 최근 큰일을 겪은 친한 친구에 대해 이야기를 하는 학생
  - **내담자**: "선생님 신경이 쓰이고 정말 걱정이 돼요. 도와주고 싶은데 도대체 연락이 안 되니 이러지도 저러지도 못하고 있어요.
  - 반응. ______________이기 때문에 ________________구나.

자 반영의 예를 제시하고 있습니다. 최근에 큰일을 겪고 있는 친구가 있다. 이 친구에 대해서 막 걱정하고 있는 학생이 내담자로 왔다.

뭐라고 하냐고 하면 (내담자 상담사례 제시)라고 말하는 내담자이다. 자 이런 내담자에게 상담자는 어떻게 반응하면 좋을까?

한번 여러분이 적어보세요~ 자 제가 한번 예를 들어볼까~ 친구와 연락되지 않기 때문에 네가 정말 걱정되는구나?

그 친구가 이런 식으로 공감 반응이나 반영 반응을 해줄 수가 있다.

4. 상담자 언어 반응 기법(재진술)

- 정의
  - 내담자가 짧은 말을 한 다음에 상담자가 해주는 말로, 내담자가 한 말의 핵심을 다시 반복해 줌으로써 내담자의 말에 주의를 기울이고 있었음을 알려주는 것이다.
  - 앵무새처럼 반복하는 것은 피할 것.
- 적용 방법
  - 내담자가 한 말을 짧게 정리해서
  - [ ]한 상황이구나
  - [ ]한 기분이구나

자. 세 번째 재진술 반응에 대해서 알아보자. 재진술은 리스테이트먼트라고 하는 반응이다. 즉, 내담자가 한 말을 상담자가 짧게 되돌려 주는 건데 반복해 주는 것이다. 내담자가 한 말을 있는 그대로 다시 말해주는 것이다. 이렇게 함으로서 내담자는 상담자의 입을 통해서 자신이 한 말이 들려지는 것을 들으면서 자신이 말한 말을 의미를 되새겨 볼 수 있다. 상담자는 재진술을 반복해서 계속 사용하는 것은 좋지 않다. 왜냐하면, 상담자가 내담자가 한 말을 따라 하는 것처럼 들린다. 앵무새처럼. 그러니까 적절한 시기에 내담자가 상담자의 말로써 자신의 말을 다시 한번 들어볼 수 있는 기회를 제공하는 정도로 사용하는 것이 좋겠다. 그래서 반응 방법은 내담자가 한 말을 네가 이런 상황에서 이러이러한 일이 일어나서 이런 기분이구나~ 라는 식으로 들려주면 된다.

- **사례 제시**: 교회에서의 여행과 기말고사를 두고 고민하는 여고생
  - **내담자**: "선생님 다음 주에 교회에서 여행을 가는데요. 바로 그다음 주에 기말고사가 시작되거든 요. 놀러 갔다가 시험 망치면 어떡해요? 그렇다고 교회 친구들이나 주일 학교 선생님이 꼭 가야 한다고 했는데 시험 때문에 못 간다고 말하기도 정말 그래요.
  - **반응** 1. 내가 듣기로는 여행을 가면 시험을 망칠까 봐 걱정되고, 친구들이나 교회 선생님에게는 시험 때문에 여행을 못 간다고 말하기도 어렵다는 것으로 들리는구나.

예를 들어보자~ 자 교회에서 여행을 가야 하나? 기말고사를 준비해야 하나? 이런 것을 두고 두 가지 사이에서 고민하는 여고생의 예시이다.

자 내담자가 이렇게 말한다~ (내담자 상담사례 지시) 이렇게 말하는 내담자이다.

자 어떻게 반응해야 할까? 자 선생님이 듣기에는 여행을 가면 시험을 망칠까 걱정이 되

고 친구들이나 교회 선생님한테는 시험 때문에 여행을 못 간다고 말하기도 어렵구나. 이렇게 들리는데 이렇게 얘기를 해주면 된다. 자 내담자가 한 말을 그대로 다시 되돌려 주는 것이다.

- **사례 적용**: 수업에 조는 것 때문에 상담실로 불려온 학생
  - **내담자**: "선생님 저보고 왜 여기 가라고 했는지 그 이유를 정말로 모르겠어요. 단지 수업 중에 조금 졸았을 뿐인지 제가 다른 사람을 불편하게 하거나 문제가 있다고 생각하지 않거든요.
  - 반응.

자 재진술의 사례를 보도록 하자.

수업 시간에 조는 것 때문에 상담실로 불려온 남학생의 예다.

자 내담자가 이렇게 말한다. (내담자 상담사례 제시) 이렇게 말하는 내담자이다. 자 상담자는 어떻게 이야기를 해줘야 할까?

자 선생님이 상담실에 가보라고 하셔서 왔지만 내가 수업 시간에 존 것 외에는 특별히 문제를 만들었다고 문제를 일으켰다고 생각하지 않는구나.

이렇게 들려주면 된다. 내담자가 한 이야기를 다시 한번 반복해 주는 것이다. 그러면 내담자는 그 이유를 다시 한번 생각하게 된다.

자신 한데는 문제가 없는데 선생님이 왜 가라고 했는지 자기는 이해가 잘 안된다? 이런 의미를 다시 한번 생각해 볼 수 있을 것이다.

5. 상담자 언어 반응 기법(요약)

- 정의
  - 내담자가 일련의 말을 한 다음에 내담자로 하여금 여러 가지 생각들을 하나로 모으도록 돕는 것.
  - 재진술 보다는 좀 더 긴 내용이 될 수 있으며, 내용을 명료화하기 위해서 또는 다른 화제로 넘어가기 위한 장치로 쓰이기도 한다.
- 적용 방법
  - "그러니까 너의 말은 [ ]라는 것이지?"

요약에 대해서 설명을 하면 요약 반응은 보통 내담자가 길게 자신에 대한 생각이나 이야기를 한 다음에 상담자가 그 내용을 축약해서 간단하게 내담자에게 돌려주는 것이다.

그러면 내담자가 자신이 말한 내용에 핵심을 이해할 수 있다.

재진술 보다는 좀 더 긴 내용에 대해서 이야기를 해주는 것이기 때문에 조금 더 길 수 있다. 보통 이 요약은 상담의 초기나 상담의 마무리 때 잘 사용하기도 한다.

예를 들면 지난 시간에 우리가 이러이러한 이야기에 대해서 나누었습니다~라는 이야기로 시작할 때가 있고 또는 상담의 마무리 부분에 오늘 우리가 50분 동안 이러이러한 이야기를 나누었지요~ 라고 하면서 요약을 하기도 한다. 또는 긴 내용을 한번 요약해 주고 다음 주제로 화 제로 넘어가기 위한 장치로도 사용할 수 있다. 자 그래서 요약의 반응에 대한 핵심은 '그러니까 내 말은 이러이러한 이야기지~라고 해주면 되겠다.

- 사례 제시: 부모님과의 갈등으로 힘들어하는 중3 여학생
  - 내담자: "선생님 저는 집에서 그 누구하고도 얘기할 수가 없어요. 엄마하고는 얘기를 잘해보려고 시도해봤지만 이내 엄마의 잔소리가 시작되고, 그럼 우리의 대화는 다툼으로 끝이 나버리거든요. 사실 아빠와는 다투지는 않지만, 엄마와 싸우고 나면 아빠에게 짜증을 내고 화풀이를 해요. 그래서 항상 미안하지만, 그런 제 마음을 표현해 본 적은 없어요. 그래서 아빠 한데 미안하고. 엄마와도 잘 지내고 싶은데. 이 모든 게 제 마음대로 되지 않아요.
  - 반응. 엄마와는 이야기를 시작하면 자꾸 다툼으로 끝나고, 아빠에게는 짜증과 화를 내게 되니까 미안한 마음이 드는데, 잘 표현하지 못하고. 부모님과 잘 지내고 싶은 너의 마음과는 다르게 잘되지 않는다는 거구나!

자 요약의 예를 보도록 하자. 부모님과의 갈등으로 힘들어하는 중3 여학생의 사례가 나온다. 자 내담자가 이렇게 말한다. (내담자 상담사례 제시)라고 하는 내담자이다.

자 이런 내담자가 이야기한 내용을 요약해 준다면 상담자는 어떻게 반응을 해야 할까? (상담자 반응 사례 제시) 이렇게 요약해 주면 되겠다.

- **사례 적용**: 숙제와 축구 사이에서 고민하는 초등학교 남학생
  - **내담자**: "선생님 저는 내일까지 숙제를 2개나 해야 하는데요. 친구들이 자꾸 축구 하러 가자고 해요. 제가 골키퍼라서 안 가면 안 되거든요. 축구 하러 가려면 숙제할 시간이 모자랄 텐데 어떻게 해야 할지 모르겠어요.
  - **반응**.

자 사례의 예를 보도록 하자.

요약의 예다. 축구와 숙제 두 가지 사이에서 고민하는 초등학교 남학생이다.

자 내담자가 이렇게 이야기한다. (내담자 상담사례 제시) 바람직하게 두 가지 사이에서 고민하는 성숙한 초등학생의 사례이다.

상담자는 내담자에게 어떻게 반응을 해줘야 할까? 자 여러분이 한번 생각을 해보자.

자 이렇게 반응하면 어떨까? 저라면 '아 너는 숙제와 축구 사이에서 어느 걸 선택할지 고민이 되는 거구나 ' 이렇게 요약해 주겠다. 고민하고 있구나~ 이렇게.

6. 상담자 언어 반응 기법(지지와 격려)

- 정의
  - 내담자가 인정받을 만하며 능력 있는 사람이라고 지지하고 격려함으로써, 내담자가 힘차고 에너지 넘치는 사람이 될 수 있다.
  - 지지와 격려의 감정은 대부분 시선 접촉, 얼굴 표정, 미소, 자세, 신체접촉, 어조 등을 통해 비언어적으로 전달될 수 있다.
  - 내담자가 노력한 부분에 대한 격려와 내담자에 대한 근본적인 신뢰를 나타낸다.
- 적용 방법
  - 정말 잘했구나
  - [ ]하기 위한 노력을 했다니 참 대견하구나
  - 나는 네가 할 수 있으리라 믿었다.

자 다음으로 지지와 격려에 대해서 살펴보자.

지지와 격려 반응은 상담자가 내담자에게 주는 긍정적인 또는 간접적인 어떻게 보면 칭찬이라고 할 수 있다. 내담자가 인정받을 만하고 능력이 있는 사람이라는 것을 알아주고 그것을 격려해 주는 그렇게 함으로 내담자가 에너지를 얻고 희망을 가질 수 있게 도와줄 수 있는 그런 반응이다.

지지와 격려에 반응은 꼭 말로가 아니더라도 상담자가 시선을 접촉을 통해서 또는 얼굴 표정이나 미소, 자세, 신체적 접촉, 어조 등을 통해서 비언어적으로도 전달할 수 있어야 한다. 물론 신체적 접촉은 쉽게 너무 많이 하는 것을 의미하는 것은 아니다.

내담자가 노력한 부분에 대해서 충분히 알아주고 내담자를 지지함으로써 신뢰하고 있음을 표현하고 있다. 적용 방법을 알아볼까요? (적용 방법 제시) 이런 식의 표현을 통해서 할 수 있다.

- **사례 제시:** 초등학교 6학년 여학생과 담임교사의 대화
  - **내담자:** "선생님 부모님에 대한 제 태도를 바꾸려고 저는 정말 열심히 노력했거든요. 그래서 어느 정도 변화가 되었다고 생각하는데요.
  - **반응.** 선생님은 ○○가 꼭 할 수 있을 거라고 생각했다. 그 점에 대해서는 믿어 의심치 않고, 또 지금 그 말을 들으니 정말 기쁘다.

자 사례를 제시해보자.

초등학교 6학년 여학생과 담임교사의 대화를 보자. 내담자가 이렇게 이야기를 한다.

(내담자 상담사례 제시) 부모님과 사이가 안 좋았던 것 같아요. 그런데 정말 열심히 노력했더니 부모님과의 사이가 변했는지 본인도 본인 태도가 변했다고 생각하는지 뭔가 상황이 변한 것 같다. 이때 상담자는 어떻게 반응하면 좋을까? (상담자 반응 제시) 이런 식으로 칭찬과 지지, 격려의 이야기를 전달할 수 있다.

'어떻게 그렇게 할 수 있었니?'라고 물어봄으로써 간접적인 칭찬을 할 수 있다. '그런 능력은 어디에서 왔지?', 대단한데~!' 이런 식의 표현도 가능하겠다.

- **사례 적용**: 조퇴를 원하는 초등학생
  - **내담자**: "선생님 저 조퇴 좀 하면 안 될까요? 참아보려고 했는데, 너무 아파요.
  - **반응**.

자 지지와 격려의 예를 한번 들어보자.

조퇴를 원하는 초등학생이 있다. (내담자의 상담사례 제시)라고 이야기하는 내담자이다.

아 이때 상담자는 안돼! 이렇게 이야기하면 될까? 안된다. 자 이럴 때 '조퇴해도 된다. 안된다. 이런 정답만 주려고 노력하기보다는 내담자가 말하는 내용 속에서 내담자의 능력과 힘을 한 번 생각해보자. 어떤 힘이 있을까? 내담자에게는 한번 생각해보시고 반응해보세요~

자 저라면 이렇게 이야기를 할 것 같다. '그래~ 그런데 그동안 아픈데도 지금까지 참아보려고 노력했다니 참, 기특하다' 이렇게 이야기하면 어떨까?

조퇴를 하느냐 마느냐 이런 대답보다 '아 이때까지 아픈데도 참아보려고 노력하고 결국은 조퇴를 하는 것이 본인에게 좋다고 결론을 내린 이 내담자의 의사결정 능력에 대해서 칭찬을 해줄 수 있다는 것이다.

7. 상담자 언어 반응 기법(자기개방)

- 정의
  - 내담자가 자신의 개인적인 감정이나 경험을 드러내는 것으로, 자기 관련 반응을 통해 상대방의 진술에 대해 개인적으로 반응한다.
- 적용 방법
  - [상담자의 경험과 관련시켜] 나도 [ ]경험이 있었단다
  - [ ]라는 말을 들으니 내 기분도 [ ]하구나
  - 내 생각에는 ㅇㅇ가 [ ]했다니 놀랍기도 하다

자 다음으로 자기개방에 대해서 알아보자.

자기개방은 셀프 디스클로스라고 이야기 하는 것이다. 상담자가 자신에 대해서 개방하는 것을 이야기한다. 자신의 이야기나 느낌을 드러내는 것을 이야기하는데 그래서 상담자 자신과 관련된 반응을 솔직하게 내담자에게 말해줌으로써 내담자가 상담자를 좀 더 친근하게 느끼게 한다거나 자신의 경험도 상담자도 느낀다면 자신의 경험이 이상하거나 자신에게 문제가 있지 않다는 생각을 할 수 있다. 그래서 내담자의 경험이나 느낌을 타당화시켜주는 그런 효과가 있다. 자 어떻게 반응을 하느냐 하면 "나도(선생님도) 이러…." (적용 방법 사례 제시)

그것은 상담자 자신에 대한 개방이다. 또 상담자 자신의 기분이나 즉각적인 반응을 개방하는 방법이 있다. 너의 이런 말을 들으니 내 기분도 이러하다라고 표현하는 방법이 있다.

내 생각에는 ㅇㅇ이가 이렇게 했다니 놀랍다. 정말 깜짝 놀랐는걸~ 또는 신기하다 뭐 이런 식의 자신의 느낌을 오픈해서 들려주는 것이다. 그게 상담자의 자기개방이다.

- **사례 제시**: 친구들과의 관계가 힘든 학생
  - **내담자**: "선생님 제 마음을 알아주는 사람이 없어서 슬퍼요. 선생님도 그런 적 있으세요?
  - **반응**. 선생님도 고등학교 다닐 때 내 마음을 나눌 수 있는 사람이 없는 것 같아서 힘들었던 적이 있었지. 친구들을 사귀어 보려고 해도, 잘 안되더라고. 그래서 내가 뭔가 부족한 사람은 아닌가 하는 생각도 했었단다.

사례를 보자. 친구들과의 관계가 힘든 학생이 찾아왔는데 내담자가 이렇게 말한다. (내담자 상담사례 제시) 선생님도 친구가 없어서 어려움을 겪으신 적 있으신가요? 라고 물어

보는 내담자이다. 이런 내담자에게 상담자는 이렇게 반응할 수 있다.

(상담자 반응 사례 제시) 친구들이 싫어하는 것은 아닐까? 이런 생각도 해본 적이 있단다. 이렇게 자신의 과거 경험을 개방하는 것이 가능하다.

이렇게 하면 내담자는 자신이 문제가 있는 것이 아니라 상담자에게도 또 모든 사람에게도 이런 친구와의 어려운 문제가 발생할 수 있는 거구나.라고 자신을 정상화시킬 수가 있다.

- **사례 적용**: 고등학교 3학년 학생이 시험 기간임에도 공부가 잘되지 않아서 호소하는 경우
  - **내담자**: "선생님 자꾸만 딴 생각이 나서 공부에 집중하기가 힘들어요.
  - **반응**.

자. 자기개방의 예를 한번 보자.

고등학교 3학년 학생이 시험 기간에 공부가 잘되지 않아서 찾아온 경우이다. 내담자가 상담자에게 이렇게 얘기를 한다. (내담자 상담사례 제시)

"저는 공부가 잘 안되요!" 이렇게 얘기하는 내담자이다.

자. 상담자는 어떻게 반응할까? 여러분이 한번 생각해보자.

자기개방으로 반응해보자. 저라면 이렇게 개방을 하겠다.

"선생님도 때로는 할 일을 앞에 두고 집중이 잘 안되어서 일을 못할 때가 있단다." 이렇게 얘기할 수 있다. 또는 '선생님도 고등학교 때는 공부가 잘 안되고 딴 생각 하고 막 그랬었던 적이 있었어." 이렇게 얘기할 수 있다.

자 여러분의 경험도 한번 개방해보는 장면도 한번 생각해보자.

8. 상담자 언어 반응 기법(직면)

- 정의
  - 내담자의 행동, 언어에 나타나는 모순들. 특히 언어적 표현과 비언어적 행동 간의 모순을 구체적으로 지적해 줌으로써 제3자 입장에서 객관적으로 보도록 할 때 사용
  - 평가, 비판적이기보다는 서술하는 형태로 할 것
  - 강제적이기보다는 의논식으로 할 것
- 적용 방법
  - 너는 [ ]라고 하는데 내가 보기에는 [ ]인 것처럼 느껴지네(들리네)

자 직면에 대해서 알아보도록 하자.

직면 반응은 내담자의 언어에 나타나는 모순, 특히 비언어적 행동과 언어적 표현 간의 모순을 구 체적으로 지적해 줌으로써 내담자가 그 모순을 객관적으로 알 수 있도록 사용하는 것이다.

상담자가 직면을 사용할 때는 조금 더 주의를 기울여야 하는 부분이 내담자의 모순을 지적해주기 때문에 내담자에게는 다소 받아들이기 힘들 수 있다는 점을 고려해서 좀 강요적이기 보다는 이런 점이 있는데 한번 생각해보라는 식으로 제시하는 것이 좋다. 의논식으로 말해주는 것이 좋다.

직면은 보통은 주로 이런 예를 든다. 겉으로는 밝게 이야기하지만, 그 내용은 상당히 어려운 또는 심리적으로 감당하기 힘든 내용임에도 불구하고 겉으로는 밝게 명랑하게 이야기한다거나 심지어 는 웃으면서 이야기하는 사람들도 있거든요. 이런 부분을 지적해 주는 것이다. 너는 굉장히 어렵고 힘들었던 경험에 대해서 이야기하면서 밝게 또는 웃으면서 이야기하는데 그 둘 사이에 모순이 있다는 것을 지적하는 것이다. “어려운 것을 웃으면서 이야기하고 있으시네요~”라고 지적해 주는 것이다. 자 또는 적용 방법은 이렇게 할 수도 있어요~ “너는 뭐라고 말하지만 내가 보기에 속으로는 울고 있는 것처럼 느껴진단다.”, “겉으로는 명랑하게 이야기하고 있지만 네 마음에는 고통스러운 감정이 숨어있는 것 같아.” 이렇게 얘기를 해줄 수 있다.

- **사례 제시:** 내담자가 말로 하는 반응과 그가 보이는 정서적 반응 간에 차이가 있을 때
  - **내담자:** “선생님 저는 이번 기말고사에서 꼭 영희를 이기고 1등을 하고 싶었거든요. 그런데 또 영희가 1등을 해서 속상해요. 그래도 영희가 원래부터 잘했으니까 뭐 괜찮아요.

- **반응.** 네가 겉으로 말하는 내용과 마음으로 느끼는 감정은 조금 다른 것 같은데, 말은 괜찮다고 하면서도 음성은 떨리고 울고 있는 것처럼 느껴진단다.

• **사례 제시:** 언어적 진술 간의 불일치 또는 행동이 불일치할 때
- **내담자:** "선생님 저는 이번 기말고사에서 꼭 영희를 이기고 1등을 하고 싶었거든요. 그런데 또 영희가 1등을 해서 속상해요. 그래도 영희가 원래부터 잘했으니까 뭐 괜찮아요.
- **반응.** 네가 1등을 하고 싶다면서 영희가 1등을 해도 괜찮다니 그게 무슨 말이냐?

자 직면 사례를 한번 보도록 하자.

말로 하는 반응과 정서적 반응 간에 차이가 있어 보일 때 즉, 말과 감정 간에 모순이 있어 보일 때 하는 반응이다. (내담자 상담사례 제시) 이렇게 이야기하는 반응이 있을 수 있다. 또는 언어와 언어 간에 불일치가 발생하는 경우 또는 언어와 행동이 불일치하는 경우가 있을 수 있겠다. 내담자가 이렇게 말하는 경우가 해당이 된다. (내담자 상담사례 제시)

꼭 이기고 싶었다는데 괜찮다고 말하는 부분이 모순되게 느껴진다. 이럴 때는 상담자가 이렇게 반응한다. "너는 꼭 1등을 하고 싶었는데 영희가 1등을 해도 괜찮다는데 그게 무슨 뜻이니?" 이렇게 얘기해 줄 수 있다. 자 이때 이 내담자의 감정 속에는 하고 싶은 것을 할 수 없었는데 좌절했는데 그래도 괜찮다고 합리화하는 그런 측면이 좀 있는 것 같다. 그래서 이 마음속에 무엇이 어떤 감정이 있는지 좀 더 자세하게 탐색해볼 필요가 있다. 그래서 직면 반응을 하는 것이다.

• **사례 적용:** 자신의 성적보다 우수한 대학에 진학하고 싶다는 학생
- **내담자:** "선생님 저는 내년에 제가 원하는 그 대학에 꼭 들어가고 싶어요. 제 성적이 그 대학에 가기에 훨씬 모자라는 것은 알아요. 하지만, 그 대학에 들어가면 정말 열심히 공부하고 멋진 친구들도 만날 수 있을 것 같아요.
- **반응.**

자 다음의 예시를 보도록 하자.

자신의 성적보다 우수한 대학에 진학하고 싶다는 학생 내담자가 찾아왔다.

내담자가 이렇게 이야기를 한다. (내담자 상담사례 제시) 이렇게 얘기하는 내담자이다.

자 이런 내담자의 모순된 점은 무엇일까? 성적을 올리는 것은 개의치 않고 그 대학에 들어가면 정말 열심히 하고 살겠다. 이렇게 멋진 꿈을 꾸고 있는 것 같아요~ 이런 모순된 점을 지적해 줄 필요가 있다.

상담자는 이렇게 반응할 수 있다. "성적이 모자라서 그 대학에 들어가기가 어려울 것

같은데 그 대학에 들어가면 열심히 살겠다, 멋지게 살겠다. 이렇게 얘기하는 것은 모순점이 있는 것 같아."라고 이야기할 수 있다. 또는 "꼭 그 대학에 들어가고 싶은 이유가 뭘까? 네가 성적은 그 대학에 들어가기에는 충분하지 않은데 말이야." 이런 식으로 앞뒤에 모순된 점을 지적해 줄 수 있다. 자 여러분의 반응도 한번 써보도록 하자.

9. 상담자 언어 반응 기법(질문)

• 정의

- 내담자가 자신의 생각과 느낌을 명확히 하고 탐색하도록 요구하는 질문
- 질문을 통해 구체적인 정보를 더 얻는다.
- 내담자의 부적절한 사고를 명확히 하고 자신이 감정을 파악하도록 한다.
- 방향을 제시하고 문제의 한 부분에 초점을 맞추고자 할 때 효과적이다.
- 폐쇄형 질문보다 개방형 질문을 하는 것이 바람직하다.
- 여러 개의 질문을 한꺼번에 하지 않는다.
- '왜'라는 질문은 불쾌감이나 불찬성의 의미를 전달할 수 있으므로 가급적 사용하지 않는 것이 좋다.

• 적용 방법

- 그것에 대하여 어떻게 느끼니?
- 좀 더 말해줄래?
- 그때 너는 뭐라고 말했니?

자 다음으로 질문 반응을 보도록 하자. 질문은 내담자에게 말 그대로 질문을 하는 것이다. 상담자가 질문을 너무 많이 하면 내담자와 상호작용적이라기보다는 내담자를 인터뷰하는듯한 그런 느낌을 줄 수 있지만 적절한 시기에 내담자에 관한 좀 더 많은 정보를 얻고 내담자의 생각과 느낌을 명확히 알기 위해서 질문은 필요한 경우가 있다. 또는 내담자가 자신의 감정을 명확하게 알아차리도록 하기 위해서도 질문을 할 수 있는데 질문은 폐쇄형 질문보다는 개방형 질문이 바람직하다. 폐쇄형 질문은 어떤 것이냐 하면 내담자가 예, 아니오로 반응하게 하는 질문이다. 그때 그런 일이 있었나요? 그때 이렇게 하지 않았지요? 이런 식의 질문이다. 그러면 내담자는 "아니오 또는 예"라고 반응을 하게 되는데 이것은 내담자의 많은 정보를 탐색하기에 제한적인 질문이기에 바람직하지 않다.

이에 반해 개방형 질문은 내담자가 충분히 많은 내용에 대해 스스로 답해가면서 대답할 수 있도록 하는 질문인데 그걸 유도하는 질문이 개방하는 질문이다. 보통은 언제, 어디서, 무엇을 어떻게라는 형태의 질문이 개방형 질문에 해당한다. 그러나 왜라는 질문은 다소 주의해 사용해서 사용해야 한다. 왜라는 질문은 왜 ㅇㅇ하지 않았나요? 이렇게 하는 식으로 한다면 따지는듯한 느낌을 줄 수 있고 또 그렇게 하지 그랬어요.라는 비판적인 의미를 전달할 수 있기에 가급적이면 왜라는 질문보다는 어떻게 그렇게 하게 되셨지요? 어떻게

해서 그렇게 하지 않기로 하게 되셨나요? 이렇게 질문하는 것이 좋다. 자 예를 들면 그것에 대하여 어떻게 느끼십니까? 좀 더 자세히 말씀해 주시겠습니까? 그때 뭐라고 말했습니까? 어떻게 반응하였습니까? 라고 질문하는 것이 좋다.

- **사례 제시**: 중학교 2학년 남학생이 Wee 클래스를 찾아와 어머니와의 갈등을 호소하고 있다.
  - **내담자**: "선생님 저희 엄마는 제가 의사가 되어야 한다고 생각하세요.
  - **반응**. 엄마의 생각에 대해 너는 어떤 느낌이 드니? 또는 어떻게 생각하니?

자 예를 들어보도록 하자.

사례에는 중학교 2학년 남학생이 wee 클래스를 찾아와 어머니와의 갈등에 대해서 호소하고 있다. 내담자가 이렇게 말한다. "저희 엄마는 제가 의사가 되어야 한다고 생각하세요." 내담자는 그렇게 생각하지 않는듯해요. 상담자는 이렇게 반응하는 것이 좋겠다.

'엄마의 생각에 대해서 너는 어떤 생각을 가지고 있니?' 또는 '엄마가 그렇게 생각을 하시는 것에 대해서 너는 어떤 느낌이 드니?" 이렇게 질문을 할 수가 있다.

- **사례 적용**: 내담자의 상황에 대한 구체적인 정보를 얻기 위한 질문을 하시오
  - **내담자**: "선생님 저는 화가 나면 참기가 힘들고 울거나 화풀이를 해야 해요.
  - **반응**.

자 사례를 보도록 하자.

내담자의 상황에 대한 구체적인 정보를 얻기 위한 질문을 해보자. 내담자가 이렇게 말하는 경우이다.

"저는 화가 나면 참기가 힘들어서 울거나 화풀이를 해야 시원해요." 이렇게 말하는 내담자이다. 자 질문을 해보자

자 구체적인 정보를 얻기 위한 질문이라면 "어떤 경우에 어떻게 화가 나고 참기가 힘듭니까?"라고 물어볼 수 있다. 어떤 경우에라고 질문했죠.

제가. "자 또는 화가 나고 참기 힘든 경우에 대해서 좀 더 자세하게 얘기해 줄래?"라고 질문할 수 있다.

10. 상담자 언어 반응 기법(충고, 조언)

• 정의

- 내담자의 생각과 행동의 방향을 제시해 주는 것이다.
- 내담자가 충고를 요구할 경우 이것이 직접적인 요구인지, 의존적 감정에 대한 표현인지 구별해야 하며, 의심스럽다면 관련 감정을 먼저 다루는 것이 좋다.

• 적용 방법

- 내 생각엔 네가 먼저 이야기를 해보는 것이 어떨까 하는데?
- 내가 어떤 조언을 해주면 너에게 도움이 될까?

자 다음에는 충고와 조언에 관한 반응을 생각해보도록 하자. 상담자는 내담자에게 충고와 조언은 자주 하지는 않는다.

상담자는 내담자를 어떤 지시적인 방향으로 이끌기보다는 내담자 스스로 탐색해서 해결안을 발견할 수 있도록 도와주는 것이다. 하지만 상담자가 어떤 내담자에게 어떤 행동의 방향을 간혹 제시해 주는 것이 필요한 경우가 있다. 또는 내담자가 충고를 요구하는 경우도 있는데 내담자가 상담자의 의사결정에 따르겠다는 의존적인 경우가 아니라면 상담자의 의견을 솔직하게 이야기해 주는 것도 필요한 경우가 있다. 또는 그런 충고와 조언을 지속적으로 원하는 경우에는 그것이 왜 중요 한지 내담자에게 물어볼 필요가 있다.

어떤 내담자 같은 경우에는 "선생님. 결혼하셨어요?" 또는 "선생님. 선생님도 이런 경우가 있나요? 이런 경우에 어떻게 하시겠어요?"라고 조언을 구하는 경우가 있는데 그거는 상담자의 의견을 통해서 무엇을 원하고 묻고 있는 건지 탐색해볼 필요가 있다는 것이다. 먼저 답하는 것이 중요한 것이 아니라 "나도 그런 적 있어, 나 같으면 이렇게 할거 같아" 이러한 이야기보다 조언을 들으므로써 내담자에게 어떤 의미가 있는지 살펴봐야 할 필요가 있다. 방법은(적용 방법 사례 제시) "너는 어떻게 생각하니? 라고 되돌려 줄 수 있을 것이다.

• **사례 제시**: 어릴 때부터 아버지에게서 폭력을 당해 온 고2 남학생이 학교에서 다른 친구들에게 폭력을 행사하여 상담을 받게 된 경우

- **내담자**: "선생님 저는 늘 이렇게 살아왔어요. 결국, 아버지처럼 저도 살아갈 것 같다는 생각이 들 어요. 물론 아버지가 사는 방식이 마음에 들지 않지만 이젠 다른 방법이 없어요. 싸움에 익숙해져서 이 분야에서는 자신이 있거든요. 그런데 이제 와서 굳이 달라질 필요가 있나요?

- **반응.** 폭력을 늘 경험해 왔기 때문에 거기에서 벗어날 수 없다고 보고 이제 네가 폭력을 쓰는 쪽으로 그 힘을 사용하게 된 것 같다. 그런데 아버지의 삶의 방식이 마음에 들지 않는다면 아버지처럼 강한 사람이 되면서도 그 힘을 네게 도움이 되는 방향으로 사용할 수 있지 않을까 하는 생각이 든다.

자 예를 한번 보도록 하자.

어릴 때부터 아버지에게 폭력을 당해온 고 2 남학생이 학교에서 다른 친구들에게 폭력을 행사하여 상담을 받으러 온 경우인데 내담자는 이렇게 이야기를 한다. (내담자 상담사례 제시) 이렇게 얘기하는 내담자이다.

자 이런 내담자에게 상담자는 이렇게 조언이나 충고를 하는 반응을 할 수 있는데(상담자 반응 사례 제시) 이렇게 얘기할 수 있다. "아버지처럼 늘 폭력을 쓰는 것이 싫었다면 오히려 아버지처럼 그렇게 폭력을 사용하는 것보다는 그걸 다른 방향으로 좋게 사용할 수 있는 방법을 생각해보자" 이런 식으로 이끌 수 있다는 것이다.

- **사례 적용:** 학교에서 은근히 따돌림을 받고 심리적으로 위축된 내담자
  - **내담자:** "선생님 학교를 자퇴하고 싶어요. 아무도 내 말을 들으려고 하지 않고, 얘들은 다 얼간이 같아요. 전 왜 학교를 다녀야 하는지 모르겠고, 아무 도움도 되지 않는 선생님들도 미워요.
  - **반응.**

자 사례를 보도록 하자.

학교에서 은근히 따돌림을 받는 학생이 찾아왔다.

심리적으로 많이 위축되어 있고 어떻게 보면 좌절감을 겪고 있을 것이다.

이런 내담자의 반응을 살펴볼까? (내담자 상담사례 제시) 이렇게 얘기하고 있는 내담자이다. 자 이런 내담자에게 충고나 조언의 반응을 한다면 어떻게 하는 것이 좋을까?

자 상담자의 반응을 한번 적어보자~

자 저 같으면 이렇게 반응해보는 것이 어떨까 생각한다.

"다른 친구들이 바보 같다고 내가 학교를 그만둔다면 결국은 너한테는 도움이 안 될 것 같아." 이렇게 반응해보겠다.

11. 상담자 언어 반응 기법(해석)

• 정의

- 내담자의 경험과 행동의 의미(방어와 저항, 전이)를 설명해 주는 것
- 외관상 분리되어있는 진술이나 사건 사이를 연결
- 내담자의 행동, 생각, 감정에 담긴 주제나 패턴을 지적
- 내담자로 하여금 자신의 문제를 새로운 각도에서 이해하도록 한다.
- 유의점은 상담자와 내담자 간에 안정적이고 신뢰 관계가 형성이 되었을 때 / 내담자의 이 해나 통찰이 어느 정도 이뤄진 중기나 종결기에 / 내담자의 욕구와 인지, 성격적 특성을 고려해서 한 회기에 한두 번 / 공손하고 조심스러운 태도로 한다.

• 적용 방법

- 네가 그전에 그 친구에게 화가 나 있었기 때문에 작은 일에도 불만을 표출하게 된 것은 아닐까?
- 네가 아버지에 대한 것들을 들으면서, 네가 아버지를 정말 무서워하고 있는 것 같다고 생각했단다. 네 생각은 어떠냐?

자 다음으로 해석 반응을 보도록 하자.

상담자가 직면과 비슷한 해석 반응을 하는 경우가 있는데 직면과 마찬가지로 해석 반응은 내담자에게 자주 사용하는 반응은 아니다. 내담자의 경험과 행동의 의미를 상담자가 설명을 해주는 반응이다. 그래서 내담자의 진술과 사건 사이를 연결하거나 내담자의 행동, 생각, 감정의 담긴 주제나 패턴을 지적하는 것이다. 그런데 직면처럼 내담자에게 새로운 통찰을 요구하는 측면이 있기에 사실은 내담자가 금방 받아들이기 힘든 내용도 있다. 그래서 성급하게 사용하기보다는 내담자와 신뢰하는 관계가 형성된 다음에 또는 내담자가 어느 정도 문제에 대한 통찰이 일어난 다음에 부드럽게 사용하는 것이 좋다. 그래서 해석 반응은 자주 사용하지 않는다. 자주 사용하거나 내담자에게 비판적으로 사용되면 내담자는 받아들이기 힘들고 그로 인해서 저항적인 태도를 나타낼 수 있다. 자 해석의 방법을 알아볼까? 해석의 방법은 이런 예가 해당이 될 수 있다. "네가 이러이러하기 때문에 이렇게 된 것은 아닐까?"라는 방식으로 의견을 제시하는 방법이 좋다. "자 너의 이런 점들을 보니 나는 네게 이런 측면이 있다는 생각을 해봤다. 네 생각은 어떻니?" 이렇게 물어볼 수 있다.

전에 한번 임용고사에서 이런 문제가 출제된 적이 있다. "선생님. 제가 어젯밤에 꿈을 꾸었는데 아버지와 사냥을 갔어요. 사냥을 갔는데 저기 풀숲에 나무가 막 흔들려서 총을

딱 쏘았는데 가서 보니 아버지가 돌아가신 거예요. 제 총을 맞고 아버지가 돌아가셨다는 생각에 너무나 슬퍼서 크게 울다가 잠이 깼어요~" 이렇게 얘기하는 내담자에게 직면이나 해석 반응을 제시하라는 문제였다. 자 반응은 어떻게 해석하는 것이 직면이나 해석이 되냐 하면 "혹시 네 마음속에 너의 무의식속에 혹시 아버지가 돌아가시면 어떨까? 돌아가시지는 않을까? 두려운 마음이 있었던 것은 아니니? " 또는 "아버지가 돌아가셨으면 죽었으면 하는 그런 생각을 해본 적은 없었니? "라고 말할 수 있다. 사실 직면과 해석 중에 직면 반응으로 출제된 적이 있었는데 해석에도 매우 가까운 반응이다.

- **사례 제시**: 성적이 나쁘고 지각과 결석이 잦으며 수업 시간에 엎드려 잠을 자는 고2 남학생
  - **내담자**: "선생님 학교가 너무 지겨워요. 선생님들도 무섭고 반 애들도 어리고 답답해요. 게다가 부모님이 맞벌이를 하시니까 아침 일찍 깨워 줄 사람도 없어요.
  - **반응**. 네가 자신의 행동을 책임지겠다는 생각은 아직 못 해본 것 같구나.

자 해석의 예를 보도록 하자.

성적이 나쁘고 지각과 결석이 잦으며 수업 시간에도 엎드려 잠을 자는 고2 남학생이 찾아왔다. 내담자가 이렇게 말한다. (내담자 상담사례 제시) 이렇게 얘기하는 내담자이다. 자 어떻게 반응할까? 상담자는 해석을 "너의 행동을 스스로 책임지겠다는 생각은 못 해봤구나? 다른 사람들의 탓이라고 생각하고 있는 것 같아." 이렇게 반응하는 것이 가능한 해석이다. 자신의 책임이나 자신의 의지는 표현하지 않고 모두 다른 사람들의 탓을 돌리고 있는 측면을 해석해 준 것이다.

- **사례 적용**: 성적이 떨어지는 것에 대해 상담을 요청하는 고1 여학생
  - **내담자**: "선생님 열심히 공부하려고 하는데 너무 피곤해요. 동아리 활동에 시간을 많이 빼앗겼는지 학업에 집중하기가 어려워요. 하지만 동아리 활동을 통해서 제 자신이 너무 대견하고 보람을 느껴요.
  - **반응**.

자 사례를 보도록 하자. 성적이 떨어지는 것에 대해 상담을 요청하는 고1 여학생이다. 내담자가 이렇게 얘기한다. (내담자 상담사례 제시)라고 이야기하는 내담자이다.

자 어떻게 해석 반응을 할까? 한번 생각해보자. 자 저 같으면 이렇게 한번 반응해보겠다. "학교 공부에 내가 관심이 없는 것을 동아리 활동에 몰두하는 것으로 반응하고 있는 것 같아." 이렇게 한번 반응해보고 싶다. 예를 들면 또 이렇게 얘기할 수 있겠다. "공부를 잘하는 것이 자신이 없어서 너 같으면 자신 있는 동아리 활동을 열심히 하는 것은 아닐까?" 이렇게.

12. 상담자 언어 반응 기법(정보 제공)

- 정의
  - 내담자에게 특정 자료, 사실, 자원, 질문에 대한 답 또는 의견을 제공하는 것
  - 상담자의 경험이나 사건, 대안 혹은 사람들에 대한 사실, 의견들을 나누는 것
  - 정보적 답변
  - 정상화
  - 대안적 관점

- 적용 방법
  - [ ]에 대하여 도움이 되는 부분은 [ ]이고 [ ]이 있지
  - 그런 경우가 종종 있단다.
  - 그것은 검사 결과가 나온 대로 너의 적성과 잘 어울리는 것 같다. 너는 어떻게 생각하니?

자 이번에는 정보 제공 반응에 대해서 알아보자.

상담자는 때로는 내담자에게 특정한 정보나 자원을 제공해 주기 위해서 정보 제공 반응을 한다. 정보란 상담자의 경험에 대해서 알려주는 것이기도 하지만 어떤 대안이나 사실, 예를 들면 자료, 어떤 상담기관에 대해서 또는 주변 사회생활 속에서 얻을 수 있는 지원들 또는 상담자의 의견 이런 것들을 제공하는 것이다. 이를 통해서 내담자에게 정보를 제공할 수도 있고 그 다음에 내담자의 문제가 누구나가 다 가지고 있는 문제라는 것을 인정해 줄 수 있다. 대안을 제시해 줄 수도 있다. 자 어떤 식으로 반응하느냐 하면. "네가 도움이 되는 부분은 이런 부분과 이 정보가 있는 것 같아."라고 제시해 줄 수 있고 "그런 경우가 종종 있단다. 또는 주변에 많이 있지." 이런 식으로 제시해 줄 수도 있다. "이 결과는 너의 적성과 잘 어울리는 것 같아. 또 는 너에게 어울리는 직업 분야는 이런 분야야 인 것 같아"라고 알려주는 방식이 있다. 또는 "이러한 기관을 통해서 도움을 받을 수 있단다." 이런 식으로 기관을 알려주거나 하는 방법이다.

- **사례 제시**: 부모의 관심을 못 받는다고 느끼는 여고생이 자신의 행동을 합리화하는 경우
  - **내담자**: "선생님 어차피 우리 부모님은 제가 뭘 하든지 신경 쓰지 않아요. 관심이 없는데 제가 남 보기에 좀 안 좋은 행동을 한다고 해서 무슨 상관이 있겠어요?
  - **반응**. 부모님의 관심이 느껴지지 않아 서운하겠다. 그런데 그걸 다른 관점에서 생각

해보면 부모님의 관심이 적으니까 어쩌면 내가 되고 싶은 꿈이 있을 때 그것을 마음대로 할 수 있는 자유가 있을 것 같네.

정보 제공의 예시를 한번, 보도록 하자. 부모의 관심을 못 받는다고 느끼는 여고생인데 (내담자 상담사례 제시) 이런 식으로 말하는 내담자이다.

자 반응은 어떻게 하느냐 하면 (상담자 반응 사례 제시)라고 대안을 제시하는 반응이다.

- **사례 적용**: 인터넷 중독으로 정상적인 학교생활이 되지 않는 고1 남학생
  - **내담자**: "선생님 제가 중학교 3학년 때 아버지께서 돌아가셨어요. 그래서 엄마도 그 뒤로 우울증약을 먹고 계시고, 저도 인터넷에 빠져들게 된 것 같아요. 지금은 고등학생이 되었으니까 저도 대학교에 가고 싶어서 공부를 해야 하는데, 인터넷 중독인지 게임을 안 하면 너무 불안해요. 제가 인터넷을 끊을수 있는 방법이 있나요?
  - **반응**.

자 정보 제공의 예를 보도록 하자.

인터넷 중독으로 정상적인 학교생활이 되지 않는 고1 남학생이다. (내담자 상담사례 제시) 이렇게 물어보는 학생인데 인터넷 게임중독을 끊고 싶은 것 같다.

13. 상담자 언어 반응 기법(명료화)

• 정의

- 내담자로 하여금 보다 구체적으로 말하도록 돕고 내담자의 진술 내용을 정확하게 들었는지 확인하는 것으로, 모호하거나 혼동되는 진술 내용을 분명하게 밝히기 위해 사용한다.
- 상담자의 반응은 직면과 같이 직접적이고 강하지 않아야 한다.

• 적용 방법

- 얘기를 들어보니 그 일은 네가 이 학교에 전학 오기 전부터 그랬다는 소리로 들리는구나. 내 말이 맞니?
- 네가 기분이 나빴겠구나?

• **사례 제시**: 시험을 앞두고 불안해하는 학생

- **내담자**: "선생님 시험은 다가오는데 어디서부터 공부를 시작해야 할지 너무 막연해요. 그냥 아무 생각 없이 멍한 상태로 계속 있어요.
- **반응**. 선생님이 듣기엔 시험 준비를 어디서부터 해야 할지 알면 도움이 될 것 같다는 말인 것 같은데, 내가 들은 것이 맞니?

• **사례 적용**: 신학기가 되어 새로운 친구들을 만나야 하는 환경에 대한 불안을 느끼는 학생

- **내담자**: "선생님 학교에 가기 싫어요. 저는 친구를 잘 못 사귀거든요. 친구 사귀는 방법 좀 알려주세요.
- **반응**.

자 명료화의 예를 보도록 하자

• 신학기가 되어 새로운 친구들을 만나야 하는 환경에 대한 불안을 느끼는 학생.(내담자 상담사례 제시)인데 이렇게 물어보는 학생이다. "친구를 잘 사귀고 싶은가 봐요." 이렇게 상담을 할 수 있겠다. "친구 사귀는 법을 알고 싶다는 소리구나?" , "친구를 잘 사귀면 학교에 가는 것도 즐거워질 것이라고 생각하는구나. 내 말이 맞니?

14. 상담자 언어 반응 기법 연습

• **사례 제시:** 학교생활이 살벌하다고 느끼는 학생

- **내담자:** "얘들이 참 얄미워요. 내신등급을 잘 받으려고 야단들이에요. 친한 사이에 노트도 안 빌려주고. 학교생활이 정말 살벌하고 재미가 없어요.
- 반응.

• **사례 제시:**

- **내담자:** "선생님 친구들은 다들 발표를 잘 하는 것 같은데 저는 입이 잘 떨어지지 않아요. 사람들이 다 저를 보고 비웃을 것 같고 가슴이 터질 듯이 쿵쾅거리고 다리가 후들거려서 서 있는 것조차 힘이 들어요.
- 반응.

• **사례 제시:**

- **내담자:** "선생님 오빠가 놀이터에서 친구들과 본드를 흡입하는 것을 우연히 보았어요. 제가 어떻게 해야 할까요? 엄마에게 말씀드려야 할까요? 모르는 척해야 할까요?
- 반응.

자존감과 기본지능이 높지만 언어지능이 낮아서 세일즈 직무를 힘들어하는 일반적인 패턴

이 름		성 별	남성	나 이	35세

1. 인성(자존감)진단 결과 (사고경험 - 있음)

87.5점

님은 자존감이 높음으로 나왔습니다.

자세히보기

2. 직무자질(다중지능)진단 결과

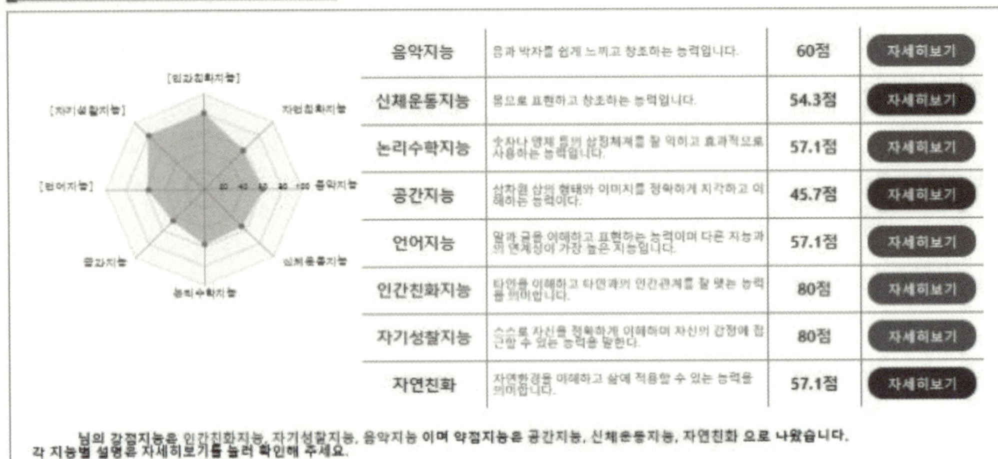

지능	설명	점수	
음악지능	음과 박자를 쉽게 느끼고 창조하는 능력입니다.	60점	자세히보기
신체운동지능	몸으로 표현하고 창조하는 능력입니다.	54.3점	자세히보기
논리수학지능	숫자나 명제 등의 상징체계를 잘 익히고 효과적으로 사용하는 능력입니다.	57.1점	자세히보기
공간지능	삼차원 상의 형태와 이미지를 정확하게 지각하고 이해하는 능력이다.	45.7점	자세히보기
언어지능	말과 글을 이해하고 표현하는 능력이며 다른 지능과의 연계성이 가장 높은 지능입니다.	57.1점	자세히보기
인간친화지능	타인을 이해하고 타인과의 인간관계를 잘 맺는 능력을 의미합니다.	80점	자세히보기
자기성찰지능	스스로 자신을 정확하게 이해하며 자신의 감정에 접근할 수 있는 능력을 말한다.	80점	자세히보기
자연친화	자연환경을 이해하고 삶에 적용할 수 있는 능력을 의미합니다.	57.1점	자세히보기

님의 강점지능은 인간친화지능, 자기성찰지능, 음악지능 이며 약점지능은 공간지능, 신체운동지능, 자연친화 으로 나왔습니다.
각 지능별 설명은 자세히보기를 눌러 확인해 주세요.

3. 대인관계(의사소통)진단 결과

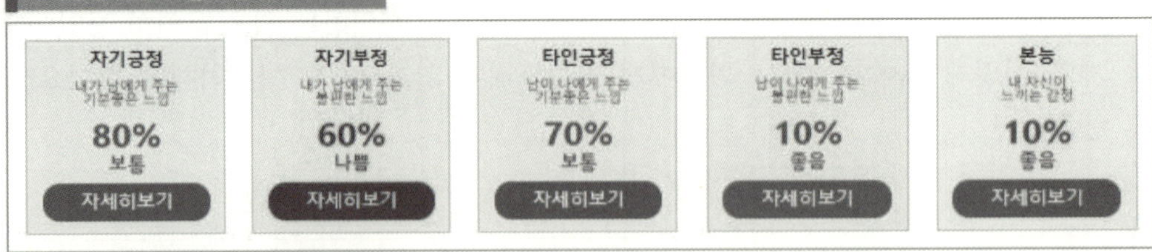

자기긍정	자기부정	타인긍정	타인부정	본능
내가 남에게 주는 기분좋은 느낌	내가 남에게 주는 불편한 느낌	남이 나에게 주는 기분좋은 느낌	남이 나에게 주는 불편한 느낌	내 자신이 느끼는 감정
80%	60%	70%	10%	10%
보통	나쁨	보통	좋음	좋음
자세히보기	자세히보기	자세히보기	자세히보기	자세히보기

종합결과

주의

회원님의 경우 직무자질과 대인관계 진단에서 한 쪽에 부적합한 결과가 나왔습니다. 상담을 통하여 문제가 있는 쪽의 원인을 파악하고 문제를 해결해 나간다면 목표달성에 좋은 결과를 만들어낼 수 있습니다.

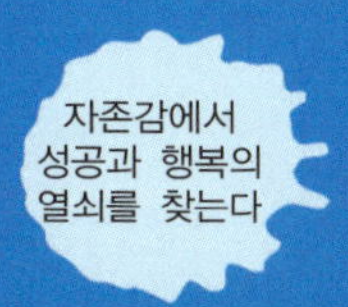

9

미엘린독서

1. 미엘린 추천도서

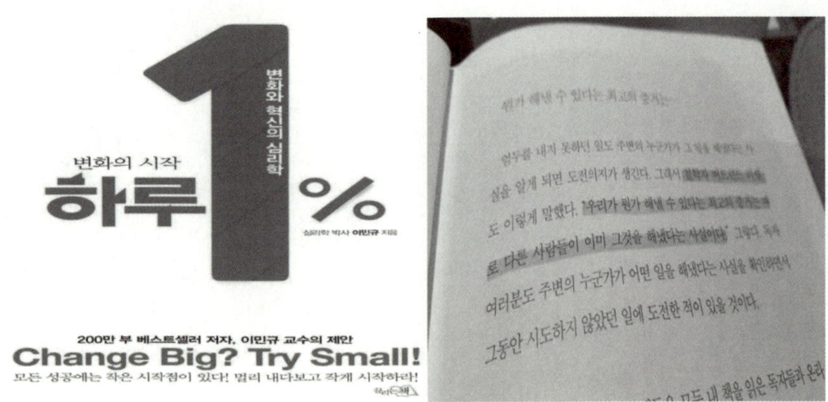

2. 언어지능평가(기초 국어 능력)

◈ 시험시간: 60분

기초 언어능력 평가지 활용법

'시험시간은 60분'이고 집중해서 문제를 풀 수 있도록, 조용한 공간에서 평가지를 푸시면 됩니다. 평가 결과의 기준은 아래와 같습니다.

〈표준 점수 : 학년별 평균 점수입니다. +, − 10점 이상 차이가 나면 동 연령 보다 언어 능력이 높거나 낮다고 보시면 됩니다.

- 초등학교 5학년 : 45점 / 초등학교 6학년 : 55점
- 중학교 1학년 : 65점 / 중학교 2학년 : 75점 / 중학교 3학년 85점

급하게 풀수록 점수가 낮게 나오니 천천히 신중하게 풀어보세요~!

3. 글을 읽고 의미를 정확하게 이해하기

• 아래 지문은 무엇을 말하고 있는가?

생명 가능 지대란 항성의 둘레에서 물이 액체상태로 존재할 수 있는 거리의 범위를 뜻한다. 생명 가능 지대에 있는 행성과 위성에는 생명체가 존재할 가능성이 있다.

생명 가능 지대는 항성의 질량이 클 경우, 먼 거리에 넓게 형성되고, 항성의 질량이 작을 경우, 가까운 거리에 좁게 형성된다. 태양계에서 생명 가능 지대는 금성과 화성 사이에 놓여있다. 〈고등학교 지구과학 1〉 중에서

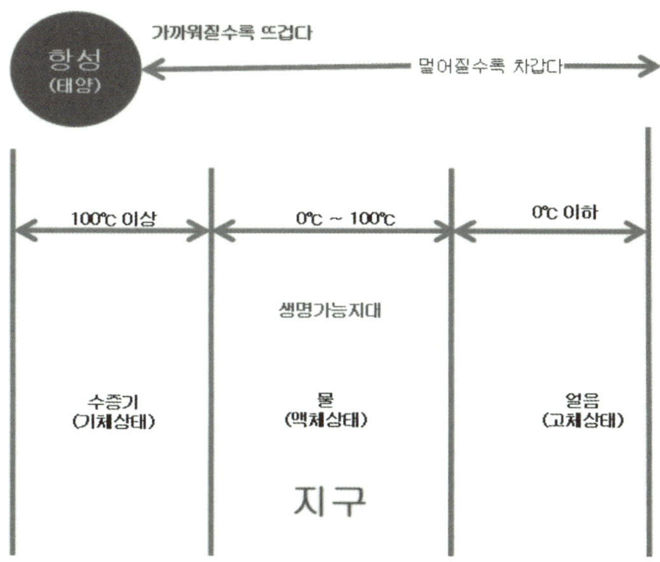

4. 미엘린 독서

◈ 프롤로그

Chapter 01. 자기규정
Chapter 02. 이유 찾기
Chapter 03. 인생 목표
Chapter 04. 목적의식
Chapter 05. 역산 계획
Chapter 06. 파생 효과
Chapter 07. 목표 분할
Chapter 08. 즉시 실천
Chapter 09. 실험 정신
Chapter 10. 백업 플랜
Chapter 11. 상황 통제
Chapter 12. 공개 선언
Chapter 13. 데드 라인
Chapter 14. 한계 돌파
Chapter 15. 자기 격려

1. 뭔가 해 낼 수 있다는 최고의 증거는?

2. 변화를 원하면서도 달라지지 않는 이유 3가지는?

3. 어떻게 해야 쉽게 변화할 수 있는가? 3단계로 써라!

4. 노자가 도덕경에서 말하는 변화의 방법은?

5. 나비효과란?

---

1. 나는 왜 변화를 못 하고 있었나?

2. 프롤로그 내용을 나에게 적용을 시키면?

◈ 챕터 1

챕터 1(19쪽) 자기규정 : 자기 자신을 새롭게 규정하라!
* 레이먼드 챈들러의 어록을 쓰시오.

20쪽의 어제의 나와 오늘의 나를 읽고 느낀 점을 쓰시오.

1. 자기 규정효과(self-definition effect)란?

2. 창의적인 사람이 되고 싶다면 어떻게 해야 하는가?

3. 자신에 대한 믿음이 바뀌면 우리의 행동은 왜 자동으로 바뀌는가?

4. 왜 자신을 새롭게 규정해야 하는가?

5. 왜 넓게 규정해야 하는가?

6. 지금까지와는 다른 사람이 되고 싶다면 어떻게 해야 하는가?
   * 빅터 프랭클의 어록을 쓰시오.

---

1. 지금까지 나는 (　　/　　/　　) 사람이었다.

2. 지금부터 나는 (　　/　　/　　) 사람이다.

◈ 챕터 2

챕터 2(34쪽) 이유 찾기 : 변화할 수밖에 없는 이유를 찾아라.
*니체의 어록을 쓰시오.

35쪽의 어제의 나와 오늘의 나를 읽고 느낀 점을 쓰시오.

1. 아침 일찍 일어나지 못하는 이유는?

2. 변화를 원하지만, 아직 달라지지 않는 이유는?

3. 사람이 그 어떤 것도 견딜 수 있으려면? 참고) 니체가 한 말을 써보자.

4. 왜 이유를 찾아야 하는 것인가? (3가지)

5. 직원들로 하여금 성과를 내게 하려면? (2단계)

6. 배를 만들게 하려면? 참고) 생떽쥐베리의 어록을 써보자.

7. 누군가를 변화시키려면 어떻게 해야 하는가?

8. 지구상에서 가장 이기적인 DNA를 가진 존재는?

9. 조직의 목표가 성공하려면?

10. 이유 없이 살 수 없는 존재를 쓴다면? 참고) 알베르 카뮈의 어록을 쓰라.

11. 충분한 이유를 제공했는데 상대방이 행동하지 않는 이유는?
* 윌리스 R.휘트니의 어록을 쓰시오.

---

1. 결심 한 가지(   )
2. 실천할 수밖에 없는 이유(   )

◈ 챕터 3

챕터 3(50쪽) 인생 목표 : 장기적인 관점에서 로드맵을 그려보자.
* 코란 인용 어구를 쓰시오.

50쪽의 어제의 나와 오늘의 나를 읽고 느낀 점을 쓰시오.

1. 자기 삶에 만족하지 못하는 사람들의 공통점은?

2. 우리의 삶에 필요한 네비게이션은?

3. 명확한 목표를 가지고 사는 사람들에 대한 실험(52쪽)내용과 결과를 쓰시오.

4. 인생 로드 맵을 그리는 3단계는?

5. 벤저민 프랭클린 자신이 밝힌 성공 비결은?

6. 티베트 지도자 린포체의 어록은?

7. 명확한 목표가 필요한 까닭을 쓰시오. (3가지)

8. 어디로 가야 할지 모른다면?

9. 길을 바꾸는 가장 특별한 방법은?

10. 린 데이비스의 어록을 쓰시오.

Q. 죽기 전에 반드시 이루고 싶은 나의 꿈, 인생 목표는 무엇이며, 그것을 이루기 위해서 거쳐야 하는 징검다리 목표는 무엇인가?

A. 인생 목표 : 징검다리 목표

1. 2. 3. 4.

◈ 인생 로드맵

• 인생 로드맵 그려보기

◈ 챕터 4

챕터 4(66쪽) 목적의식 : 목표에서 생각의 끈을 놓지 마라.
* 헨리 포드의 어록을 쓰시오.

67쪽의 어제의 나와 오늘의 나를 읽고 느낀 점을 쓰시오.

1. 부자가 되려면?

2. 목표에서 눈을 떼지 말라는 말의 의미는?

3. 목표에서 생각의 끈을 놓지 않으려면?

4. 직장인들이 업무에 몰입하지 못하는 까닭은?

5. 왜 목표에서 생각의 끈을 놓지 말아야 하는가?

6. 목표에서 생각의 끈을 놓지 않도록 도와주는 방법들은? (3가지)

7. 앙드레 말로의 어록을 적어보자.

8. 거북이가 토끼를 이긴 이유는?

9. 모든 구기 종목의 행동강령 1호는?

10. 뉴턴이 만유인력을 어떻게 발견했을까?

- 자신이 반드시 달성하고 싶은 목표는 무엇이고 그 목표에서 생각의 끈을 놓지 않기 위해 무엇을 어떻게 하겠는가?
- 달성하고 싶은 목표 :
- 생각의 끈을 놓지 않기 위해 해야 할 일 :

◈ 챕터 5

챕터 5(80쪽) 역산 계획 : 미래를 기점으로 현재를 선택하라.

* 에드워드 벤 필드의 어록을 쓰시오.

81쪽의 어제의 나와 오늘의 나를 읽고 느낀 점을 쓰시오.

1. 열심히 하는데도 성과가 나오지 않는 사람들의 특징은?

2. 무슨 일을 하든 성과를 내는 사람들의 특징은?

3. 행복한 노후를 보내고 싶으면?

4. 문제를 해결하는 기적 질문 기법이란?

5. 왜 역산 스케줄링인가?

6. 현재의 행동을 바꾸는 가장 효과적인 방법의 하나는?

7. 에픽테투스의 어록을 적어보자.

- 10년, 20년, 30년 후의 미래로 미리 가라.
  가족관계, 일과 직업, 재정상태 등 원하는 미래의 모습을 그려보라. 역산해서 지금부터 해야 할 일을 찾아보자.

1. 가족관계: 원하는 미래 -
   지금 할 일 -
2. 일과 직업: 원하는 미래 -
   지금 할 일 -
3. 재정상태: 원하는 미래 -
   지금 할 일 -

◈ 챕터 6

챕터 6(97쪽) 파생 효과 : 도미노처럼 이어지는 파생 효과를 찾아보라.
* 스티브 잡스의 어록을 쓰시오.

98쪽의 어제의 나와 오늘의 나를 읽고 느낀 점을 쓰시오.

1. 왜 고객에게 친절하지 않을까?

2. 평범한 사람들과 성공하는 사람들의 차이점은?

3. 파생 효과란?

4. 에디슨이 전구를 발명하게 된 이유는?

5. 왜 파생 효과를 예상해야 하는가?

6. 정신적 대비 기법이란?

7. 정신적 대비 기법이 효과가 있는 이유?

8. 벤저민 프랭클린의 어록을 적어보자.

- 결심하고도 아직 실천하지 못한 일 :

- 성공 시의 긍정적 파생 효과 :

- 실패 시의 부정적 파생 효과 :

◈ 챕터 7

챕터 7(113쪽) 목표 분할 : 잘게 쪼개서 작게 시작하라.
* 메이요 클리닉 혁신 모토를 쓰시오.

114쪽의 어제의 나와 오늘의 나를 읽고 느낀 점을 쓰시오.

1. 엄두를 내지 못하고 왜 시작도 못 하는가?

2. 엄두도 못 내는 일을 해내는 사람들은 어떻게 해내는 것일까?

3. 저장 장애 환자에게 권하는 방법은?

4. 왜 작게 시작을 해야 하는가? (3가지)

5. 일을 미루게 되는 이유는?

6. 작동 흥분이론(work excitement theory)이란?

7. 말에게 물을 먹이려면?

8. 행동 모멘텀(behavior momentum technique)기법이란?

9. 누가 책을 쓰는가?

10. 단주 동맹의 첫 번째 행동강령은?

11. 변화를 원한다면 어떻게 해야 하는가?

- 엄두가 나지 않는 일 :
- 어떻게 쪼갤까?
- 당장 실천할 수 있는 작은 일은?

◈ 챕터 8

챕터 8(126쪽) 즉시 실천 : 결심했으면 즉시 실행하라.

* 126쪽에 나와 있는 아프리카 속담을 적고 나무를 심기 좋은 때를 쓰시오.
127쪽의 어제의 나와 오늘의 나를 읽고 느낀 점을 쓰시오.

특정 시간, 특정한 알을 정해서 그때부터 실천하겠다는 속내 (뜻)은?

1. 뒤로 미루는 이유는?

2. 시간 불일치(time inconsistency)란?

3. 계획을 성공적으로 실천하려면?

4. 왜 즉시 실천을 해야 하는가? (3가지)

5. 왜 운동을 하기 전과 후의 태도가 180도 달라질까?

6. 하기 싫은 일은 어떻게 해야 좋아질까?

7. 망설일수록 어떤 결정을 하는가?

8. 패자와 승자의 단어를 쓰시오.

9. 실패한 사람들의 질환과 성공한 사람들의 습관을 쓰시오.

10. 어차피 먹을 개구리라면 어떻게 해야 하는가?

- 미루고 있던 중요한 일 :

- 오늘 밤 12시가 넘어가기 전에 실천할 일 :

◈ 챕터 9

챕터 9(141쪽) 실험 정신 : 실패를 각오하고 실험 정신으로 도전하라.
* 아이슈타인 어록을 쓰시오.

142쪽의 어제의 나와 오늘의 나를 읽고 느낀 점을 쓰시오.

1. 한 번도 실수를 해보지 않은 사람은 어떤 사람인가?

2. fail의 뜻은?

3. 실패란?

4. 에디슨이 갖고 있던 생각은?

5. 그 상황을 실험대상이라고 규정하면 일어나는 변화 3가지?

6. 앨버트 엘리스박사에 대해 아는대로 쓰시오.

7. 수줍음 극복훈련을 통해 얻은 2가지?

8. 왜 실험 정신이 필요한가? (3가지)

9. 실험 정신을 기를 수 있는 방법 한 가지?

10. 남다른 삶을 살고 싶다면?

11. 오늘과 다른 내일을 살고 싶다면?

- 새롭게 시도할 일 :

- 긍정적인 변화 :

◈ 챕터 10

챕터 10(156쪽) 백업 플랜 : 돌발상황을 예상하고 플랜B를 마련하라.
* 기타가타 젠지의 어록을 쓰시오.

157쪽의 어제의 나와 오늘의 나를 읽고 느낀 점을 쓰시오.

1. 영리한 토끼가 굴을 3개나 파는 이유는?
2. 끔찍한 상황에서 살아남지 못한 사람들의 특성은?
3. 스톡데일 패러독스란?
4. 스톡데일 패러독스가 주는 교훈은?
5. 작심삼일 진짜 이유는?
6. 결심을 실천해서 성과를 만들어 내려면 반드시, 필요한 심리적 과정 두 가지는?
7. 결심을 중도에 포기하는 사람들의 한 가지 공통점은?
8. 액션플랜을 만드는 방법은?
9. 성공하는 사람은 무엇이 다른가?
10. 백업플랜이란?
11. 나폴레옹이 전쟁에 승리한 이유는?
12. 교토삼굴이란?
13. 왜 백업플랜을 준비해야 하는가? (3가지)
14. 인생은 언제 끝나는가?
15. 유리멘탈의 원인은 무엇인가?

- 실천하고 싶은 결심 :

  액션플랜 :

  돌발사태 :

  백업플랜 :

◈ 챕터 11

챕터 11(175쪽) 상황 통제 : 의지력을 실험하지 말고, 상황의 힘을 역 이용하라.
* 스티브 레빈슨 어록을 쓰시오.

176쪽의 어제의 나와 오늘의 나를 읽고 느낀 점을 쓰시오.

1. 빅토르 위고는 왜 벗었을까?

2. 실천력이 뛰어난 사람이 쓰는 방법은?

3. 공부를 못하는 학생과 잘하는 학생의 차이는?

4. 빈자와 부자의 차이는?

5. 위대한 작가들은 어떻게 글을 쓸 수 있었을까?

6. 빅토르 위고가 발견한 유혹을 뿌리칠 수 있는 지렛대는?

7. 가두리기법이란?

8. 왜 가두리기법인가? (3가지)

9. '옳은 이유'만으로 실천하기 어렵다면 어떻게 해야 하는가?

10. 정말 해야 할 일이 있다면 어떻게 해야 하는가?

11. 데이비드 러셀 어록을 쓰시오.

• 내가 (　　　/　　　/　　　) 할 때까지

◈ 챕터 12

챕터 12(188쪽) 공개 선언 : 은밀하게 결심하지 말고, 공개적으로 선언하라.
* B.R. 보노마 어록을 쓰시오.

189쪽의 어제의 나와 오늘의 나를 읽고 느낀 점을 쓰시오.

1. 왜 다짐이 흐지부지 될까?

2. 왜 사람들은 결심을 은밀하게 할까? (3가지)

3. 왜 공개선언을 해야 하는가? (3가지)

4. 공개 선언 효과(public commitment)란?

5. 불언실행(不言實行)이란?

6. 공개 선언이 효과가 보려면 어떤 방법으로 해야 하나? (3가지)

7. 다른 사람을 바꾸고 싶다면 어떤 방법을 써야 하는가?

8. 인지 부조화란?

9. 인지 부조화가 생기면 어떻게 되는가?

• 커트 모텐슨 어록을 쓰시오.

은밀하게 결심해서 실패한 결심 :

실천하고 싶은 결심과 공개 선언 방법 :

◈ 챕터 13

챕터 13(205쪽) 데드라인 : 마감 시한을 앞당겨 데드라인을 재설정하라.
* 폴 J. 마이어 어록을 쓰시오.

206쪽의 어제의 나와 오늘의 나를 읽고 느낀 점을 쓰시오.

1. 바쁘다고 하지 않고도 여유 있게 일을 처리하는 사람들의 비결은?

2. 일을 잘 하는 조직의 특징은?

3. 성과를 올리고 싶으면 어떻게 해야 하는가?

4. 궤도이탈을 방지하려면

5. 실행력이 뛰어난 사람들의 2개의 데드라인?

6. 실패하는 사람이 다른 사람의 통제를 받는 이유는?

7. 성공하는 사람이 성공하는 이유는?

8. 넬슨 제독이 성공한 이유는? 넬슨 제독의 어록을 쓰시오.

9. 왜 데드라인이 필요한가? (3가지)

10. 요청할 때 반드시 해야 할 일은?

11. 브라이언 트레시 어록을 쓰시오.

• 실천해야 할 일 :
개시 데드라인 :
종료 데드라인 :

◈ 챕터 14

챕터 14(219쪽) 한계 돌파 : 임계점을 가정하고 한계 돌파를 시도하라.
* 헤로도토스 어록을 쓰시오.

220쪽의 어제의 나와 오늘의 나를 읽고 느낀 점을 쓰시오.

1. 스티브 챈들러가 스포츠기자로 취직한 방법과 취직된 이유는?

2. 세일즈 맨은 고객으로부터 몇 번을 거절당해야 그 고객을 포기할까?

3. 왜 임계점을 가정해야 하는가? (3가지)

4. 정말로 그만두고 싶을 때 명심을 해야 할 점 3가지.

5. 윤태호가 문하생 자리를 얻은 방법은?

6. 영업의 노하우는?

7. 임계치를 넘는 자가 미인을 얻는 방법은?

8. 아인슈타인 어록을 쓰시오.

- 다시 도전해보고 싶은 일 :

- 임계점을 돌파할 수 있는 방법 :

◈ 챕터 15

챕터 15(231쪽) 자기 격려 : 미래로 미리 가서, 현재의 자신을 격려하라.
* 스펜서 존스 어록을 쓰시오.

232쪽의 어제의 나와 오늘의 나를 읽고 느낀 점을 쓰시오.

1. 멜로디가 만들어지려면?

2. 해거리란?

3. 나무들이 해거리를 하는 이유는?

4. 절제 파기 효과 또는 에라이 효과란?

5. 변화의 4단계 과정을 쓰시오.

6. 절제를 통한 습관 바꾸기 과정에서 나타나는 두 가지 억제 과정은?

7. 사랑하는 누군가가 실패할 때 그를 비난하지 않는 이유는?

8. 자기 격려란?

9. 자기 격려를 잘하는 사람은 어떤 사람인가?

10. 미래의 내가 현재의 나를 격려해야 하는 이유? (3가지)

11. 자기 격려하는 방법 3단계

• 미래의 내가 현재의 나에게 해주는 격려

5. 학습정리

변화와 자기 혁신의 지렛대 15개와 설명을 쓰시오.

1.

2.

3.

4.

5.

6.

7.

8.

9.

10.

11.

12.

13.

14.

15.

자존감과 기본지능이 탄탄하고 대인관계가 원만한 전문분야에서 두각을 나타내는 성공형 패턴

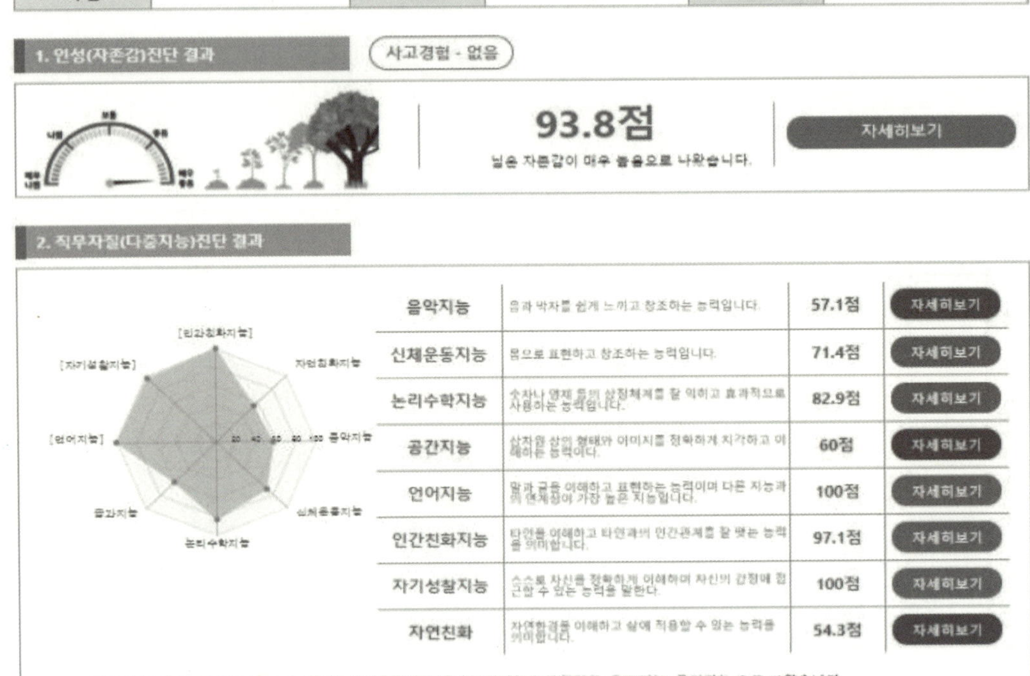

이름		성별	남성	나이	

1. 인성(자존감)진단 결과 (사고경험 - 없음)

93.8점

높은 자존감이 매우 높음으로 나왔습니다.

자세히보기

2. 직무자질(다중지능)진단 결과

지능	설명	점수	
음악지능	음과 박자를 쉽게 느끼고 창조하는 능력입니다.	57.1점	자세히보기
신체운동지능	몸으로 표현하고 창조하는 능력입니다.	71.4점	자세히보기
논리수학지능	숫자나 명제 등의 상징체계를 잘 익히고 효과적으로 사용하는 능력입니다.	82.9점	자세히보기
공간지능	삼차원 상의 형태와 이미지를 정확하게 지각하고 이해하는 능력이다.	60점	자세히보기
언어지능	말과 글을 이해하고 표현하는 능력이며 다른 지능과의 연계성이 가장 높은 지능입니다.	100점	자세히보기
인간친화지능	타인을 이해하고 타인과의 인간관계를 잘 맺는 능력을 의미합니다.	97.1점	자세히보기
자기성찰지능	스스로 자신을 정확하게 이해하며 자신의 감정에 접근할 수 있는 능력을 말한다.	100점	자세히보기
자연친화	자연환경을 이해하고 삶에 적용할 수 있는 능력을 의미합니다.	54.3점	자세히보기

님의 강점지능은 자기성찰지능, 언어지능, 인간친화지능 이며 약점지능은 자연친화, 음악지능, 공간지능 으로 나왔습니다.
각 지능별 설명은 자세히보기를 눌러 확인해 주세요.

3. 대인관계(의사소통)진단 결과

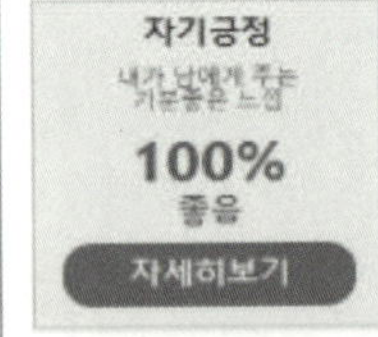

자기긍정	자기부정	타인긍정	타인부정	본능
내가 남에게 주는 기분좋은 느낌	내가 남에게 주는 불편한 느낌	남이 나에게 주는 기분좋은 느낌	남이 나에게 주는 불편한 느낌	내 자신이 느끼는 감정
100%	0%	90%	0%	20%
좋음	좋음	좋음	좋음	보통
자세히보기	자세히보기	자세히보기	자세히보기	자세히보기

종합결과

안전

회원님의 경우 직무자질과 대인관계 진단에서 모두 좋은 결과가 나왔습니다. 앞으로 목표를 설정하여 전문적인 장단으로 이어진다면 시행착오로 인한 시간과 비용의 낭비를 줄이고 본인이 원하는 목표달성에 더욱 좋은 결과를 만들어 내실 수 있습니다.

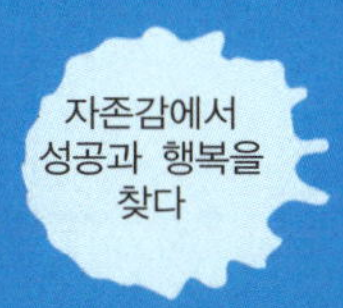

10

논문탐독

1. 자존감

◈ 자기애와 공격성 간의 관계: 자존감, 자존감 안정성, 자기개념 명확성의 조절 효과

단국대학교 대학원 교육학과 상담심리전공 안연옥/지도교수 김병석

이 연구의 목적은 자기애와 공격성의 관계를 검증하고, 이 둘 간의 관계에서 자존감, 자존감 안 정성, 자기개념 명확성의 조절 효과를 확인하는 것이었다. 이를 위해 선행 연구결과를 토대로 공격성에 영향을 미치는 자존감, 자존감 안정성, 자기개념 명확성의 수준을 취합하여 두 집단으로 구분해 보았다. 두 집단은 자존감 안정성과 자기개념 명확성이

둘 다 낮지만, 자존감의 수준이 각기 달랐다. 즉, 한 집단은 자존감이 높고 자존감 안정성과 자기개념 명확성이 낮은 집단이며, 다른 집단은 자존감이 낮고 자존감 안정성과 자기개념 명확성이 낮은 집단이다.

연구 대상은 서울, 경기, 강원지역 대학교 1학년~4학년생 594명이었다. 이들에게 자기애, 공격성, 자존감, 자존감 안정성, 자기개념 명확성을 측정하는 구조화된 자기 보고식 설문지를 실시하였다. 자료 분석은 상관분석 등의 기초적인 통계처리를 위해 SPSS 19.0을 이용하였고, 구조방정식 분석을 위해서 Mplus 4.2를 활용하였다. 모수 추정방법은 ML법을 이용하였다. 연구결과는 다음과 같다.

첫째, 자기애의 하위요인에 따라 공격성에 미치는 영향이 다르게 나타났다. 즉, 자기 주도적 자기애 집단은 언어적 공격성에는 유의한 영향을 미치지 않았으나 신체적 공격성, 적대감, 분노감에는 부적으로 영향을 미쳤다. 반면, 타인 의존적 자기애 집단은 신체적 공격성, 언어적 공격성, 적대감, 분노감 모두 정적으로 유의하게 영향을 미치는 것으로 나타났다. 이는 자기애 성향의 하위요인 속성에 따라 공격성에 미치는 영향이 다를 수 있음을 시사한다. 둘째, 자기 주도적 자기애가 적대감에 미치는 영향은 낮은 자존감, 낮은 자존감 안정성, 낮은 자기개념 명확성 집단이 다른 집단보다 유의하게 큰 부적인 영향을 미치는 것으로 나타났다. 셋째, 타인 의존적 자기애가 적대감에 미치는 영향은 낮은 자존감, 낮은 자존감 안정성, 낮은 자기개념 명확성 집단이 다른 집단보다 유의하게 큰 정적인 영향을 미치는 것으로 나타났다. 넷째, 타인 의존적 자기애가 분노감에 미치는 영향은 낮은 자존

감, 낮은 자존감 안정성, 낮은 자기개념 명확성 집단이 다른 집단보다 유의하게 큰 정적인 영향을 미치는 것으로 나타났다.

이 연구결과는 자기애와 공격성의 관계에서 자존감 안정성과 자기개념 명확성을 통해 자존감의 비 일관된 결과를 명료하게 설명할 수 있다는 데 의의가 있다. 그 결과, 상담에서 내담자의 자기애적인 성향과 자존감, 자존감 안정성, 자기개념 명확성에 따라 공격성의 형태가 어떻게 나타나는지 예측하고, 외부에 흔들리지 않는 안정적인 자존감과 자기개념 명확성을 포괄할 수 있는 자존감 향상 프로그램을 마련하는데 기초자료를 제공할 수 있을 것으로 기대된다.

◈ 취업희망프로그램이 실업자의 자존감, 자기 이해, 구직효능감 및 치료적 요인에 미치는 효과

영남대학교 교육대학원 상담심리전공 정주영/지도교수 이윤주

연구의 필요성 및 목적

2018년부터 최저시급이 7,530원으로 작년보다 시급이 크게 인상된 관계로 고용상황이 매우 악화되고 있다. 이렇게 급변하는 환경 속에서 저임금 근로자가 많은 도·소매점이나 음식점과 숙박업소는 종업원의 고용 감소로 인해 통계청의 자료에 따르면 지난 3월 실업자 수는 125만7천 명에 육박하고 15세~29세 기준 청년실업률이 무려 11.6%나 차지하여 다른 연령대보다는 월등히 높은 실업률을 기록하고 있다.

실업은 자본주의 사회의 보편적인 현상 중의 하나로서 경제 정책상 완전 고용이 이루어지지 않기 때문에 나타나는 결과이다(김소영, 2009). 그러나, 직업의 상실은 실업자의 심리적 스트레스를 가중하고 실업자가 고통을 회피하기 위해 매사에 수동적으로 대처하면서 점차 무기력해지고 자기침체에 빠지게 된다(박순희, 2002). 실업 기간이 점차 길어질수록 실업자는 자신감을 잃고 자존감이 저하되어 취업 자체를 포기하게 되고 심해지면 대인관계를 회피하고 우울증에 걸릴 수 있다.

통계청 자료에 따르면 2018년 4월 기준으로 구직 단념자 수가 무려 45만7천700명으로 지난해 5월부터 지속 증가하고 있어 향후 고용시장 전망이 상당히 불투명한 상태다. 이에 정부는 실업으로 인한 실업자의 부정적인 변화를 방지하고자 실업 기간 실업자에게 일정 기간 실업급여를 지급하고 있으나 현재는 실업자의 급증으로 인해 실업급여도 함께 증가하고 있어 이에 대한 대처방안이 시급한 실정이다.

한국고용정보원과 고용노동부에서는 2000년 서울대학교 심리과학연구소에 의뢰해 일반 실업자의 구직기술과 자신감 향상을 목적으로 성취프로그램을 개발했다. 성취프로그램은 실업자의 취업 동기를 일깨우고 이력서와 자기소개서 작성법, 면접기술 등 구직기술에

기반 프로그램이라 이미 자존감이 저하되어 있거나 자기 이해가 부족한 실업자에게는 그들의 근본적인 문제를 해결해 주기는 다소 미흡했다. 이러한 실업자들에게 자존감 회복을 위해 고용노동부에서 취업희망프로그램을 2002년에 개발하고 2007년과 2010년에 걸쳐 일부 수정 · 보완을 거쳐 현재 전국 소재 고용센터에서 운영하고 있으며 선행연구를 통해 그 효과가 입증되고 있다. 최근에는 실업자를 포함해 취업 취약계층인 장기 실직자, 기초생활 수급자, 경력단절 여성 구직자, 신규 청년구직자 등 대상자의 참여 범위를 전방위적으로 확대하여 프로그램 참여자들에게 큰 도움을 주고 있다.

현재 고용노동부에서 지원하는 취업지원프로그램으로 “성취”, “취업 희망”, “CAP+”, “주부 재취업” 등의 다양한 프로그램이 대상과 목적에 따라 진행되고 있다.

본 프로그램과 관련한 선행 연구를 살펴보면 김소영(2010)의 ‘노동부 취업 지원프로그램의 효과성 연구’에서 전국 고용센터에서 실시한 취업희망프로그램 참여자를 대상으로 다양한 요인의 효과성을 입증한 연구가 있고 김성희(2010)의 연구에서는 취업희망프로그램이 장기 실업자의 구직효능감, 자아존중감 및 의사소통에 효과적임을 밝혔다. 취업희망프로그램은 자기 이해 관련 활동이 많음에도 불구하고 이전 선행연구들은 자존감이나 구직효능감을 중점적으로 연구하였고 자기 이해와 관련한 선행연구는 거의 찾아보기 힘들었다.

2. 직무자질(다중지능)

◈ 청소년의 다중지능 특성에 따른 독서표현의 차이 연구

명지대학교 대학원 청소년지도학과 이문주 / 지도교수 권일남

본 연구는 인간지능을 다양성으로 이해해야 한다는 Gardner의 다중지능이론을 기반으로 독서 프로그램을 적용하였을 경우 청소년의 다중지능(강점지능)의 차이가 독서표현 활동에서 어떻게 다르게 구현되는지를 분석하는 데 주요 목적이 있다. 이러한 목적을 달성하고자 세부적으로는 다중지능(강점지능)의 차이에 따른 독서표현 활동 모습을 관찰하여 행동표현의 방식에 차이가 있는지를 발견하고자 하였다. 또한, 학생 소감문과 활동지를 분석함으로써 동일 영역의 결과물을 다중지능의 차이에 따라서 어떻게 다르게 표현하는지를 알아보았다.

연구의 목적을 달성하고자 초등학교 4학년 학생들을 대상으로 다중지능의 차이에 대한 강점 영역을 구분하여 대상을 분류한 다음 총 12주 동안 독서표현 활동을 진행하였다. 주요 내용을 Focus Group에서 구성하였고 청소년들의 행동관찰 및 표현결과물의 분석은 참여관찰을 통해 독서표현 활동 적용 시 관찰에 따른 행동의 파악 등이었다. 분석 결과를 요약하면 다음과 같다.

첫째, 다중지능의 차이에 따라 독서표현의 방식은 달랐으며 독서표현 결과물을 만들고자 하는 청소년들의 행동표현 또한 강점 다중지능의 차이에 따라 차이가 있었다.

둘째, 독서표현을 하는 동안 청소년들은 자신만의 행동표현양상을 나타내었고 다중지능 영역별로 그 특징을 찾을 수 있었다.

셋째, 같은 책을 읽고 같은 장소에서 같은 교사에게 같은 안내를 받고 같은 영역의 표현을 하지만 개개인의 강점 다중지능의 차이에 따라 독서표현 결과물은 차이가 있었다.

이러한 연구결과에 따라 다음의 제언을 하고자 한다.

청소년 개개인이 가지고 태어난 특성을 고려하여 계발시켜 그 능력을 사회적으로는 의미 있고, 개인적으로는 행복하게 발휘할 수 있도록 하는 독서교육의 접근이 필요하다. 또한, 청소년의 다중지능 특성에 따른 독서표현 활동이 필요하며 앞으로 이를 바탕으로 한 맞춤형 교육은 교육 현장에서 더욱 강조되어야 할 것이다.

◈ 다중지능을 활용한 청소년 진로지도 방안 탐색

홍성훈(여주대)

요 약

본 연구의 목적은 최근 새로운 교육 페러다임으로 주목받고 있는 다중지능을 활용한 청소년 진로지도의 방안을 탐색하는 데 있다. 연구 목적을 달성하기 위하여 다중지능을 기반으로 하는 청소년 진로지도의 새로운 접근법을 살펴보고 다중지능형 진로지도 모형을 제안하였다. 또한, 그 모형에 따라 재능을 탐색하여 진로를 선택하는 방법을 구상해보았고, 그런 과정에서 인성의 역할과 주위 사람들의 역할을 제시하였다. 그 다음, 청소년 진로지도의 절차와 프로그램을 제안하였고, 개선 방안과 추수연구의 과제를 제시하였다. 본 연구는 다중지능을 활용한 청소년 진로지도의 기본 틀을 최초로 제시한 기초연구의 성격을 지니는 만큼 향후에는 더 많은 후속연구가 수행되어 청소년 각자의 다양한 재능을 살리는 진로지도를 통해 자아실현과 삶의 진정한 행복의 추구라는 교육 본연의 과업 달성에 기여를 하게 되기를 기대한다.

주요어: 다중지능, 진로지도, 재능탐색, 강점지능, 자아실현

3. 대인관계

◈ 어머니의 스트로크가 유아 또래 간 인기도에 미치는 영향

안연경(건양대학교 유아교육과 조교수)

연구의 필요성 및 목적

모든 인간에게는 유아기로부터 형성되어 자신에 대한 삶의 태도로 발전하는 자아개념과 대인관계 능력을 형성하고자 하는 내적 동기가 있다. 이러한 능력은 일생 삶을 살아가는 데 있어서 가장 중요한 기초가 되며, 부모와의 관계는 유아의 자아개념과 대인관계 형성에 무엇보다 중요하다.

교류분석(TA : Transactional Analysis)의 창시자 Eric Berne에 따르면, 태어나면서부터 6세까지 부모와 함께 한 초기 경험이 유아의 일생을 지배할 수 있으며, 성격발달, 자아 개념 형성, 사회성 발달의 중요한 원동력이 된다고 보았다(류태보, 1996). 즉, 이 시기에 유아가 부모로부터 따뜻한 사랑을 받으면 부모와 좋은 관계를 통해 신뢰감이 형성되어 유아의 사회성 발달에 긍정적인 영향을 미친다. 또한, Berne은 존재 인정 자극이야말로 동기유발 깊은 의미를 지닌 생물학적인 기본 욕구라고 가정하였으며 개인 간의 인정단위를 하나의 '스트로크'라고 명명했다. 그는 스트로크는 한 개인의 삶에 필수적인 것으로 이것 없이는 "척추가 못쓰게 된다."고 할 정도로 그 중요성을 강조했다(이영호, 2006). 즉, 유아는 스트로크를 부모로부터 받으면서 성장을 하는데 부모의 스트로크 유형이 긍정적일수록 유아가 자신의 가치를 인정하고 자기 권리를 주장할 수 있게 된다고 보았다(우재현, 2004). 스트로크 유형은 부모로부터 몸짓이나 눈짓, 표정 등 신체적인 접촉을 포함할 뿐 아니라 언어적, 정신적 태도 및 존재, 인격을 인지하는 모든 행위를 포괄하며(김종호, 2007), 유아가 어린 시절 어떠한 유형의 스트로크를 받았는가는 성장하여 타인과 스트로크를 주고받는 방법에 큰 영향을 미친다는 연구(김규수, 류태보, 2001)가 보고되었다.

Asher(1983)는 초기에 경험한 부모의 상호작용을 통하여 또래들과 상호작용하는 방식을 인식하며, 부모는 유아의 사회적 능력과 또래 수용 정도에 직접, 간접적인 영향을 미친다고 함으로서 부모의 역할과 태도의 중요성을 강조하였다. Putallaz(1987)는 또래와의 상호작용에 있어서 유아들은 자신의 어머니와 유사한 정서적인 행동을 나타낸다고 함으로써 부모의 영향력을 뒷 받침하고 있다. 유아는 태어나면서 부모와의 관계를 시작으로 부모와의 관계만 아니라 또래 친구들과 함께 사회적 상호작용을 확대하며 살아간다. 인간 어머니의 스트로크가 유아 또래 간 인기도에 미치는 영향은 생애 처음으로 주 양육자인 부모로부터 애착을 형성하게 되고, 인간은 주 양육자와 형성한 애착 관계를 시작으로 가정에서 사회로 그 관계를 형성하며 넓혀나가 게 된다.

◈ 교류분석 이론에 기반한 스트로크 프로그램이 중학생의 자아존중감과 학교적응에 미치는 영향

정명옥(경상대학교 교육대학원 교육심리전공)

연구의 필요성 및 목적

학교에 적응하지 못하고 중도에 학업을 중단하는 학생의 비율이 2015년 기준, 전체의 0.77%인 4만 7070명으로 보도된 바 있다(CBS 노컷뉴스, 2016). 2014년에는 재적 학생의 0.93%인 6만568명이 학업중단 학생인 것으로 집계되기도 하였다. 학교 급별로는 초등학교 15,908명, 중학교 14,278명, 고등학교가 30,382 명이었으며 고등학교의 경우, 82.34%인 25,016명이 학교 부적응을 주된 원인으로 학교를 중단한 것으로 조사되었다(교육부, 2014). 2006년부터 2012년까지 약 7년간의 연도별 학업중단 사유를 장기적으로 살펴본 결과에서도 학교 부적응으로 인한 학업중단율이 가장 높았다. 특히, 2015년에는 학업중단 학생의 50% 이상이 학교 부적응이 원인이 된 것으로 나타났으며 그중에서도 전문계고와 특성화 고교에서의 학업중단은 더욱 큰 폭으로 증가한 것으로 나타났다(교육부, 2015). 이러한 결과들은 학업중단에 직접적이고도 핵심적인 원인으로 작용하는 학교 부적응 문제에 대한 대책 마련과 실효적인 개입 노력이 필수적임을 시 사하는 것으로 받아들여진다.

한편, 학교 부적응 문제는 학업중단뿐만 아니라 청소년의 문제행동에도 영향을 주는 등 보다 더 큰 문제를 일으킨다. (심의보, 2015). 청소년의 일탈이나 비행으로 이어지는 중요한 원인으로 작용한다(Fremouw, Callahan, & Kashden, 1993). 이러한 현상은 청소년 개인의 손실일 뿐만 아니라 가정 및 사회적으로도 큰 손실이 아닐 수 없다. 특히, 중학교 신입생들은 갑작스러운 신체적, 정서적 변화와 함께 그동안 다녔던 초등학교와는 다른 학교환경, 새로운 교사 및 친구들과의 관계에 대한 부담으로 인해 다른 학령기의 청소년들보다 학교적응에서 더 많은 어려움과 문제를 경험하게 된다(엄기란, 2015). 이러한 상황에도 불구하고 정책적으로나 제도적으로 이를 예방하고 개입하는 차원에서의 구체적인 노력은 부족한 실정이다. 따라서 경험적 혹은 질적인 연구 등을 통한 다각적인 고찰을 통해 학교 부적응을 사전에 감지하고, 이에 효과적으로 개입하는 방안 마련의 필요성이 지속적으로 대두되고 있다(이서윤, 2016).

청소년들의 학교적응은 안정된 학교생활을 위한 가장 기본적인 요소이며, 미래 성인으로서의 안정되고, 행복한 삶을 예측할 수 있는 중요한 요인 중 하나로 볼 수 있다. 최근 청소년들은 친구들과의 과도한 경쟁을 불러일으키는 사회적 환경 및 맞벌이 부부의 증가로 인한 인성교육의 부재와 같은 여러 가지 이유로 사회성이 결여가 되고 있다. 이러한 이유로 청소년들은 학교에서 교사 및 친구들과의 관계에 어려움을 느끼고 결과적으로 다양한 학교 부적응 문제를 나타낸다. 학교적응에 어려움을 겪는 청소년들은 대부분 학교에 대한 막연한 두려움과 거부감을 가지게 된다. 이는 수업거부와 무단결석, 가출, 학교폭력, 우울증 등과 같은 다양한 문제로 이어지게 되는데, 학교적응에 실패한 청소년은 결국 학교에서 중도에 이탈하게 되는 경우가 많다(김용희, 1988). (이지혜, 2012).

자존감이 높고 기본지능이 역순으로 탄탄해서 대인관계에서 상처를 많이 받는 서비스 업종(교육 관련) 메니저의 패턴

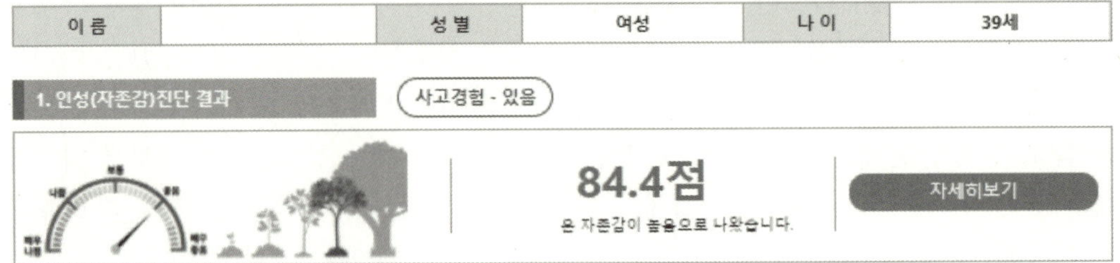

이 름		성 별	여성	나 이	39세

1. 인성(자존감)진단 결과 — 사고경험 - 있음

84.4점

은 자존감이 높음으로 나왔습니다.

자세히보기

2. 직무자질(다중지능)진단 결과

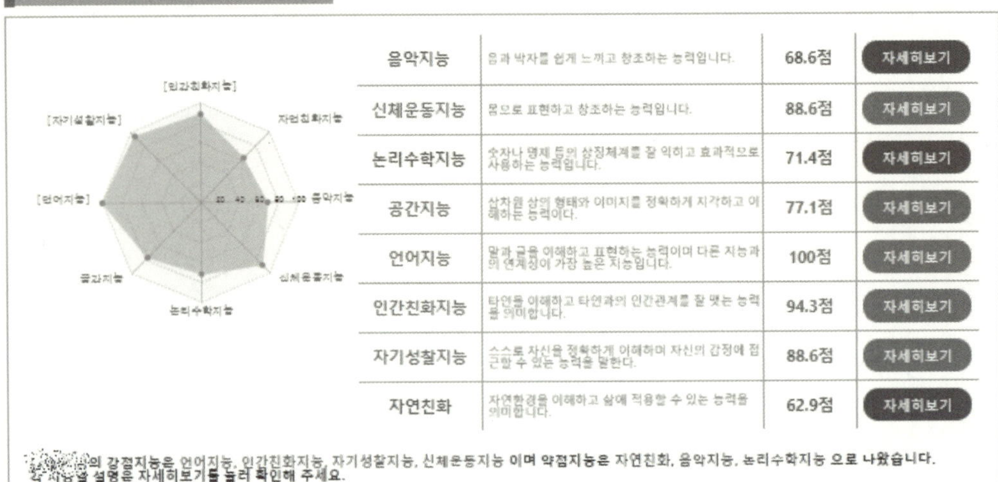

지능	설명	점수	
음악지능	음과 박자를 쉽게 느끼고 창조하는 능력입니다.	68.6점	자세히보기
신체운동지능	몸으로 표현하고 창조하는 능력입니다.	88.6점	자세히보기
논리수학지능	숫자나 명제 등의 상징체계를 잘 익히고 효과적으로 사용하는 능력입니다.	71.4점	자세히보기
공간지능	삼차원 상의 형태와 이미지를 정확하게 지각하고 이해하는 능력이다.	77.1점	자세히보기
언어지능	말과 글을 이해하고 표현하는 능력이며 다른 지능과의 연계성이 가장 높은 지능입니다.	100점	자세히보기
인간친화지능	타인을 이해하고 타인과의 인간관계를 잘 맺는 능력을 의미합니다.	94.3점	자세히보기
자기성찰지능	스스로 자신을 정확하게 이해하며 자신의 감정에 접근할 수 있는 능력을 말한다.	88.6점	자세히보기
자연친화	자연환경을 이해하고 삶에 적용할 수 있는 능력을 의미합니다.	62.9점	자세히보기

님의 강점지능은 언어지능, 인간친화지능, 자기성찰지능, 신체운동지능 **이며 약점지능은** 자연친화, 음악지능, 논리수학지능 **으로 나왔습니다.**
각 지능별 설명은 자세히보기를 눌러 확인해 주세요.

3. 대인관계(의사소통)진단 결과

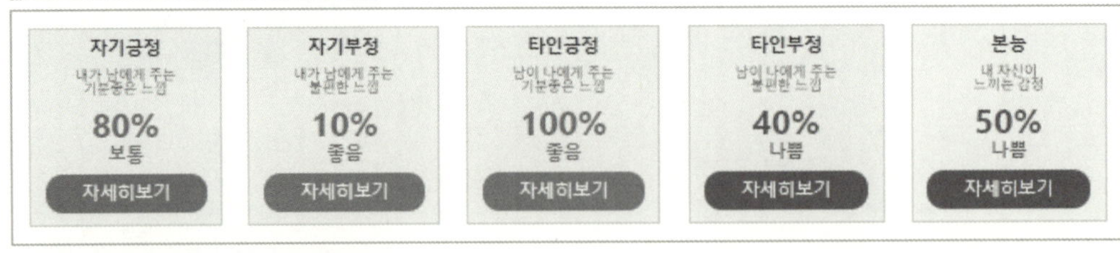

자기긍정	자기부정	타인긍정	타인부정	본능
내가 남에게 주는 기분좋은 느낌	내가 남에게 주는 불편한 느낌	남이 나에게 주는 기분좋은 느낌	남이 나에게 주는 불편한 느낌	내 자신이 느끼는 감정
80%	10%	100%	40%	50%
보통	좋음	좋음	나쁨	나쁨
자세히보기	자세히보기	자세히보기	자세히보기	자세히보기

종합결과

주의

회원님의 경우 직무자질과 대인관계 진단에서 한 쪽에 부적합한 결과가 나왔습니다. 상담을 통하여 문제가 있는 쪽의 원인을 파악하고 문제를 해결해 나간다면 목표달성에 좋은 결과를 만들어낼 수 있습니다.

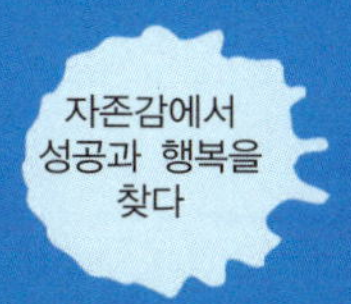

11

패턴분석

1. 남성 25세, 취업진로, 자존감, 기본지능, 긍정적 자극

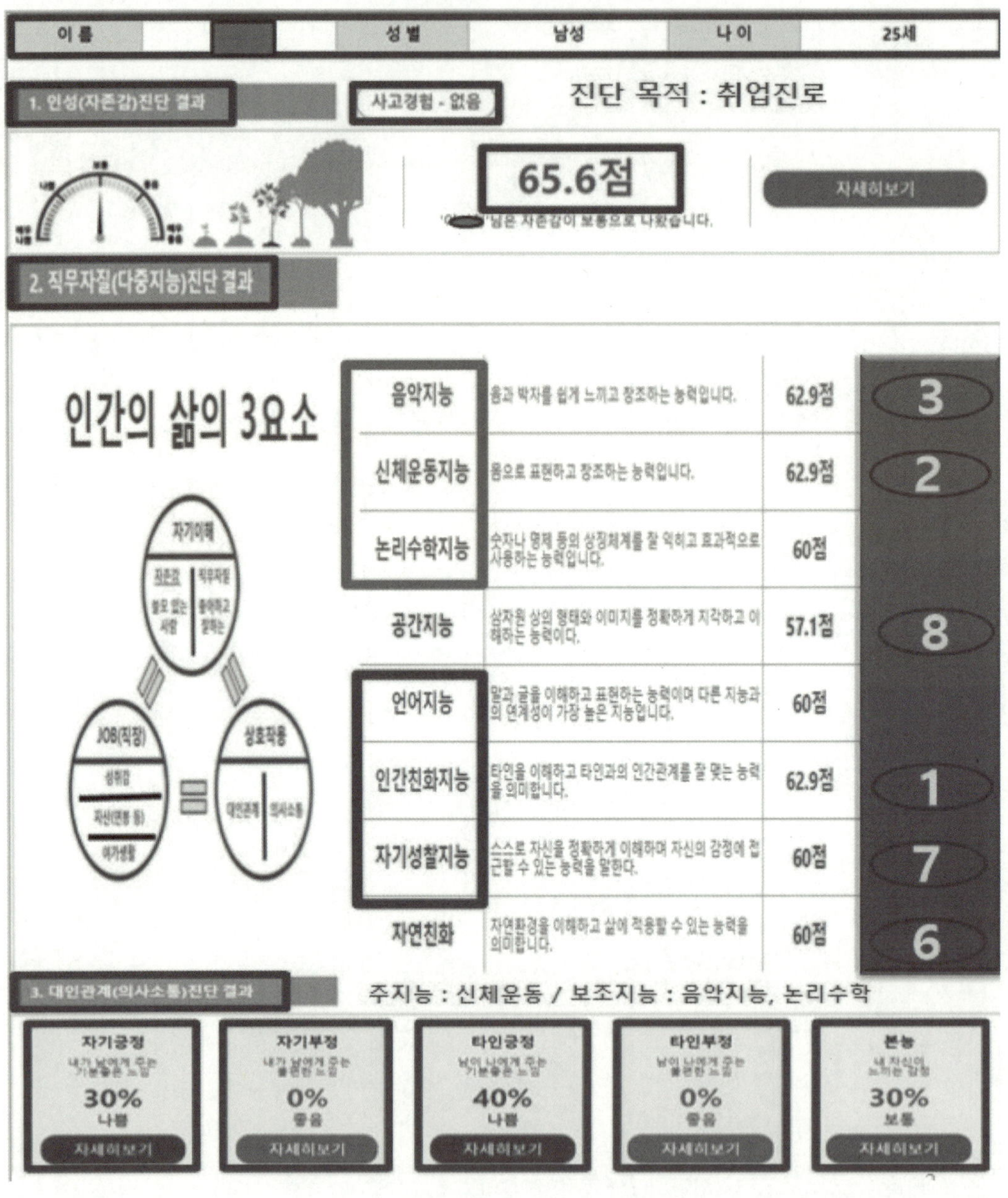

이름		성별	남성	나이	25세

1. 인성(자존감)진단 결과 — 사고경험 - 없음 — 진단 목적 : 취업진로

65.6점

님은 자존감이 보통으로 나왔습니다.

자세히보기

2. 직무자질(다중지능)진단 결과

인간의 삶의 3요소

지능	설명	점수	순위
음악지능	음과 박자를 쉽게 느끼고 창조하는 능력입니다.	62.9점	3
신체운동지능	몸으로 표현하고 창조하는 능력입니다.	62.9점	2
논리수학지능	숫자나 명제 등의 상징체계를 잘 익히고 효과적으로 사용하는 능력입니다.	60점	
공간지능	삼차원 상의 형태와 이미지를 정확하게 지각하고 이해하는 능력이다.	57.1점	8
언어지능	말과 글을 이해하고 표현하는 능력이며 다른 지능과의 연계성이 가장 높은 지능입니다.	60점	
인간친화지능	타인을 이해하고 타인과의 인간관계를 잘 맺는 능력을 의미합니다.	62.9점	1
자기성찰지능	스스로 자신을 정확하게 이해하며 자신의 감정에 접근할 수 있는 능력을 말한다.	60점	7
자연친화	자연환경을 이해하고 삶에 적용할 수 있는 능력을 의미합니다.	60점	6

주지능 : 신체운동 / 보조지능 : 음악지능, 논리수학

3. 대인관계(의사소통)진단 결과

자기긍정	자기부정	타인긍정	타인부정	본능
내가 남에게 주는 기분좋은 느낌	내가 남에게 주는 불편한 느낌	남이 나에게 주는 기분좋은 느낌	남이 나에게 주는 불편한 느낌	내 자신이 느끼는 감정
30%	0%	40%	0%	30%
나쁨	좋음	나쁨	좋음	보통
자세히보기	자세히보기	자세히보기	자세히보기	자세히보기

사전탐색과 예상질문

자존감 해석

직무자질 해석

대인관계 해석

해석결과에 따른 피드 백

2. 여성 24세, 취업진로, 자존감, 기본지능, 본능

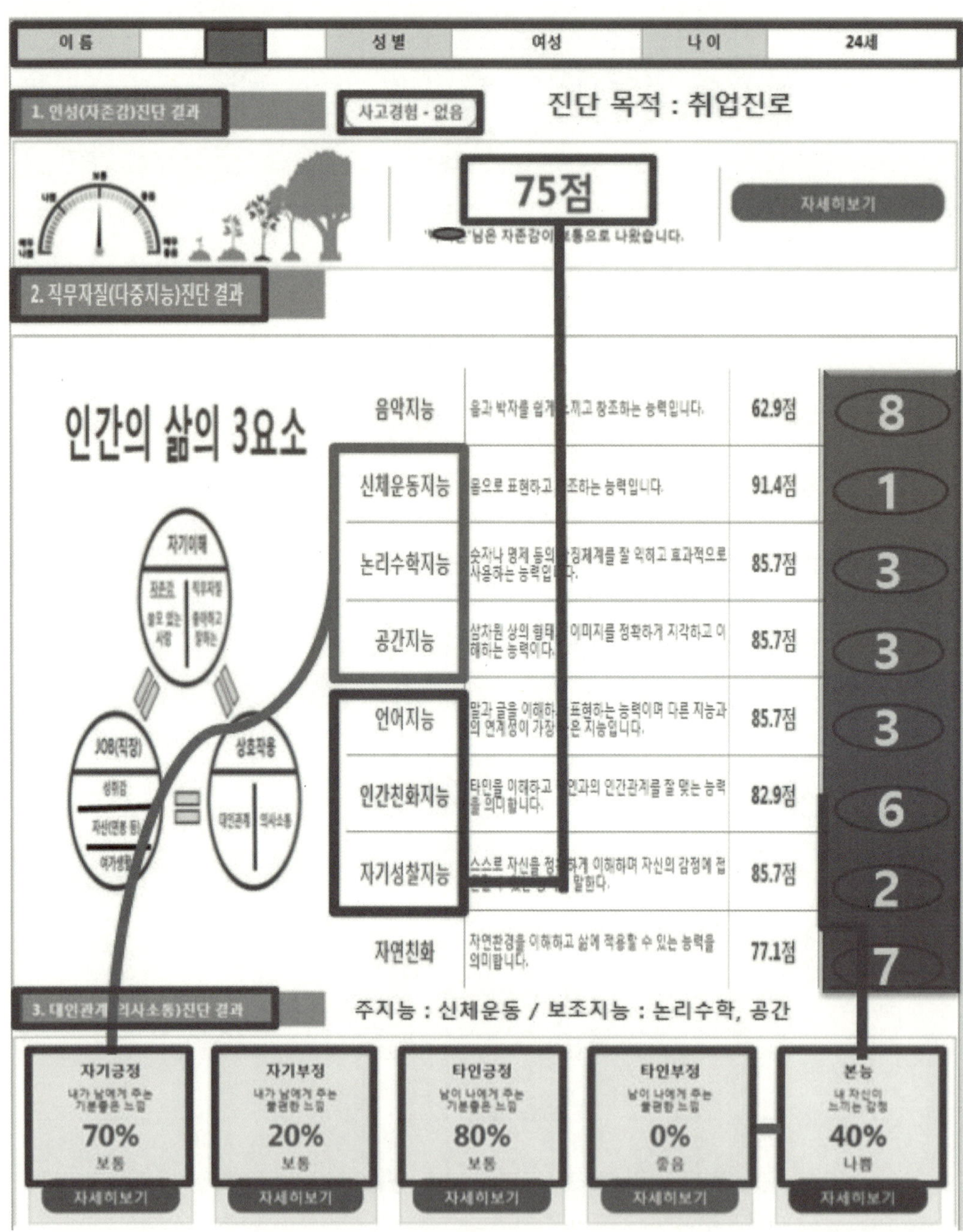

3. 남성 25세, 취업진로, 사고경험, 자존감, 부정적 자극

자존감이 높고 기본지능이 역순으로 탄탄해서 대인관계에서 갈등을 많이 느끼는 서비스 업종 경영자의 일반적 패턴

이 름		성 별		나 이	43세

1. 인성(자존감)진단 결과 (사고경험 - 없음)

90.6점

님은 자존감이 높음으로 나왔습니다.

자세히보기

2. 직무자질(다중지능)진단 결과

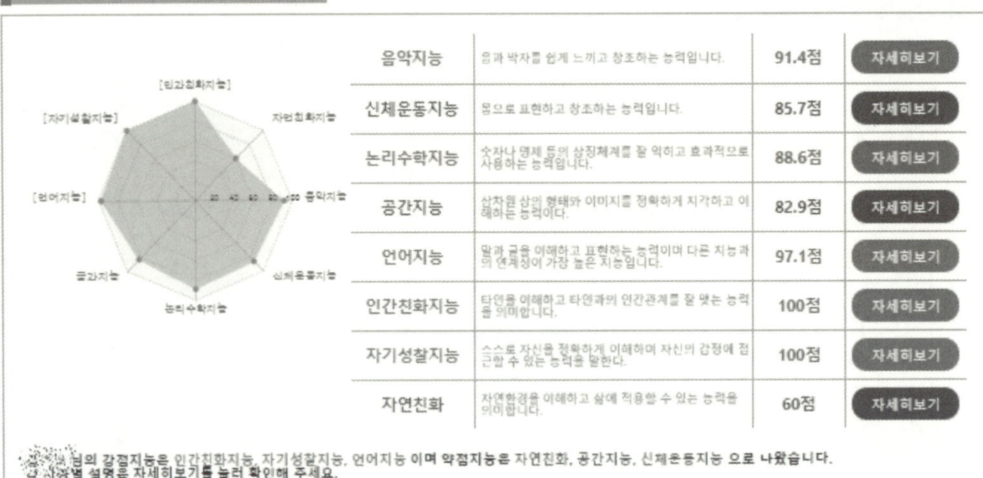

지능	설명	점수	
음악지능	음과 박자를 쉽게 느끼고 창조하는 능력입니다.	91.4점	자세히보기
신체운동지능	몸으로 표현하고 창조하는 능력입니다.	85.7점	자세히보기
논리수학지능	숫자나 명제 등의 상징체계를 잘 익히고 효과적으로 사용하는 능력입니다.	88.6점	자세히보기
공간지능	삼차원 상의 형태와 이미지를 정확하게 지각하고 이해하는 능력이다.	82.9점	자세히보기
언어지능	말과 글을 이해하고 표현하는 능력이며 다른 지능과의 연계성이 가장 높은 지능입니다.	97.1점	자세히보기
인간친화지능	타인을 이해하고 타인과의 인간관계를 잘 맺는 능력을 의미합니다.	100점	자세히보기
자기성찰지능	스스로 자신을 정확하게 이해하며 자신의 감정에 접근할 수 있는 능력을 말한다.	100점	자세히보기
자연친화	자연환경을 이해하고 삶에 적용할 수 있는 능력을 의미합니다.	60점	자세히보기

님의 강점지능은 인간친화지능, 자기성찰지능, 언어지능 이며 약점지능은 자연친화, 공간지능, 신체운동지능 으로 나왔습니다.
각 사항별 설명은 자세히보기를 눌러 확인해 주세요.

3. 대인관계(의사소통)진단 결과

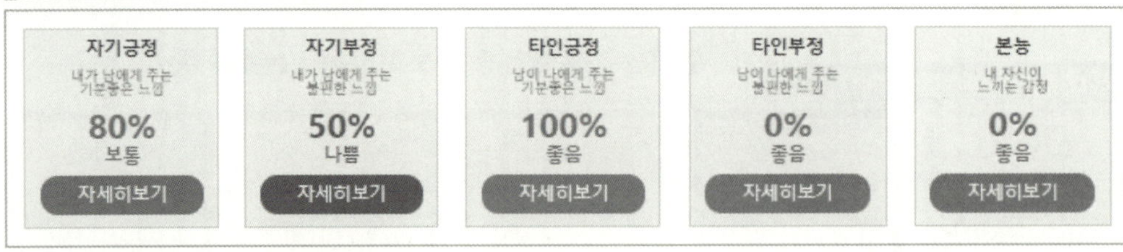

자기긍정	자기부정	타인긍정	타인부정	본능
내가 남에게 주는 기분좋은 느낌	내가 남에게 주는 불편한 느낌	남이 나에게 주는 기분좋은 느낌	남이 나에게 주는 불편한 느낌	내 자신이 느끼는 감정
80%	50%	100%	0%	0%
보통	나쁨	좋음	좋음	좋음
자세히보기	자세히보기	자세히보기	자세히보기	자세히보기

종합결과

주의

회원님의 경우 직무자질과 대인관계 진단에서 한 쪽에 부적합한 결과가 나왔습니다. 상담을 통하여 문제가 있는 쪽의 원인을 파악하고 문제를 해결해 나간다면 목표달성에 좋은 결과를 만들어낼 수 있습니다.

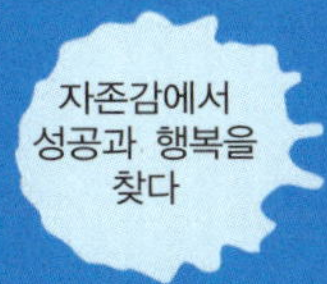

12

종합정리

1. 보통사람들과 성공한 리더와의 차이점?

리더는 'Why' 왜라는 질문을, 멍청이는 먼저 뛰기부터 한다.
리더는 무슨 일을 하기 전에 항상 "이 일을 왜 하지?"
생각하지만 평범한 사람들은 그냥 타성에 젖어서 일을 한다.
나는 왜 일을 하는가(Start with Why) 사이먼 사이넥

- 일반 사람 : What → How (Why 생략)
  저희는 컴퓨터를 만듭니다. (What)
  저희 컴퓨터는 성능과 디자인이 뛰어납니다. (How)
  그러니 저희 컴퓨터를 사주세요.
- 성공한 리더 : Why → How → What
  저희가 하는 모든 것은 세상을 변화시킬 것입니다. (Why)
  그래서 저희는 성능, 디자인 등 모든 것이 남들과 다르고 뛰어납니다. (How)
  결국 완벽한 컴퓨터를 만들었습니다. (What)

◈ 일반 진단과 휴먼인큐베이터 진단 차이

- 일반 진단 : What → How (Why 생략)
  저희는 진단지를 만듭니다. (What)
  저희는 진단방법과 해석보고서는 뛰어납니다. (How)
  그러니 저희 진단지를 활용해주세요.
- 휴먼인큐베이터 : Why → How → What
  휴먼인큐베이터 진단은
  저희 세상을 변화시킬 것 입니다.(Why)
  그래서 저희는 진단방법, 해석, 솔루션 제공이 남들과 다르고 뛰어납니다. (How)
  결국 완벽한 휴먼인큐베이터 진단 툴을 만들었습니다.(What)

2. 일반 진단과 휴먼인큐베이터 진단 차이

◈ 휴먼인큐베이터 프로그램

휴먼인큐베이터 프로그램은 세상에 선한 영향력을 끼치는 홍익인간 정신을 바탕으로, 한 사람이 자신의 최고의 가치를 추구하고 행복한 삶을 살아갈 수 있도록 철저하고 충분한 자기 이해를 바탕으로 자신이 무엇을 좋아하고 잘하는지 직업(전공, 직무)을 탐색하고 원만하고 풍부한 인간관계를 맺을 수 있도록 지원하는 프로그램입니다~!

참고 사이트 및 영상자료

대림교육연구소 홈(바로 가기) https://daelimioe.modoo.at

휴먼인큐베이터 진단(바로 가기) http://daerimioe.cafe24.com/

휴먼인큐베이터 진단 소개 영상

https://youtu.be/ytrt-aJsPXg

휴먼인큐베이터 진단 도우미 영상

https://youtu.be/y_MKawGNOTo

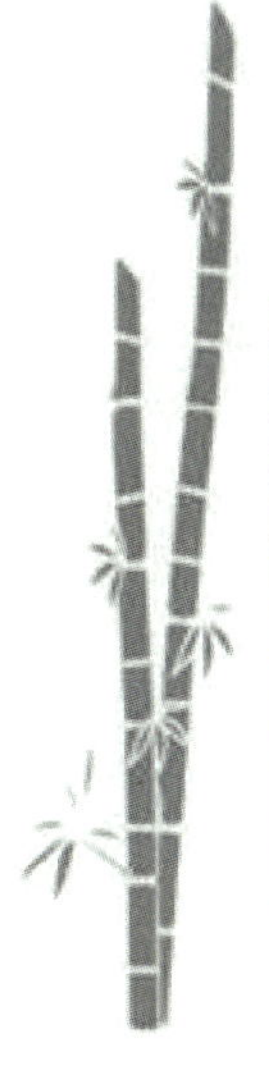

전국 최초

휴먼인큐베이터 프로그램(HIP)
가이드, 상담사, 코치 과정

AI시대의 불확실한 앞날과 치열해지는 경쟁환경 속에서 가장 중요한 것은?
나 자신의 자존감, 자질과 역량, 인간관계를 철저하고 충분하게 아는 것!!!

미래에 대한 정확한 방향성을 설정할 수 있는 방법을 소개합니다!
'휴먼인큐베이터 프로그램'

대기업의 임원과 현장 생산직 사원, 초등학생부터 대학생, 일반인을 대상으로
1만 명 이상의 개별상담을 통한 현장경험을 바탕으로 인생 진로의 정확한 방향을 제시.

'통계 대나무'로 알려진 '휴먼인큐베이터 프로그램' 개발자 직강!

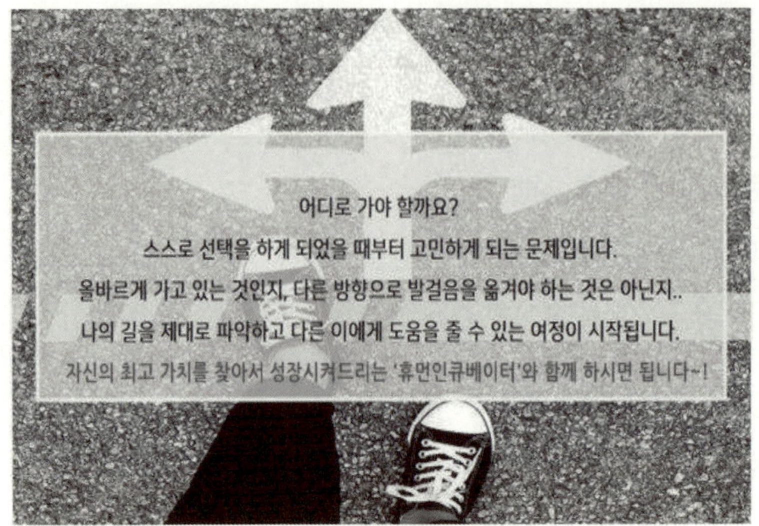

신 원 주(辛源周)
휴먼인큐베이터 프로그램 개발자
대림교육연구소 소장

[경력]

現) 고용노동부 NCS 확인강사 5개 부문.
(경영기획, 청소년지도, 직업교육, 직업상담서비스, 영업)
現) 한국산업비지니스학회 부회장
現) 한국취업진로협회 운영이사(교육사업본부)
現) (사)한국산업카운슬러협회
산업카운슬러, 커리어컨설턴트(재취업)
前) (재)한국장학재단 차세대리더육성 멘토
前) 국방전직교육원 전직지원 강사
前) 경남교육청 위촉 전문면접위원
前) 라이트메니저먼트, 인덱스루트, 인지어스 전직지원컨설턴트
前) 영남대학교 여대생커리어개발센터 강사
前) ㈜KT CS컨설턴트, IT서포터즈

[자격 및 특이사항]

산업카운슬러, 재취업전문가 등 / 휴먼인큐베이터 프로그램 개발자

[휴먼인큐베이터 진단(나이테smart) 활용]

◎ 컨설팅 업체 : 라이트메니저먼트코리아, 인덱스루트코리아,
인지어스코리아, JM커리어, 경남교육청
- 외국계 기업 :
DNV-GL 외 11개사 - 금융권(대구은행 외 9개사),
- 기계, 제조업. IT :
GE, 위아, 두산그룹(두산중공업 외2개사),
SK그룹(SK텔레콤 외 4개사),
한진중공업, 삼성그룹(삼성SDI 외 4개사) ,
코베스트로, 포스코엔지니어링, KT, LG 서브원,
- 정부기관 : 경남경찰청, 고용노동부 등
◎ 경북대, 영남대, 충남대, 계명대, 구미대, 부산경상대 등
◎ 경남 창원기계공고 외 특성화고
◎ 스포츠 분야(프로야구) :
마해영 KBO기술위원, 심창민(삼성), 배영수(두산),
박석민(NC), 강기웅코치, 김정수(전 삼성)

이런 분들에게 꼭 필요합니다!

- 자존감이 낮아서 학업, 직장생활, 사회생활이 힘들고 불편하신 분
- 휴먼인큐베이터 프로그램을 통하여 자존감, 직무자질, 대인관계, 의사소통에 대한 자질과 역량을 진단, 해석, 상담을 통하여 바람직한 삶의 방향을 지도해줄 수 있는 역량을 키워보고자 하시는 분
- 진학과 취업을 앞둔 학생들에게 AI, 로봇의 비중이 높아지는 시대에 적합한 미래 직업의 방향을 제시해주는 진로, 취업관련 전문가로서 기본기가 필요하신 분
- 교육과 상담분야에 종사하면서 진로, 취업과 관련하여 경쟁력 있는 교육도구가 필요하신 분
- 자신에게 적합한 성공적 요소인 철저하고 충분한 자기이해와 커리어, 원만한 인간관계의 균형을 갖추면서 행복한 삶을 살아가고 싶으신 분
- 자신과 자녀의 행복한 삶을 살아가기 위해 필수적인 성장 마인드 셋과 긍정 프레임으로 변화하기를 원하시는 분

3. 휴먼인큐베이터 프로그램 소개

10년 이상 1만 여명의 진단, 상담 경험사례를 통한 정확한 '융합형 종합자질진단'

◈ 휴먼인큐베이터 프로그램 진단 소개

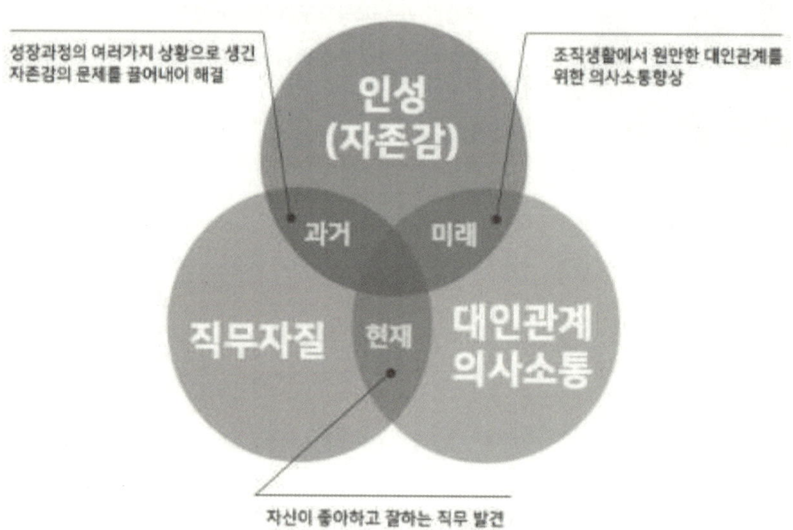

사람이 행복한 삶을 살아가는 데 꼭 필요한 자질인 자존감, 지능, 대인관계, 의사소통의 현재 능력을 진단하고 해석하여 철저하고 충분한 자기 이해를 바탕으로 자신의 강점지능을 활용하여 적합한 전공과 직무를 찾아서 역량을 발휘하고 스트레스는 최소화하고 성취감을 느끼면서 원만한 인간관계를 통하여 소속된 가정, 기업, 사회에 기여 하는 데 도움을 주는 종합 자질 진단입니다.

◈ 휴먼인큐베이터 프로그램 개발 배경

대림교육연구소 신원주 소장은 KT에서 22년간 근무하면서 CS 강사, CV 컨설턴트로 활동하면서 고객만족서비스를 통한 경영 성과를 달성하기 위하여 직원들에게 교육과 컨설팅 업무를 추진하였고, 사외에서는 대학과 정부 기관, 기업체에 고객만족서비스 강의를 진행하였습니다. 이러한 활동을 하면서 동일직무를 수행하는 직원들 간의 직무자질과 역량의 차이를 느꼈고, 대학생들의 경우 전공과 직무, 직업목표의 갈등을 상담하면서 어떻게 하면 주도적으로 자신이 잘하는 직무를 찾아서 스트레스를 최소화하고 성취감을 느끼면서 원만한 인간관계를 형성할 수 있는 방법을 연구하게 되었습니다.

자기계발 성공 분야의 석학인 잭 캔필드의 성공원칙과 국내, 외 성격, 행동 유형을 진단하는 여러 가지 진단 툴(MBTI, 에니어그램, DiSC, TA, NLP 등)을 접하며 방법을 찾다가 마침내 글로벌 심리학 분야 석학이자 자존감 분야의 최고 권위자인 너새니얼 브랜든 박사의 자존감 이론과 '열정과 기질'의 저자인 하워드 가드너 박사의 다중지능 이론과 사회학 분야의 석학인 버지니아 사티어 박사의 이론과 에릭 번 박사의 교류분석 이론을 바탕으로 자존감, 직무자질, 대인관계 진단 툴을 개발하였습니다. 이후 이 세 가지 진단 툴을 서로 융합하고 일반인을 포함하여 대기업의 임원에서 현장의 생산직 사원까지, 초등학생부터 대학생까지 수많은 사람을 대상으로 진단, 상담을 통하여 문제해결을 위한 솔루션까지 제공하는 "휴먼인큐베이터 프로그램을 개발하였습니다.

◈ 휴먼인큐베이터 프로그램 진단 시스템

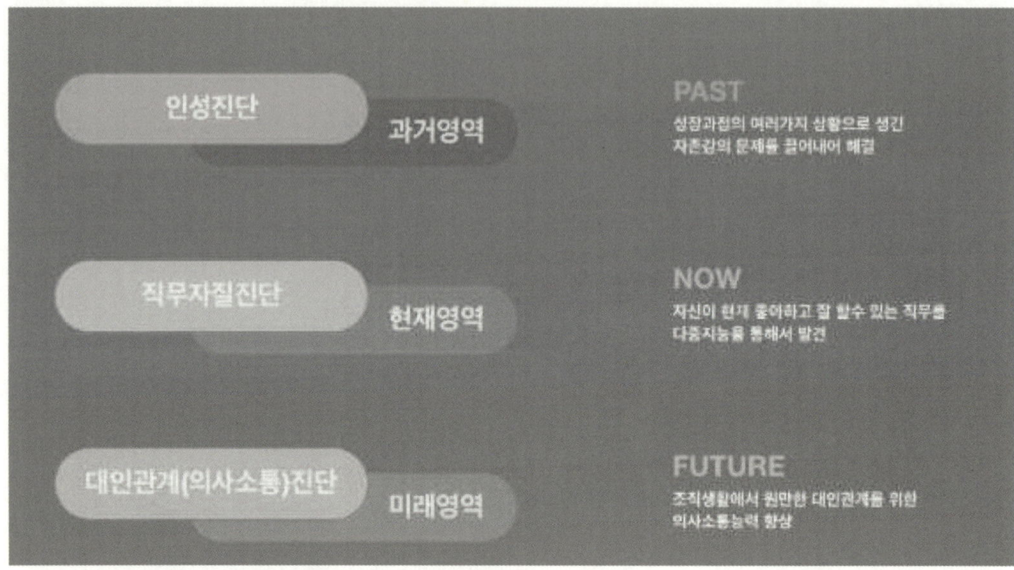

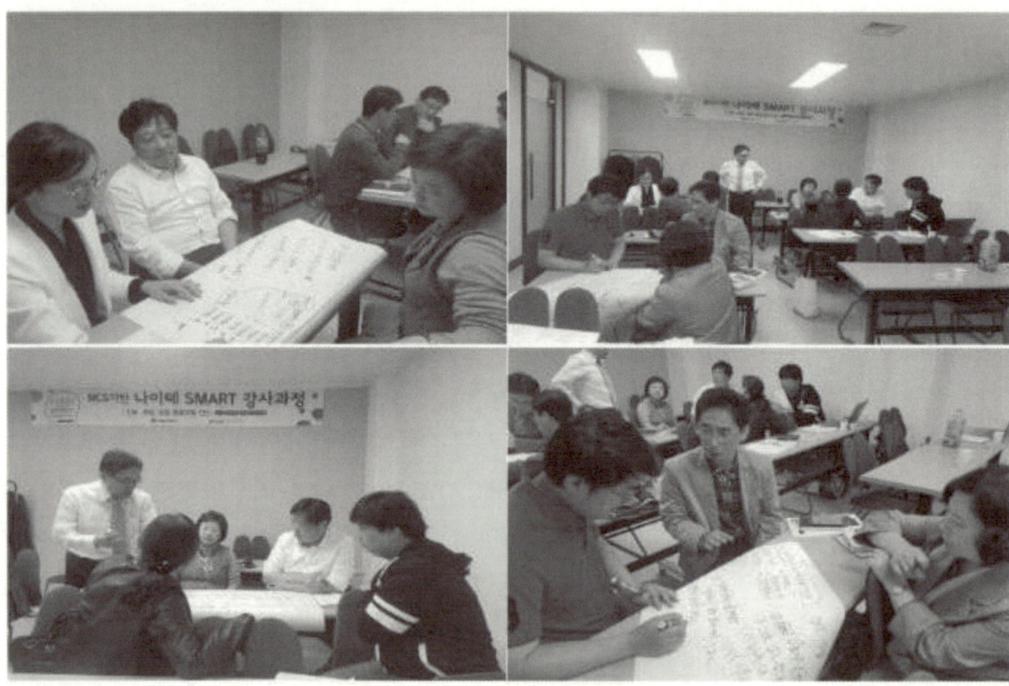

◈ 휴먼인큐베이터 가이드 과정

A

* 과정기간 : 4일 12시간

구분	평일				
	1일차(월)	2일차(화)		3일차(목)	4일차(금)
과정주제	휴먼인큐베이터 가이드 과정 및 교육생 자기소개	#2. 직무자질(다중지능) 다중지능이론의 이해 다중지능의 특성	휴강	#3. 대인관계, 의사소통 버지니아 사티어 박사의 가족관계 치료(1-47)	교류분석 이론의 정의 교류분석 이론의 기초 스트로크(stroke)
	#1. 자존감 인간의 삶의 기본 3요소 석학이 말하는 자존감 자존감이란	다중지능이론의 요약 다중지능이론에 따른 교수전략		경험적 가족치료 모델이론 기초 치료적 신념 자아존중감 개념	스트로크 종류와 유형 스트로크 결핍시 나타 나는 유형 스트로크 결핍시 나타 나는 문제행동
	자존감 의미와 정의 자존감 3대 기본 자존감 구성요인	다중지능이론과 학교 교육 다중지능이란? 다중지능 구성요소		대인관계의 개념(1-58) 대인관계능력의 구성요소 청소년의 대인관계 특성	학습정리 및 평가

A 과정 수업은 평일(월, 화, 목, 금) 4일간(1일 3시간) 진행되며, 휴먼인큐베이터 프로그램 기본이론을 이해하여, 대외적으로 진단을 필요로 하는 사람들에게 휴먼인큐베이터 진단을 할 수 있도록 진행을 하는 역할을 한다.
과정을 수료하는 교육생 전원은 "휴먼인큐베이터 가이드"로 임명됩니다.

◈ 휴먼인큐베이터 상담사 과정

구분	평일					주말(토)
	1일차	2일차	3일차	4일차	5일차	6,7일차
과정주제	휴먼인큐베이터 전문가과정 소개	#1. 자존감 인간의 삶의 기본 3요소	자율학습(논문탐독) #1. 자존감 • 자기애와 공격성 간 관계 • 취업희망프로그램이 실업자의 자존감, 자기이해, 구직 효능감 및 치료적 요인에 미치는 효과	자존감 형성시기 자존감 형성매체 자존감 정서적 지원	자존감은 회복이 가능한가? 자존감은 진정한 스펙	패턴분석 실습 (6시간) 10시 ~ 17시 (점심시간 1시 간)
	휴먼인큐베이터 진단	석학이 말하는 자존감 자존감이란		자존감과 자존심 근원 자존감 특성 자존감 비교	왜 지금 자존감이 중요한가? 자존감은 어떤 모습으로 나타나는가?	
	자기소개 (진단결과지)	자존감 의미와 정의 자존감 3대 기본 자존감 구성요 인		건강한 자존감 자존감과 유사한 단어 자존감에 대한 오해와 편견	자존감 의미 익히 기 (퀴즈)	
	8일차	9일차	10일차	11일차	12일차	
과정주제	우리 아이는 자존감이 높은 아이 우리 아이는 자존감이 낮은 아이	화내지 말아요 화내지 않는 엄마되기 9가지 방법 엄마 자존감 향상 5가지 방법	자율학습(논문탐독) #2. 직무자질(다중지능) • 청소년의 다중지능 특성에 따른 독서표 현의 차이 연구 • 다중지능을 활용한 청소년진로지도방안 탐색	#2. 직무자질 (다중지능) 다중지능이론의 이해 다중지능의 특성	다중지능별 이해 (신체운동, 인간친 화) (자기성찰, 자연친 화)	
	아이의 자존 감을 망치는 부모의 말과 행동 아이의 자존 감 향상을 위한 대화	자존감 심층 테스트 & 해석 자존감 요소별 목표 자존감 향상 프로그램 유형		다중지능이론의 요약 다중지능이론에 따른 교수전략	자기성찰지능 (인성, 기본, 연결지 능)	
	아이의 자존감 향상을 위한 양육방법 10가지 자존감을 키우는 칭찬방 법	자존감과 연결 지능 나의 자존감은?		다중지능이론과 학교교육 다중지능이란? 다중지능 구성요소	인간친화지능 (사회성, 기본, 연결 지능)	
	13일차	14일차	15일차	16일차	17일차	18,19일차
과정주제	언어지능 (기본, 연결지능)	직업 롤 모델 (다중지능별) 팀 토의	자율학습 (논문 탐독) #3. 대인관계, 의사소통 • 어머니의 스트로크가 유아 또래간 인기도에 미치는 영향 • 교류분석 이 론에 기반한 스트로크 프로그램이 중학생의 자아 존중감과 학교적 응에 미 치는 영향	#3. 대인관계, 의사소통 버지니아 사티어 박사 의 가족관계 치료	성숙과 의사소통 유형에 대한개념 가족규칙에 대한 개념 경험적 가족치료 구체적 목표	패턴분석 실습 (6시간) 10시~17시 (점심시간 1시간)
	논리수학지능 : 연결지능, 특수지능 공간지능 : 특수지능			가족치료의 콜럼버스 성장을 도와 변화와 발전을 시키는 2가지 개념	경험적 가족치료 치료자의 역할 의사소통 유형의 이해 의사소통유형 (회유형)	
	신체운동지능 : 특수지능 음악지능 : 스트레스, 특수지능 자연친화지능 : 특수지능			경험적 가족치료 모델 이론 기초 치료적 신념 자아존중감 개념	의사소통유형 비난형, 초이성형, 산만형, 일치형	

	20일차	21일차	22일차	23일차	24일차	
과정주제	가족 의사소통의 형태 병리적 의사소통의 특성 의사소통의 걸림 돌	경험적 가족치료 모델에 대한 요약과 제언 의사소통 유형검사	논문 발표 및 토의 (주제별 논문 탐독)	교류분석 이론의 정의 교류분석 이론의 기초 스트로크(stroke)	스트로크 중심 TA 집단프로그램 구성 및 내용 요약	
	의사소통의 걸림돌 요소 의사소통 회복을 위한 의사소통 모형	질문지 가족의 응집성 및 적응성 척도 부모 자녀간의 의사소통 척도		스트로크 종류와 유형 스트로크 결핍 시 나타나는 유형 스트로크 결핍 시 나타나는 문제행동	스트로크 실험사례 스트로크 해석 스트로크 사례연구	
	의사소통 회복을 위한 대화 학교 프로그램	대인관계의 개념 대인관계능력의 구성요소 청소년의 대인관계 특성		스트로크 중심 TA 프로그램 교류분석 프로그램을 적용한 선행 연구	스트로크 유형과 사례 스트로크 실습	

	25일차	26일차	27일차	28일차	29일차	30,31일차
과정주제	현실 스트로크 분석 부정적 스트로크 사례연구 (가정, 직장)	스트로크 활용방안 설명 스트로크 활용방안 (양적, 질적, 타이밍, 칭찬, 유도)		의사소통 (7ST마음의 대화 법) 1. 만남과 자기소개 2. 2인 열린 대화법 3. 3인 상호이해 대화법 4. 6인 심층 대화법 5. 6인 자유 대화법 7. 인상교환 8. 생존게임 및 소감발표	상담자 언어 반응기법이란? 상담자 언어 반응기법(공감) 상담자 언어 반응기법(반영)	패턴분석 실습 (6시간) 10시~17시 (점심시간 1시간)
	발상의 전환 실습 1,2 긍정적 스트로크 사례연구	어머니의 스트로크 유형 스트로크의 원리 스트로크와 아이들	자율학습 미엘린(심층) 독서 추천도서 "변화의 시작 하루 1% 변화"		상담자 언어 반응기법(재진술) 상담자 언어 반응기법(요약) 상담자 언어 반응기법(지지, 격려)	
	바람직한 스트로크 원칙	관점의 차이			상담자 언어 반응기법 (자기개방) 상담자 언어 반응기법(직면)	
	스트로크 실험	(고정관념, 편견) 선택과 결정			상담자 언어 반응기법(질문)	

	32일차	33일차	34일차	35일차	36일차	
과정주제	상담자 언어 반응기법 (충고조언) 상담자 언어 반응기법 (해석) 상담자 언어 반응기법 (정보제공)	미엘린 독서 발표 및 토론 프롤로그, 챕터 1~9 인생 로드맵	자율학습 미엘린(심층) 독서 추천도서 "변화의 시작 하 루 1%변화"	미엘린 독서 발표 및 토론 프롤로그, 챕터 10~15 학습 정리	NCS 직업기초능력 (직업윤리능력, 기술능력)	
	상담자 언어 반응기법 (명료화) 상담자 언어 반응기법 연습 1,2,3				NCS 직업기초능력 (조직이해능력, 대인관계능력)	
	미엘린 추천도서 언어지능평가 (기초국어능력) 글을 읽고 의미 정확하게 이해			추천도서 주제별 이해	NCS 직업기초능력 (의사소통능력, 자원관리능력)	

	37일차	38일차	39일차	40일차	41일차	42일차
과정주제	NCS 직업기초 능력 (정보능력, 문제해결능력)	상담실습 기본해석 상담일지 작성법	상담실습 해석결과에 대한 피드 백	학습정리(자존감)	종합평가 1. 필기시험	수료식
	NCS 직업기초 능력 (자기개발 능력, 수리능력)	상담실습 사전탐색, 예상질문	상담실습 예상질문 사례이해	학습정리 (직무 자질)	종합평가 2. 상담시연	
	NCS 직업기초 능력 평가	상담실습 자존감, 직무자질, 대인관계	상담실습 예살질문 작성	학습정리 (대인관계)		

1. 수업은 41일차(42일차는 수료식)로 진행되며 1차당 3시간의 수업이 오프라인(31일), 온라인(5일), 자율학습(5일)으로 병행하여 진행됩니다.
2. 패턴 분석 실습은 격주 토요일로 3회(1회당 2차 - 1차당 3시간) 진행이 됩니다.
3. 수업 장소는 온라인은 줌으로, 자율학습은 개인별 자율로 진행되고 집합 강의는 평생교육원에서 진행됩니다.
4. 휴먼인큐베이터 상담사 과정 평가 기준은 출석(50%), 논문보고서 발표(10%), 미엘린독서(10%), 상담시연(15%), 종합평가(15%)가 적용됩니다.

◈ 휴먼인큐베이터 코칭 카운슬러 과정

* 과정기간 : 2021년 월 ~ 2022년 월(6개월)

구 분		내용	진행방법	평가
1	자존감 분야	너새니얼 브랜든 박사의 저서 1권을 탐독하고 자존감 향상을 위한 솔루션 프로그램 연구 및 활용	미엘린 독서, 토론, 솔루션 활용 피드백	주관식 평가
2	직무자질 분야	하워드 가드너 박사의 저서 권을 탐독하고 다중지능의 기본지능과 특수지능 향상을 위한 솔루션 프로그램 연구 및 활용	미엘린 독서, 토론, 솔루션 활용 피드백	
3	대인관계 분야	버지니아 사티어 박사의 저서 1권을 탐독하거나 에릭 번 박사의 TA(교류분석) 저서를 1권 탐독하여 대인관계 향상을 위한 솔루션 프로그램 연구 및 활용	미엘린 독서, 토론, 솔루션 활용 피드백	
4	패턴분석 연구	진단결과를 통한 각 계층 별 패턴 유형 파악 및 패턴유형별 솔루션 제시를 위한 연구	패턴분석 실습 패턴 유형 정리 솔루션 제시	
5	도서 집필	각 분야의 연구결과를 정리하여 가칭 "휴먼인큐베이터 비하인드" 도서를 공동으로 집필하여 출판	연구결과 토론 도서 집필	공저 편찬

1. 수업은 6개월 기간으로 개인 자율적인 시간 계획을 수립하여 오프라인, 온라인으로 병행하여 진행됩니다.
2. 수업 장소는 온라인은 자율적으로 진행되고 오프라인 강의는 평생교육원과 현장에서 상담사로 활동하면서 진행됩니다.
3. 휴먼인큐베이터 전문가(코칭 카운슬러)는 현장에서 솔루션 제시가 가능하고 공동 저자로 출간이 가능한 경우에 수료를 하게됩니다.
4. 휴먼인큐베이터 전문가(코칭 카운슬러) 과정을 수료하면 자동으로 센터설립 및 센터장 자격을 부여합니다.

◈ 휴먼인큐베이터 프로그램 강점

• 부모님께 할 수 없었던 이야기

초등학생과 중학생의 경우 인성(자존감) 형성 시기로 부모님의 관심과 긍정적 정서적 지원이 절대적으로 필요합니다. 이러한 정서적 지원이 부족하게 되면 아이에게 트라우마가 발생하고 이에 따라 자존감이 낮아지고 정서가 불안정해지는 상황이 발생하게 됩니다. 현재 내 아이의 자존감이 어떤 상태인지 확인하고 자존감이 높다면 유지 시키고 만일, 자존감이 보통 이하로 낮은 경우에는 자존감 향상 프로그램을 활용하여 조속히 자존감을 향상시킬 필요가 있습니다.

고등학생의 경우 대학 진학이나 취업 진로를 위해서는 철저한 자기 이해를 바탕으로 자신이 좋아하고 잘할 수 있는 전공과 직무를 찾아주고 사람 간의 내적갈등으로 인한 스트레스를 최소화하면서 좋은 인간관계를 맺을 수 있도록 솔루션을 지원합니다.

• 열심히 해도 안되는 이유

대학생의 경우 전공을 선택하고 열심히 공부하는데도 성적이 잘 나오지 않는 경우는 전공 자체를 잘못 선택하였기 때문이고 취준생의 경우 자신의 전공과 지원하는 기업체의 직무와의 연관성이 적합하지 못할 때 서류 지원이나 필기시험은 통과하지만, 면접에서 탈락하는 경우가 많습니다. 전공과 직무가 다를 경우에는 당연히 준비하는 방식이 바뀌어야 합니다. 또한, 청소년 시기에 형성된 자존감의 상태에 따라 생기는 트라우마로 내적갈등이 대인관계에 큰 영향을 끼칠 수가 있습니다. 이러한 문제점을 해결하지 못하면 고생만 하고 결과는 좋지 않은 악순환을 가져오게 되므로 해결이 가능한 솔루션이 필요합니다.

• 내가 잘할 수 있는 일이 뭔지 모르겠어요

성인의 경우 예전에는 학교에서나 사교육에서 IQ 진단 외에는 요즘처럼 다양한 진단툴을 접하기가 어려웠습니다. 그래서 자기 적성에 맞는 직무를 선택하기도 힘들었기 때문에 대개 적성을 고려하지 않고 직장이나 직무를 선택해서 근무한다고 이로 인해 생긴 스트레스가 정신적 육체적 질병으로 이어지는 경우가 많습니다. 스트레스를 최소화하면서 적은 시간을 투자하여 높은 성과를 낼 수 있는 내게 적합한 직무를 찾아드리고 중년 이후 더 필요한 인간관계를 원활하게 해 드릴 수 있도록 지원해드립니다.

◈ 휴먼인큐베이터 프로그램 솔루션

1. 자존감 향상 프로그램

- 감사 노트 작성(SNS 활용 100일 작성)
- 의식전환 문장 만들기(자존감 향상을 위한 단계적 의식전환문장 작성, 피드 백)
- 트라우마 해소(자존감 형성 시 부모, 대행 부모의 영향으로 생긴 트라우마를 찾아 내고 해소)

2. 언어지능 향상 프로그램

- 미엘린 독서
  주제별 독서를 선정, 탐독, 토론, 발표하는 프로세서에 따라 상대의 욕구를 파악하는 언어지능 향상

3. 대인관계, 의사소통 향상 프로그램

- 7st 마음의 대화법
  인간을 존중하는 자세를 바탕으로 관심, 경청, 격려, 갈등, 위로, 정서적 지지에 대한 방법을 배우고 실습을 통하여 호감을 주는 대인관계를 형성)

4. 진로(취업, 창직 등) 프로그램

- 자질과 역량진단
  휴먼인큐베이터 진단을 통하여 자신의 자존감, 직무자질, 대인관계 의사소통 자질과 역량 파악
- 진학, 취업을 위한 자소서 작성(NCS 직업기초능력을 바탕으로 자기소개서 작성 지도)
- 면접 컨설팅(공무원, 공기업, 대기업 취업 합격을 위한 지원기업 맞춤형 면접 컨설팅)
- 부모 상담(휴먼인큐베이터 진단을 통하여 부모와 자녀 간의 연결성과 갈등해 소를 위한 원인분석 및 해결)

나이테 SMART진단을 통해서 도움을 받으신 분들의 이야기입니다.

동영상 인터뷰 | 상담후기

심창민 야구선수

막연히 알고있었던 부분을 좀더 깊이 자세히 알게 되었던 시간이었습니다.

2018 마이스터대전 일반인 상담후기 01

미처 생각하지 못했던 내 자신에 대해서 한번더 이야기 할수 있었던것 같아서 좋은 경험이었고 가족...

2018 마이스터대전 일반인 상담후기 02

이것을 통해서 저의 미래를 짐작하고 자기성찰과 반성을 할수 있게 된 매우 뜻깊은 시간이 된 것 같...

자존감이 보통이고 기본지능에서 자기성찰 지능이 약한, 신체운동지능을 활용한 직무를 수행하고 있는 조연배우의 패턴

이 름		성 별	남성	나 이	46세

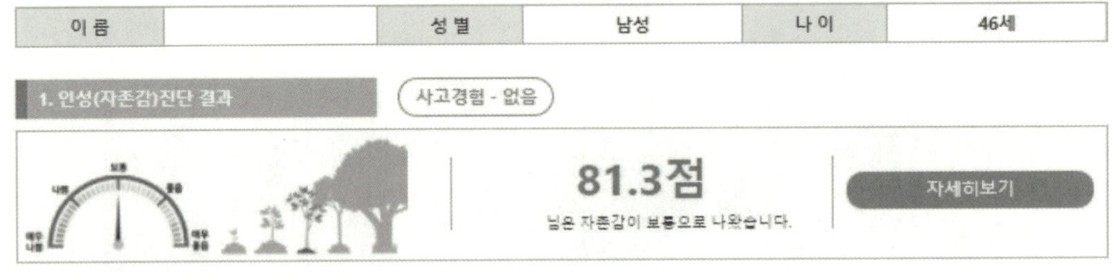

1. 인성(자존감)진단 결과

사고경험 - 없음

81.3점

님은 자존감이 보통으로 나왔습니다.

자세히보기

2. 직무자질(다중지능)진단 결과

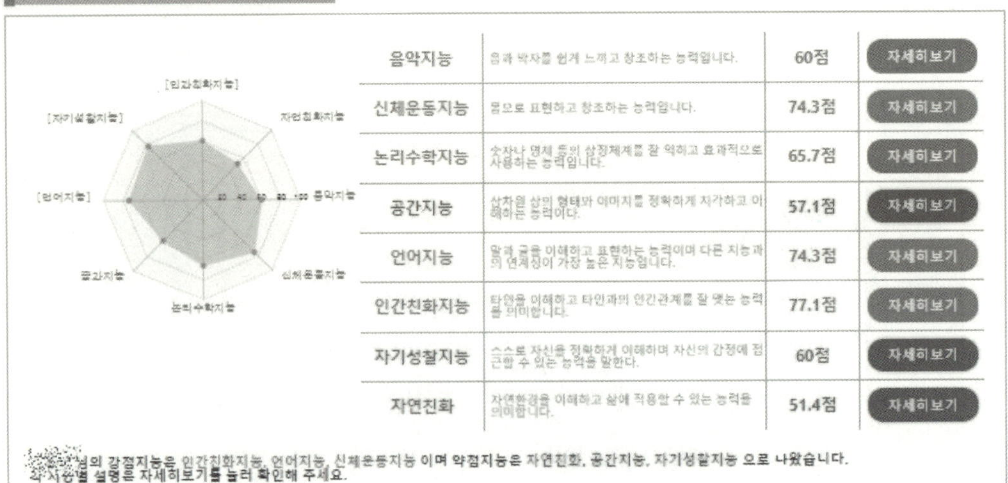

음악지능	음과 박자를 쉽게 느끼고 창조하는 능력입니다.	60점	자세히보기
신체운동지능	몸으로 표현하고 창조하는 능력입니다.	74.3점	자세히보기
논리수학지능	숫자나 명제 등의 상징체계를 잘 익히고 효과적으로 사용하는 능력입니다.	65.7점	자세히보기
공간지능	삼차원 상의 형태와 이미지를 정확하게 지각하고 이해하는 능력이다.	57.1점	자세히보기
언어지능	말과 글을 이해하고 표현하는 능력이며 다른 지능과의 연계성이 가장 높은 지능입니다.	74.3점	자세히보기
인간친화지능	타인을 이해하고 타인과의 인간관계를 잘 맺는 능력을 의미합니다.	77.1점	자세히보기
자기성찰지능	스스로 자신을 정확하게 이해하며 자신의 감정에 접근할 수 있는 능력을 말한다.	60점	자세히보기
자연친화	자연환경을 이해하고 삶에 적용할 수 있는 능력을 의미합니다.	51.4점	자세히보기

님의 강점지능은 인간친화지능, 언어지능, 신체운동지능 이며 약점지능은 자연친화, 공간지능, 자기성찰지능 으로 나왔습니다.
각 지능별 설명은 자세히보기를 눌러 확인해 주세요.

3. 대인관계(의사소통)진단 결과

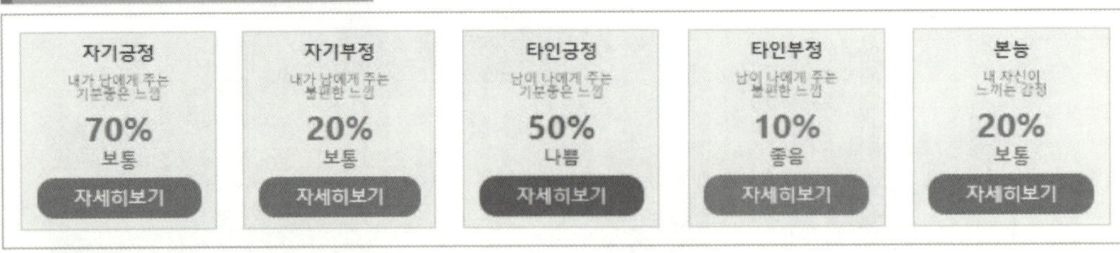

자기긍정	자기부정	타인긍정	타인부정	본능
내가 남에게 주는 기분좋은 느낌	내가 남에게 주는 불편한 느낌	남이 나에게 주는 기분좋은 느낌	남이 나에게 주는 불편한 느낌	내 자신이 느끼는 감정
70%	20%	50%	10%	20%
보통	보통	나쁨	좋음	보통
자세히보기	자세히보기	자세히보기	자세히보기	자세히보기

종합결과

주의

회원님의 경우 직무자질과 대인관계 진단에서 한 쪽에 부적합한 결과가 나왔습니다. 상담을 통하여 문제가 있는 쪽의 원인을 파악하고 문제를 해결해 나간다면 목표달성에 좋은 결과를 만들어낼 수 있습니다.

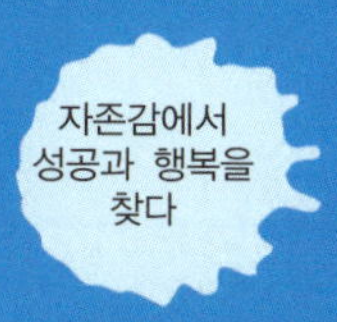

13

솔루션(문제해결)

1. 휴먼인큐베이터 진단보고서

휴먼인큐베이터 프로그램

본 진단보고서의 내용은

대림교육연구소의 지적재산권으로

저작권의 보호를 받고 있습니다.

20 년 월 일

상담사명 :

내 용 : 일반□ / 심화□

관리 및 책임자

대 림 교 육 연 구 소

소 장 신 원 주

2. 자존감 향상 기본 프로그램 "감사 노트"

자존감이 보통 이하인 경우 자존감 향상을 위한 기본프로그램이자 3개월 필수적으로 진행해야 할 "감사 노트"에 대해서 알아보자.

감사노트는 매일(주 5일) 하루를 마무리하는 시점에 작성을 하는데 하루 일과중 일어난 아주 사소한 일에서 부터 생활에 영향을 준 의미 있는 일까지 3가지 이상을 기록해보는 것이다.

주의할 것은 사소한 일이라도 자신의 생각과 행동에 감사를 느끼는 것이므로 타인과 비교를 한다든지 일의 의미와 뜻을 연결한다든지 하면 안된다.

그냥 그러한 일을 해낸 나 자신의 행동에 감사의 마음을 전하는 것이다.

사소한 일에 의미를 부여하는 것 자체가 나의 자존감 향상의 첫걸음이다. 예를 들어 아침에 일어나서 창문을 열어놓고 출근을 하는 것은 아주 사소한 일이지만 하루 종일 환기가 되어 맑은 공기로 바뀌는 과정을 거쳐서 퇴근 후 돌아온 나의 건강에 도움이 되는 중요한 일이 되는 것이다. 그래서 아침에 창문을 열어놓은 나 자신에게 감사한다. 라는 하나의 문장을 작성하는 것이다.

아침에 집을 나서면서 아파트 경비아저씨와 청소하시는 아주머니에게 밝고 정중한 인사를 했다고 하자. 경비아저씨와 청소 아주머니는 기분이 매우 좋아져서 아파트 주변 환경과 안전에 더 신경을 써서 외부에서 바라보는 아파트의 이미지에 도움을 주게 되는 것이다. 인사를 한 행위는 아주 사소하지만, 경비아저씨와 청소 아주머니의 행동을 통하여 아파트 가치에 긍정적인 영향을 끼치므로 아침에 인사를 한 나 자신에게 감사를 한다. 라는 문장을 작성하는 것이다.

하교해서 집안청소나 설거지 또는 빨래해놓은 것을 정리정돈을 했다고 하자. 외출 후 돌아오신 어머니나 가족들이 청결한 집안 환경에 만족해 칭찬을 하고 맛있는 간식거리와 함께 화기애애한 분위기를 연출하게 된다.

청소나 빨래를 정리한 행동은 사소한 것이나 청결한 집안 환경을 통해서 화목한 가정에 일익을 담당한 나 자신에게 감사를 한다.라는 문장으로 작성하는 것이다.

이 밖에도 내가 무심코 하는 행동이나 자신이 주위 사람들의 기분을 좋게 하고 긍정적인 영향을 끼치는 것을 조금만 관심을 가지면 느낄 수 있다.

이러한 사소한 것에 감사를 느끼는 것이 누적되어 진다면 분명히 나는 세상에서 쓸모있는 사람이라는 자각을 충분히 할 수 있으며 이것이 자존감이 향상된 결과라고 말할 수 있다.

◈ 자존감 향상 기본 프로그램 "감사 노트" 사례1

- 4.30 감사 노트

1. 아침 15분 공감을 보고 오랜만에 친구와 연락을 해보고 싶어졌습니다. 자주 안 했던 친구들과 연락을 해봐야겠습니다.
2. 빨래를 했습니다. 세탁물이 쌓여있어서 제가 했습니다. 비록 어머니만큼은 잘 하지 못했지만 빨래를 한 저에게 감사합니다.
3. 저녁밥 차리는 것을 도왔습니다. 형이 밥하는 것을 옆에서 도왔습니다. 도와준 저에게 감사합니다.

- 4.29 감사노트

1. 아침 15분 공감을 보고 남의 시선을 너무 의식하면서 살고 있다는 생각이 들었습니다. 앞으로 좀 더 나를 생각해보기로 했습니다.
2. 사과를 깎았습니다. 새로 사신 사과 깎기 기계로 수월하게 껍질을 깎았고, 부모님께서 마음에 들어하시는 것 같았습니다. 사과를 깎고 집안일을 도운 저에게 감사합니다.
3. 분리수거를 했습니다. 어제도 했지만, 오늘도 많이 쌓여있어서 버렸습니다. 분리수거를 비운 저에게 감사합니다.

- 4.28 감사노트

1. 아침 15분 공감을 보고 부모님께서 말씀하신 것이 생각났습니다. 항상 긍정적으로 살자는 문구를 본 저에게 감사합니다.
2. 운동을 했습니다. 간단한 산책이었지만 천천히 늘려나가기로 했습니다. 운동을 한 저에게 감사합니다.
3. 분리수거를 했습니다. 확실히 분류해서 버리고 집안일을 도운 저에게 감사합니다.

- 4.27 감사노트

1. 아침 15분 공감을 보고 저의 이상적인 모습이 나와서 좋았습니다. 누군가가 뒤돌아보았을 때 저는 좋은 사람으로 남았으면 좋겠습니다.
2. 장 보고 온 물건들을 정리했습니다. 허리가 안 좋은 부모님을 도왔습니다. 부모님을 도운 저에게 감사합니다.
3. 환기를 시켰습니다. 집안의 공기를 순환시켰습니다. 집안의 건강을 생각한 저에게 감사합니다.

- 4.26 감사 노트

1. 오늘 의식전환 피드백을 받았습니다. 요새 모든 게 너무 귀찮아졌었는데 좋은 말씀

감사합니다.

2. 아침 15분 공감을 보고 역지사지의 입장을 다시 생각했습니다. 좋은 글을 보고 느낄 수 있는 저에게 감사합니다.
3. 냉장고의 얼음을 제거했습니다. 아직 깨야 할 것이 많지만 조금씩 없애고 있는 저에게 감사합니다.

◈ 자존감 향상 기본 프로그램 "감사 노트" 사례 2

- 2021년 4월 29일 목요일 31일차 감사 노트

1. 본가에 내려와 집을 며칠 비워둘 것을 대비하여 디퓨징을 하고 아침을 간단하게 챙겨 속을 든든하게 한 상태로 하루를 시작한 저 자신에게 감사합니다.
2. 달형TV 라이브촬영에 필요한 소품 마련을 보조하고 일찍 길을 나서 광명역에서 울산역으로 내려오는 기차를 탄 본인에게 감사합니다(회사 일과 자기 일에 최선을 다함)
3. 울산역에 내리자마자 집 앞까지 오는 시내 좌석버스를 타고 본가에 와서 저녁을 먹고 화상 세미나에도 참석하여 오늘 하루 저에게 주어진 시간을 알뜰하게 활용한 스스로에게 감사합니다.

- 2021년 4월 28일 수요일 30일차 감사노트

1. 아침에 설거지를 하고 깨끗이 샤워한 다음 출근길에 아침 공감으로 하루를 채움으로 시작한 저 자신에게 감사합니다.
2. 한국****뉴스와 보안**에 기사를 올리고 화식경제학 권** 교수님의 사무실 방문 및 개인 YouTube 촬영을 보좌하며 저의 직무자질을 제대로 활용한 최대리에게 감사합니다.
3. 퇴근길에 광명사거리에서 개봉역까지 걸으며 체력단련을 하고 세탁물을 찾아옴과 동시에 그동안 묵혀두었던 신발과 외투 등을 컴퓨터세탁에 맡긴 다음 저녁을 챙겨 먹고 빨래방에 와서 이불과 수건 속옷과 잠옷 등을 종류별로 셀프세탁하여 내일 본가에 내려갈 준비를 말끔하게 마쳐 하루를 알차게 마무리 한 본인 스스로에게 감사합니다.

- 2021년 4월 27일 화요일 29일차 감사 노트

1. 새벽에 일찍 일어나 대학원 채플 수업에 참여하여 하루를 영성 지능으로 시작한 저 자신에게 감사합니다.
2. 사무실에 출근해서 모든 분들이 외근 나가신 동안 오전 내내 전체공간을 청소하고 아로마 오일 방향제를 뿌려 근무 환경을 좋게 했습니다. 그리고 오후에는 마스크

2000장을 수작업으로 확인한 다음 재포장하여 우체국 택배에 보내고 신문기사(생업: 한국****뉴스/자율: 보안**)를 작성했습니다. 기본지능과 저의 보조지능을 있는 힘껏 발휘하여 직장에 이바지한 최 대리에게 감사합니다.

3. 휴먼인큐베이터 패턴 분석에 참여해서 상담사로서의 길을 열심히 가고 집에 돌아와서는 학우 분들과 카톡으로 교류하면서 전국 각지에 있는 귀인분들과 긍정적인 자극으로 의사소통하며 민방위 교육까지 이수하여 홍익인간과 나라 사랑을 실천한 본인 스스로에게 감사합니다.

- 2021년 4월 26일 월요일 28일차 감사 노트

1. 아침에 일어나 설거지와 동네 산책으로 하루를 개운하게 시작한 저 자신에게 감사합니다.
2. 사무실 내근부터 회의 지원까지 야근하면서까지 기본지능과 보조지능을 활용한 최 대리에게 감사합니다.
3. 대학원 박사과정 여름학기 수강신청을 먼저 해보고 받은 피드백을 학우분들과 공유하여 같이 발맞춰 공부할 수 있도록 환경을 갖춘 본인 스스로에게 감사합니다.
(#자기개방 #자극 #대인관계 #인간친화지능)

3. 자존감 향상 기본 프로그램 "의식전환 문장연습"

자존감 향상을 위한 의식전환 문장연습 트레이닝을 실시하겠습니다.

공책이나 스마트 폰의 메모장을 활용해서 문장연습을 하시면 되는데 연습 후 작성이 완성된 문장은 매일 덧글로 작성해서 올리시면 됩니다.

• 1주차

아침에 일과를 시작하기 전에 제일 먼저 자리에 앉아서 다음 문장 줄기를 쓴다.

1. "내가 오늘 나의 삶 또는 생활에 좀 더 관심을 쏟는다면 ________________________________"

그런 다음에는 생각하느라 멈추지 말고 가능한 빨리 2~3분 동안 최대한 많은 문장을 완성해본다. (반드시 최소한 여섯 개는 되어야 한다)

* 완성한 문장이 진실인지? 뜻이 통하는지? 깊이가 있는지? 걱정하지 말고 아무거나 뭐라도 쓰면 된다.

그 다음에 다음 문장 줄기를 차례대로 연습하도록 한다.

1. "내가 오늘 나의 선택과 행동에 더 많이 책임을 진다면 ________________"
2. "내가 오늘 사람들을 어떻게 대하는지에 더 주의를 집중한다면 ________________"
3. "내가 오늘 나의 열정(에너지) 수준을 5% 정도 더 끌어 올린다면 __________"

월요일부터 금요일까지 하루도 빼놓지 않고 일과를 시작하기 전에 문장완성 연습을 한다.

내용이 중복되는 것은 당연하다. 감사 노트를 작성해봤으니 알 것이다.

하지만 시간이 지나면 새로운 문장도 반드시 나온다.

이 문장들을 깊이 있게 생각하면서 시간을 쏟다 보면 무의식과 연결이 되고 나의 잠재력을 끌어올릴 수가 있고 성장으로 연결이 된다.

의식을 집중할 때 자신의 심리 상태를 행동으로 표현하고 싶은 욕구가 생긴다.

자! 오늘부터 당장 시작하도록 한다~!!!

◈ 자존감 향상 기본 프로그램 "의식전환 문장연습" 사례

• 2021년 4월 30일 금요일

1. "내가 오늘 나의 삶 또는 생활에 좀 더 관심을 쏟는다면, ________"
   - **우선순위**: 현재 다니고 있는 박사과정을 마칠 것이다.
   - **3회 이상**: 나의 삶이 바로잡힐 것이다.
2. "내가 오늘 나의 선택과 행동에 더 많이 책임을 진다면 ________"
   - **우선순위**: 한국****뉴스와 보안** 관리 및 운영에 힘쓸 것이다.
   - **3회 이상**: 스스로 대책을 찾고 해결해나갈 수 있고 무슨 일을 하든지 자신 있을 것이다.
3. "내가 오늘 사람들을 어떻게 대하는지에 더 주의를 집중한다면, ________"
   - **우선순위**: 만날 기회가 있는 사람들과는 차 한 잔, 식사 한 끼의 기회를 가져 경청해 보고 진 정성 있는 배려를 할 것이다.
   - **3회 이상**: 그 누구를 만나도 두렵지 않을 것이다.
4. "내가 오늘 나의 열정(에너지) 수준을 5% 정도 더 끌어 올린다면, ________"
   - **우선순위**: 대림교육연구소 휴먼인큐베이터 커리큘럼에 맞춰나갈 것이다. (일과 공부를 융복합적으로 효율관리추진)
   - **3회 이상**: 좀 더 정리되고 체계적인 삶을 살 수 있을 것이다.

• #선택 #집중 #정리 #쪼개기 #우선순위

1. "내가 오늘 나의 삶 또는 생활에 좀 더 관심을 쏟는다면 (우선순위)
   운동을 해서 살을 뺀다 / 청소를 해서 깨끗하게 유지한다(3번 이상)
   운동을 한다. 집안일(청소)을 한다.
2. "내가 오늘 나의 선택과 행동에 더 많이 책임을 진다면 (우선순위)
   당당하게 살 것입니다. / 사람들이 나를 따른다 (3번 이상)
   생각을 한번 더 한다.
3. "내가 오늘 사람들을 어떻게 대하는지에 더 주의를 집중한다면 (우선순위)
   대인관계가 증진된다. / 상대방을 좀 더 이해하고 기분을 맞춘다. (3번 이상)
   친구 관계를 증진한다.

4. 자존감 향상 기본 프로그램 "목표작성 연습"

급하지는 않지만 중요한 일을 해야 인생이 바뀐다!

일 처리의 효율성을 높이는 방법(일의 카테고리 4단계)

1순위: 급하고 중요한 것	2순위: 급하지는 않지만 중요한 것
3순위: 급하지만 중요하지 않은 것	4순위: 급하지도 중요하지도 않은 것

인생은 일과 책임의 연속이다. 일을 우선순위별로 정리만 잘해도 인생이 정리되고 목표하는 바를 더 효율적으로 이루는 데 큰 도움이 된다.

인생을 마치 게임을 하듯 공략법대로 공략해서 일 처리의 효율을 높일 방법을 소개한다.

첫 번째, 4개의 순위로 일의 카테고리를 정하라! 이다.

1순위는 급하고 중요한 것,
2순위는 급하지는 않지만 중요한 것,
3순위는 급하지만 중요하지 않는 것,
4순위는 급하지도 중요하지도 않는 것이다

워낙 유명한 공략법이라서 많은 분들이 알고 있다.

이 4순위 중에서 2순위에 속하는 일들을 미리 보고 어떻게 관리를 하느냐가 성공의 관건이다. 왜냐하면, 급하고 중요한 1순위는 누구나 다 당장 하기 때문이다.

인생의 변화와 발전의 비밀은 2순위에 해당하는 일을 얼마나 해내고 관리하느냐에 있다!

2순위에 해당하는 일을 예를 들면 다음의 네 가지가 있다.

1. 계획이다. 장기계획을 세우고 계획을 어떻게 이룰지에 대한 계획을 세우는 것이다. 예를 들면 유튜브 구독자 10 만명 달성 같은 것이 해당된다.
2. 예방이다. 미리해서 큰일로 번지지 않게 하는 것이다. 예를 들면 자동차를 정기적으로 점검해서 교통사고를 예방하는 것이나 치과에 정기적으로 방문해서 점검을 받는 것이다.
3. 관계이다. 사랑하는 사람이나 배우자와 질 높은 시간을 보내므로 사랑의 관계를 유지하는 것이다. 직장에서는 워크샵이나 연수를 통해서 동료애를 강화하는 것이다.

4. 자기개발 즉, 새로운 기술을 배우는 것이다. 더 많은 부를 창출하기 위해서 새로운 기술을 배우거나 자기개발을 끊임없이 하는 것이다. 또는 새로운 기술에 빠르게 적응하는 것이다.

인생의 변화와 성장발전의 비밀은 바로 2순위에 해당하는 일을 얼마나 해내고 관리하느냐에 달렸다. 누구나 다 머리로는 2순위가 중요하다는 것을 알고 있지만 그만큼 어려운 과제이기 때문이다.

우리 모두 급한 불을 끄듯이 1순위에 해당하는 일에 치이거나 3순위에 해당하는 이메일 통보, 누군가의 부탁을 대신 들어주는 일에 시간을 뺏기거나 4순위에 속하는 넋 놓고 TV 보기나 넷플릭스 보기, 유튜브 보기, 웹 서핑 등에 시간과 에너지를 빼앗겨서 2순위로 해야 할 일들이 밀리거나 잊혀지는 것이다.

그럼 2순위의 일들을 잘 해낼 수 있는 두 가지 공략법을 알려드리도록 하겠다.

첫 번째, 자기개발을 위해서 시간을 확보하라.

직장인을 기준으로 출근하기 전 한 시간을 투자해서 새로운 기술을 배워라.

월급 액수에만 꽂혀서 남들과 비교하며 불안감에 젖어 있는 것보다, 1시간 일찍 일어나 나의 가치를 높일 수 있는 기술을 개발하라. 급하지는 않지만 중요한 2순위를 하는 것은 삶을 대하는 자세를 능동적으로 바꿔준다.(자기동기부여를 서서히 향상시켜 준다)

두 번째, 일에 데드라인을 설정하라.

수능 영어문제가 일반 수준의 학생에게 어렵게 느껴지는 이유는 문제당 주어진 시간이 짧기 때문이다. 어떤 일을 신속하고 정확하게 처리하는 능력은 시간을 확보해 줄 뿐만 아니라 일에 대한 숙련도를 높여준다. 특히, 새로운 스킬을 처음 배울 때 처음이니까 천천히 하나하나 하려는 생각보다. 화장실이 급한 사람처럼 빨리 배울 수 있는 나만의 방법을 찾아 정복해야 한다. 어떤 일이든 빨리 배우는데 자신 있다고 말하는 사람처럼 매력 있는 사람은 없다.

그럼 새로운 스킬을 빨리 정복하는 세 가지 방법을 소개해드리도록 하겠다.

첫 번째, 콘테스트나 공모전 같은 대회에 참가해라. 본인에게 스스로 도전할 기회를 주는 것이다.

두 번째, 연중행사나 휴일에 엮어서 데드라인을 만들어라. 예를 들어 "나는 피아노를 배울거 야"라는 모호한 계획보다 "나는 이번 12월에 있을 결혼기념일에 〈You are so beautiful〉이 라는 노래를 연습해서 내 배우자 앞에서 연주할거야"라고 정하는 것이 훨씬 빠르게 스킬을 습득 할 수 있는 방법이다.

세 번째, 자신과의 약속을 어기면 패널티를 적용하라. "내가 이렇게 할거야"라고 세운 목표를 달성하지 못했을 때 지인이나 가족들에게 각각 10만 원씩 준다는 약속을 해라.

돈을 주지 않기 위해서라도 더 열심히 목표를 이룰 것이다.

메이저리거 오타니를 만든 64개의 실천과제… '만다라트 기법'

몸관리	영양제 먹기	FSQ 90kg	인스텝 개선	몸통 강화	축 흔들리지 않기	각도를 만든다	위에서부터 공을 던진다	손목 강화
유연성	몸 만들기	RSQ 130kg	릴리즈 포인트 인정	제구	불안정 없애기	힘 모으기	구위	하반신 주도
스테미너	가동역	식사 저녁 7숟갈 아침 3숟갈	하체 강화	몸을 열지 않기	멘탈을 컨트롤	볼을 앞으로 릴리즈	회전수 증가	가동력
뚜렷한 목표 · 목적	일희일비 하지않기	머리는 차갑게 심장은 뜨겁게	몸 만들기	제구	구위	축을 돌리기	하체 강화	체중 증가
핀치에 강하기	멘탈	분위기에 휩쓸리지 않기	멘탈	8구단 그래프트 1순위	스피드 160km/h	몸통 강화	스피드 160km/h	어깨주변 강화
마음의 파도를 안만들기	승리에 대한 집념	동료를 배려하는 마음	인간성	운	변화구	가동력	라이너 캐치볼	피칭 늘리기
감성	사랑받는 사람	계획성	인사하기	쓰레기 줍기	부실 청소	카운트볼 늘리기	포크볼 완성	슬라이더 구위
배려	인간성	감사	물건을 소중히 쓰자	운	심판을 대하는 태도	낙자가 큰 커브	변화구	슬라이더 구위
예의	신뢰받는 사람	지속력	긍정적 사고	응원하는 사람	책 읽기	직구와 같은 폼으로 던지기	스트라이크 볼을 던질 때 제구	거리를 상상하기

일본 야구 선수 오타니 쇼헤이(大谷翔平 · 27)가 미국 메이저리그에서 투 · 타 양면에서 놀라운 활약을 보이며 센세이션을 일으키자, 오타니가 학창 시절부터 활용했다는 자기계발법이 덩달아 화제가 되고 있다. 이른바 '만다라트(Mandarat) 기법'이다. 42년 전 일본의 한 경영 컨설턴트가 개발한 방법인데, 최근 이를 소개하는 책들도 잇따라 출간되면서 오타니의 성공만큼이나 관심을 끌고 있다. 미국 월스트리트저널은 '오타니 쇼헤이는 어떻게 그의 야구 성공을 시각화했나'라는 제목의 기사에서 오타니의 성공에 이 기법이 크게 기여했다고 전했다.

◇핵심 목표 1개마다 8개 실천 과제

만다라트 기법은 1979년 마쓰무라 야스오(松村寧雄) 클로버 경영연구소장이 고안한 사고(思考)법이다. 책으로 발간된 후 여러 일본 기업에서 경영 전략이나 업무 개선 등 아이디어를 내는 데 활용되어왔다. 1990년 미국에서 출간된 '일본에서 창조된(Created in Japan): 모방자에서 월드 클래스 혁신가가 되기까지'라는 책에 '일본 4대 브레인스토밍 기법' 중 하나로 소개되기도 했다.

고등학교 체육교사 출신의 하라다 다카시(原田隆史)는 만다라트 기법에 자기계발 요소를 강화해 2005년 '하라다 기법'을 만들었다. 일본 특유의 주입식 교육을 탈피해 창의적이고 자기 주도적인 인재를 양성하기 위한 목적이었다고 한다. 교육 컨설턴트로 변신한 그는 책을 쓰고 유니클로와 기린맥주 같은 기업에서 강연하며 20여 년간 9만 명에게 하라다 기법을 가르쳤다. 이 중 한 사람이 오타니의 모교인 이와테현(縣) 하나마키히가시(花巻東) 고교 야구 코치 사사키 히로시였고, 그가 오타니에게 이 기법을 소개했다. 만다라트란 이름은 사용하는 도표가 불교화 양식인 '만다라'를 닮아서다. 연꽃을 닮았다고 해서 연꽃(lotus blossom) 기법으로 불리기도 한다. 창안자의 이름을 따 'MY기법' 또는 '하라다 기법'으로 불리기도 한다.

원리는 간단하다. 가로세로 세 칸씩 구성된 아홉 칸 네모 상자 중 가운데 칸에 핵심 목표를 써넣고, 그 주변 여덟 칸에 핵심 목표를 달성하기 위한 세부 목표를 적는다. 이 여덟 개 세부 목표를 다시 바깥에 있는 여덟 개의 가로세로 세 칸의 네모 상자 가운데 칸에 각각 옮겨 적은 다음, 각 세부 목표를 달성하기 위한 구체적인 실천 과제를 주변 여덟 칸에 적는다. 이렇게 하면 총 64개의 실천 과제가 완성된다.

고교 시절 오타니는 '8개 구단 드래프트 1순위'를 핵심 목표로 적고, 이를 달성하기 위한 여덟 가지 세부 목표로 '몸만들기, 제구, 구위, 멘털, 구속 160㎞/h, 변화구, 운(運), 인간성'을 정했다. 이어 각 세부 목표를 달성하기 위한 실천 과제들로 표를 채웠다. 예를 들어 '운'을 높이려는 방법으로 '인사, 쓰레기 줍기, 방 청소, 물건을 소중히 쓰자, 심판을 대하는 태도, 긍정적 사고, 응원받는 사람이 되자, 책 읽기' 등 여덟 가지를 적었다.

필자도 특성화고, 대학생을 대상으로 진로코칭을 위한 목표설정에 대한 주제를 가지고 교육을 하거나 기업교육에서 직원들을 대상으로 인생 목표설정에 관한 로드 맵을 작성할 때 이 툴을 많이 활용하는데 큰 도움이 되고 있다.

자존감이 매우 높고 기본지능과 논리수학 지능을 활용하여 공무원 직무(경찰)를 수행하고 있는 패턴

이 름		성 별	남성	나 이	26세

1. 인성(자존감)진단 결과 (사고경험 - 없음)

93.8점

님은 자존감이 매우 높음으로 나왔습니다.

자세히보기

2. 직무자질(다중지능)진단 결과

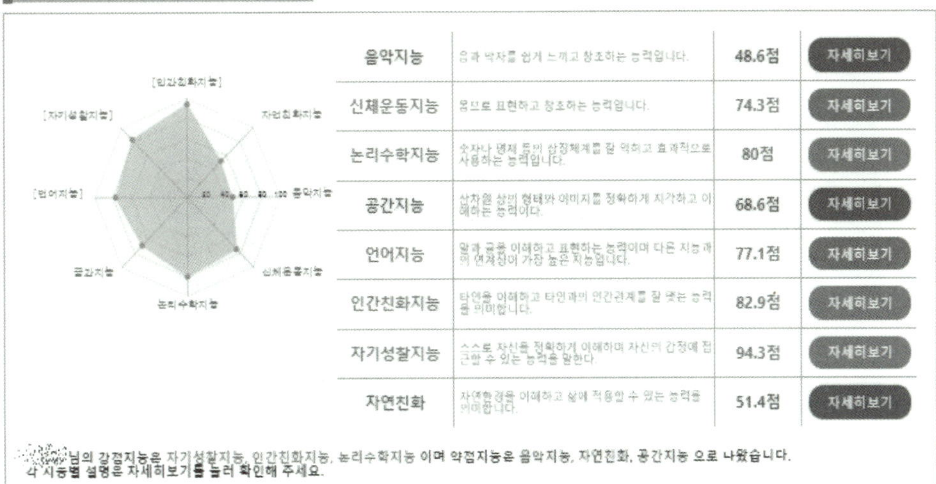

지능	설명	점수	
음악지능	음과 박자를 쉽게 느끼고 창조하는 능력입니다.	48.6점	자세히보기
신체운동지능	몸으로 표현하고 창조하는 능력입니다.	74.3점	자세히보기
논리수학지능	숫자나 명제 등의 상징체계를 잘 익히고 효과적으로 사용하는 능력입니다.	80점	자세히보기
공간지능	삼차원 상의 형태와 이미지를 정확하게 지각하고 이해하는 능력이다.	68.6점	자세히보기
언어지능	말과 글을 이해하고 표현하는 능력이며 다른 지능과의 연계성이 가장 높은 지능입니다.	77.1점	자세히보기
인간친화지능	타인을 이해하고 타인과의 인간관계를 잘 맺는 능력을 의미합니다.	82.9점	자세히보기
자기성찰지능	스스로 자신을 정확하게 이해하며 자신의 감정에 접근할 수 있는 능력을 말한다.	94.3점	자세히보기
자연친화	자연환경을 이해하고 삶에 적용할 수 있는 능력을 의미합니다.	51.4점	자세히보기

님의 강점지능은 자기성찰지능, 인간친화지능, 논리수학지능 이며 약점지능은 음악지능, 자연친화, 공간지능 으로 나왔습니다.
각 지능별 설명은 자세히보기를 눌러 확인해 주세요.

3. 대인관계(의사소통)진단 결과

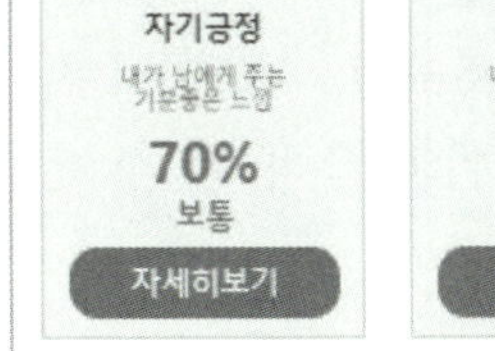

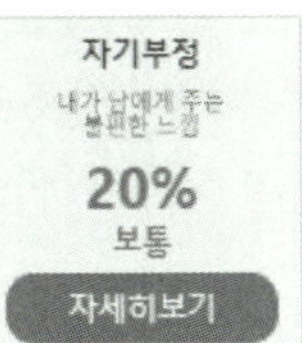

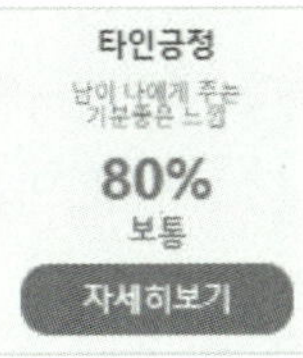

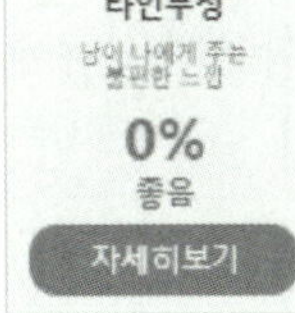

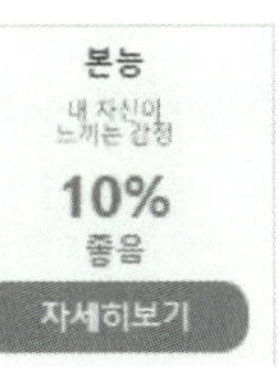

종합결과

안전

회원님의 경우 직무자질과 대인관계 진단에서 모두 좋은 결과가 나왔습니다. 앞으로 목표를 설정하여 전문적인 장단으로 이어진다면 시행착오로 인한 시간과 비용의 낭비를 줄이고 본인이 원하는 목표달성에 더욱 좋은 결과를 만들어 낼 수 있습니다.

정리의 글

◈ 휴먼인큐베이터와 에스프레소 원액

사실 '휴먼인큐베이터 진단'은 에스프레소 원액과 같다.

에스프레소 원액에 뜨거운 물을 넣으면 아메리카노가 되고, 우유를 섞으면 카페 라테가 된다.

마찬가지로 어떻게 활용하느냐에 따라 '휴먼인큐베이터'는 진로코칭, 취업컨설팅, 조직 내 갈등관리, 부부 상담, 자기개발 등 다양한 분야의 필수적인 기본 틀이 될 수 있다.

참고문헌 및 자료

자존감의 여섯 기둥 : 어떻게 나를 사랑할 것인가?
너새니얼 브랜든 지음, 김세진 옮김, 교양인, 2015년 06월
자존감의 첫 번째 계단: 의식하며 사는 기술
너새니얼 브랜든 지음, 고연수 옮김, 교양인, 2018년 12월
자존감이 바닥일 때 보는 책 : 세계적인 심리학자가 들려주는 여성의 일과 삶, 사랑 너새니얼 브랜든 지음, 노지양 옮김, 프시케의숲, 2018년 05월
낭만적 사랑의 심리학 : 예리하고 솔직하고 거침없는 사랑의 심리 해부 너새니얼 브랜든 지음, 임정은 옮김, 교양인, 2019년 04월
하워드 가드너 심리학 총서. 1: 지능이란 무엇인가 : 인간 잠재성 프로젝트: 지능편 하워드 가드너 지음, 김동일 옮김, 사회평론, 2019년 06월
하워드 가드너 심리학 총서. 5: 미래를 준비하는 5가지 마음 : 인간 잠재성 프로젝트: 실천 편 하워드 가드너 지음, 김한영 옮김, 사회평론, 2019년 06월
하워드 가드너 심리학 총서. 2: 인간은 어떻게 배우는가 : 인간 잠재성 프로젝트: 학습 편 하워드 가드 너 지음, 류숙희 옮김, 사회평론, 2019년 06월
하워드 가드너 심리학 총서. 3: 창조성은 어떻게 만들어지는가 : 인간 잠재성 프로젝트: 재능 편 하워드 가드너 지음, 문용린 옮김, 사회평론, 2019년 06월
열정과 기질, 하워드 가드너 지음, 임재서 옮김, 북스넛, 2004년 07월
사티어 모델(가족치료의 지평을 넘어서), VIRGINIA SATIR 외 지음, 한국 버지니아 사티어 연구회 옮김, 김영애 가족치료연구소, 2000년 09월
아름다운 가족, 버지니아 사티어 지음, 나경범 옮김, 창조문화, 2003년 03월 가족 힐링 : 상처를 보듬고 관계를 회복하는 행복한 가족 치유
버지니아 사티어 지음, 강유리 옮김, 푸른 육아, 2012년 09월
심리 게임 : 교류분석으로 읽는 인간관계의 뒷면 에릭 번 지음, 조혜정 옮김, 교양인, 2009년 03월 교류분석 상담의 적용, IAN STEWART 지음, 한국교류분석 임상연구회 옮김, 학지사, 2009년 08월
변화와 발전을 위한 교류분석(TA) 코칭 모델의 이론과 실제, 박용민 지음, 퍼플, 2015년 10월21
다중지능혁명, 홍성훈 지음, 랜덤하우스코리아, 2011년 10월
성공의 원리. 1 : 나만의 판테온 세우기 잭 캔필드, 자넷 스위처 지음, 이필립 옮김, 2020년 05월 자기애와 공격성 간의 관계: 자존감, 자존감 안정성, 자기개념 명확성의 조절 효과
단국대학교 대학원 교육학과 상담심리전공 안연옥
취업희망프로그램이 실업자의 자존감, 자기이해, 구직효능감 및 치료적 요인에 미치는 효과 영남대학교 교육대학원 상담심리전공 정주영
교류분석 이론에 기반한 스트로크 프로그램이 중학생의 자아존중감과 학교적응에 미치는 영향 경상대학교 교육대학원 교육심리전공 정명옥
스트로크를 활용한 진로집단프로그램이 초등학생의 진로성숙도 및 진로 자기효능감에 미치는 효과 경상대학교 교육대학원 교육심리전공 김진숙
어머니의 스트로크가 유아 또래 간 인기도에 미치는 영향, 안연경(건양대학교 유아교육과 조교수)
(사)한국산업카운슬러협회 산업카운슬러과정 / 7ST마음의 대화법 지도자 과정
대림교육연구소 휴먼인큐베이터, 성공의 여행, 4차산업혁명 진로모임 밴드
한국산업인력공단 NCS 사이트 https://www.ncs.go.kr/index.do
K-MOOC 상담심리 http://www.kmooc.kr/courses

저자 약력

▪ 신 원 주

현) 대림교육연구소 소장
(사)한국산업카운슬러협회 산업카운슬러, 커리어컨설턴트(재취업전문가)
한국취업진로협회 운영이사
한국산업비지니스학회 전문위원
한국중소기업뉴스 칼럼니스트
보안24 논설위원
전) 전직지원컨설턴트(라이트메니저먼트, 인덱스루트, 인지어스)
한국장학재단 차세대육성리더 멘토
경남교육청 위촉 전문면접위원
구미대학교 외래교수
영남대학교 여대생커리어개발센터 커뮤니케이션 강사
㈜KT CS강사, CS컨설턴트, IT서포터즈, 마케팅, 고객상담

▷ **자존감 연구가**
▷ **휴먼인큐베이터 프로그램 개발자**
  ○ 휴먼인큐베이터 진단, 해석, 상담, 솔루션(초등학생~시니어)
  ○ 휴먼인큐베이터 가이드, 상담사, 코칭카운슬러 양성과정 진행
  ○ 휴먼인큐베이터 프로그램(종합자질진단, 목표설정, 의사소통, 면접컨설팅)
▷ **NCS 확인강사(경영기획, 영업, 청소년지도, 직업교육, 직업상담서비스)**
▷ **저서 : 자존감에서 나의 성공과 행복의 길을 열다/CS는 행동이다!**

자존감에서 나의 성공과 행복의 길을 열다!

초 판 1쇄 인쇄 —— 2021년 8월 20일
초 판 1쇄 발행 —— 2021년 8월 25일

지은이 —— 신 원 주
펴낸이 —— 전 두 표
펴낸곳 —— 도서출판 **두남**
서울시 강동구 성내로6길 34-16 두남빌딩
신 고 : 제25100-1988-9호
TEL : 02) 478-2065~7, 2311
FAX : 02) 478-2068
E-mail : dunam1@unitel.co.kr
http://www.dunam.co.kr

정가 20,000원

ISBN 978-89-6414-925-6 93100